DER SÜDEN

DER SÜDEN

Großartiges aus der italienischen Küche

Herausgegeben von

Gabriella Mariotti

ISBN 3-89815-091-7

Herausgeberin: Joanna Lorenz
Projekt-Redakteurin: Cathy Marriott
Designers: Peter Butler, Siân Keogh, Peter Laws, Alan Marshall,
Adrian Morris und Brian Weldon
Cover: Mathias Becker
Art Direction Eurobooks: M. Becker

Rezepte: Carla Capalbo, Jaqueline Clarke, Maxine Clarke, Frances Cleary,
Carol Clements, Roz Denny, Matthew Drennan, Joanna Farrow,
Christine France, Sarah Gates, Shirley Gill, Carole Handslip,
Christine Ingram, Patricia Lousada, Norma MacMillan, Sue Maggs,
Elizabeth Martin, Sarah Maxwell, Janice Murfitt, Annie Nichols,
Angela Nilsen, Louise Pickford, Hilaire Walden, Laura Washburn, Steven Wheeler,
Kate Whitman, Judy Williams, Elizabeth Wolf-Cohen und Jenni Wright
Fotografen: Karl Adamson, Edward Allwright, David Armstrong, Steve Baxter,
James Duncan, Michelle Garrett, Amanda Heywood, Tim Hill,
Don Last, Patrick McLeavey, Michael Michaels und Peter Reilly
Styling: Madeleine Brehaut, Hilary Guy, Jo Harris, Maria Kelly und Fiona Tillett

Lifestyle 2000

ANMERKUNGEN
1 Teelöffel (TL) entspricht 5 ml und *1 Esslöffel (EL) 15 ml.*

Wenn im Rezept nicht ausdrücklich etwas anderes vermerkt ist,
gilt die Anzahl der Eier für solche mittlerer Größe (M).

INHALT

Einführung

Die Küche Italiens ist eine Küche seiner Regionen. Die Toskana und der Veneto, Ligurien und Piemont, Rom und Neapel haben eigene, unverwechselbare kulinarische Traditionen. Was zum Teil daran liegt, dass der italienische Einheitsstaat erst 1861 gegründet wurde. Moderne Verkehrs- und Transportsysteme ermöglichen heute zwar den problemlosen Austausch von Produkten, dennoch greift die Hausfrau im Zweifelsfalle lieber zu Gemüse und Obst aus der eigenen Nachbarschaft. So spielen sonnengereifte Tomaten, Auberginen und Peperoni in der Küche des Südens eine wichtige Rolle. Entlang der achttausend Kilometer langen Küste liebt man Fisch und Meeresfrüchte. Die Emilia-Romagna ist das Reich von Butter, Sahne und Parmesankäse, luftgetrocknetem Schninken, Salami und Coppa. Die weißen Chianina-Rinder der Toskana liefern die köstlichsten Steaks. Jede Gegend hat ihre klassischen Gerichte: Mailand safrangelben Risotto und knusprige Schnitzel, Bologna überbackene Lasagne und Tagliatelle al Sugo, Neapel Pizza und Spaghetti und Rom die breiten Papardelle .

Frische, erstklassige Zutaten aber bilden landauf, landab die Grundlage der guten Küche. Täglich, wenn nicht gar zweimal täglich wird eingekauft. Am liebsten auf dem Markt, wo auch die „Prodottori diretti", Bauern und Gärtner, ihre Erzeugnisse anbieten. Die typischen Gerichte sind einfach in der Zubereitung; Fleisch und Fisch werden gegrillt oder gebraten, die Soßen zur Pasta sind oft so schnell gekocht wie die Nudeln selbst, eine Pizza ist in wenigen Minuten fertig – die köstlichen Zutaten machen die Qualität.

Ohne Olivenöl gäbe es keine italienische Küche – der Ölbaum wird vom Gardasee bis nach Sizilien kultiviert, jede Region ist stolz auf ihr eigenes Öl, das für die Tomatensoße ebenso unentbehrlich ist wie für den Salat. Olivenöl spielt eine wichtige Rolle in der mediterranen Ernährung, die die beste und leckerste Art der Vorbeugung gegen Herz- und Kreislauf-Krankheiten ist. Kohlehydrate wie Brot und Pasta, Reis und Mais bilden die Grundlage, dazu kommt viel frisches Gemüse, Fisch und ein wenig Fleisch.

Das Essen spielt im täglichen Leben der Italiener eine zentrale Rolle. Man tafelt mit der Familie und mit Freunden, nimmt sich Zeit fürs Kochen und fürs Genießen. Die köstlichen und Original-Rezepte in diesem Buch bringen italienische Lebensart in Ihr Zuhause – ob Sie nun einen einfachen Salat zubereiten oder ein opulentes Festmahl.

Die italienische Mahlzeit

Entspannt in Ruhe genießen ist in Italien so wichtig wie das, was auf den Tisch kommt. Slow Food als Gegenbewegung zur modernen Hektik ist eine italienische Erfindung. Und da beginnt die Mahl-zeit mit einer Vorspeise. Das können ein paar Oliven sein, eine geröstete Scheibe Brot mit Olivenöl und Tomaten, Rohkost oder ein Teller mit Schinken, Salami und Tiroler Speck. Berühmt sind die Gemüse-Antipasti, Caponata etwa oder geröstete, eingelegte Paprikaschoten oder die an der Sonne getrockneten Tomaten in Olivenöl. Und frisches, knuspriges Brot darf natürlich auf einer italienischen Tafel niemals fehlen.

Salate
Salate können zu Fleisch, Fisch oder Geflügel als Hauptgericht, als Vorspeise gereicht werden, aber auch als Beilage. Der Fantasie sind bei der Komposition keine Grenzen gesetzt.

Suppen
Suppen sind in Italien sehr beliebt. In einem Menu tritt die Suppe in der Regel an die Stelle von Pasta oder Reis. Ein großer Teller herzhafter Minestrone ist eine Mahlzeit für sich.

Gemüse
Gemüse wird oft als eigenständiges Gericht innerhalb eines Menüs serviert – in kleinen Portionen als Vorspeise oder in einer größeren als Hauptgang. Grüne Bohnen, Artischocken- herzen oder Paprikaschoten sind auch als Zutaten für einen gemischten Salat sehr beliebt.

Pasta und Reis
Spaghetti und andere Hartweizen-Nudeln bilden im Süden traditionell den Auftakt einer Mahlzeit, im Norden tritt häufig ein Risotto an deren Stelle. Für beide gibt es fast so viele Variationen, wie das Jahr Tage hat. Pasta- und Reisgerichte werden auch als kleine komplette Mahlzeit genossen.

Polenta
Der gelbe Maisgrieß ist vor allem im Norden ein Grundnahrungsmittel. Früher wurde der Brei einfach auf die Mitte des Tischs gestürzt. Heute dient Polenta vor allem als Beilage zu geschmortem Fleisch mit reichlich Soße. Erkaltet und in Stücke geschnitten wird er gebraten oder mit Gemüse und Käse überbacken.

Käse
Abgesehen vom Parmesan, wird Käse üblicherweise nach dem Hauptgericht serviert, sehr oft zusammen mit frischem Obst. Pikanter Gorgonzola mit einer süßen Birne oder frischen Trauben sind klassische, unschlagbare Kompositionen. Frischer Mozzarella ist oft Bestandteil von Antipasti, z.B. „alla caprese" (nach Capri-Art) mit Tomaten und Basilikum, und natürlich gehört er zwingend auf die Pizza. Kenner schwören auf den Mozzarella aus Büffel-Milch.

Desserts
Traumhafte süße Kreationen gehören auf die festliche Tafel. Alltags pflegen die Italiener die gesunde Sitte, am Schluss der Mahlzeit frisches Obst auf den Tisch zu bringen. Kuchen und Torten genießt man eher am Nachmittag zum Capuccino oder Espresso im Café.

Rechts: *Klassiker der italienischen Küche: Mozzarella alla Caprese, Risotto mit grünem Spargel, Rindfleisch in Tomaten-Kräuter-Soße, Spaghetti mit Oliven und Kapern.*

Küchengerät

Um italienisch zu kochen, braucht man keine neue Küchenausstattung. Ein paar Spezialteile sind aber sehr nützlich, wenn man tiefer in die Materie einsteigen will. Nudeln kann man von Hand ausrollen, aber zwischen den Walzen einer Maschine geraten sie gleichmäßiger. Und ohne Mörser gäbe es keinen Pesto.

Keks-Ausstecher
leisten beim Selbermachen von Ravioli und Tortellini gute Dienste. Nicht nur Kinder freuen sich dann an der Formen-Vielfalt.

Durchschlag
Unentbehrlich zum Abtropfen von Salat und zum Abgießen von Nudeln. Leisten Sie sich einen aus Edelstahl – er hält ewig.

Tontöpfe
Die traditionelle italienische Keramik ist ideal für die Zubereitung von Schmorgerichten, Eintöpfen und Soßen. Die Glasur modernen Kochgeschirrs ist bleifrei, es kann also ohne Bedenken für jede Art von Speisen eingesetzt werden (achten sie auf das Etikett *senza piombo*). Tontöpfe können im Backofen oder mit einem Untersetzer auch auf dem Herd benutzt werden. Vor dem ersten Gebrauch die unglasierte Bodenfläche mit einer halbierten Knoblauchzehe einreiben, den Topf mit Wasser füllen und dieses eine Weile kochen lassen.

Gemüse-Mouli
Ideal zum Passieren von Soßen wie z.B. dem berühmten Tomaten-Sugo. Verschiedene Einsätze ermöglichen feines oder grobes Pürieren.

Eis-Portionierer
mit oder ohne Hebel-Auswerfer sind nützlich beim hübschen Anrichten von Eiskreme und Sorbets. Profis bevorzugen die Ausführung ohne Mechanik.

Spritz-Tüllen
passend zum Profi-Spritzsack werden nicht nur in der Patisserie zum Verzieren von Torten, sondern auch z.B. zum Füllen von Cannelloni sowie zum Dekorieren von kalten Platten gebraucht.

Fleischklopfer
gibt es aus Holz und Metall mit glatter oder profilierter Oberfläche. Man kann damit nicht nur Kalbsschnitzel, die berühmten Scaloppine, plattieren, sondern auch Nüsse knacken oder Pfefferkörner zerstoßen.

Oliven-Entsteiner
ist nicht zur zum Entkernen von Ölfrüchten, sondern auch für Kirschen geeignet.

Paletten-Messer
Zum Glätten, Verstreichen und zum Wenden von Pfannkuchen.

Nudel-Maschine
In mehreren Durchgängen wird der Teig immer dünner gewalzt und dann zwischen den Profil-Rollen zu Tagliatelle oder Tagliolini geschnitten. Es gibt Ausführungen mit Handkurbel oder mit Elektro-Antrieb. Als Zubehör ist ein Ravioli-Ansatz erhältlich.

Rollholz
Das italienische Modell ist eigentlich nur ein Stück dicker Besenstiel. Italienische Köchinnen entwickeln damit eine erstaunliche Virtuosität beim Ausrollen von Nudel- oder Tortellini-Teig.

Pizza-Schneider
für saubere Kanten bei Pizze und anderen Kuchen vom Blech.

Spaghetti-Heber
mit dem man die langen dünnen Nudeln aus dem Kochtopf fischt.

Schneebesen
mit langen Drahtschlaufen zum leichten Aufschlagen von Eiweiß, Zabaglione und Soßen.

Sparschäler
Keiner liegt so gut in der Hand wie dieser. Ideal für Kartoffeln, Spargel; Gurken und Rüben.

Mörser und
Pistill
Rollholz
Oliven-Entkerner
Schneebesen
Teig-
Rädchen
Gemüse-Mouli
Keks- Ausstecher
colander
Fleischklopfer
colander
Spaghettiheber
Parmesan-
Messer
Pizza-
schneider
Palettenmesser
Durchschlag

Würste, Schinken & Co.

Ein paar Scheiben Salami, Coppa und luftgetrocknete Schinken sind die typischen Zutaten eines italienischen Vorspeisen-Tellers. Die Sorten wechseln von einer Region zur nächsten. Die Bresaola aus dem Veltlin am Südrand der Alpen ist an der Luft langsam getrocknete Rinderlende. Die Mortadella, eine Frischwurst, stammt aus Bologna, der Hauptstadt der Emilia-Romagna und kommt manchmal im Riesenformat daher. Zum dünn geschnittenen würzigen Schinken aus Parma oder San Daniele passen Melone oder Feigen.

Käse-Spezialitäten

Lieber als Süßspeisen nimmt man am Schluss einer Mahlzeit Käse und Obst. Von den hunderten von Sorten, die zwischen Alpen und Sizilien produziert werden, sind dies die bekanntesten:

Gorgonzola
Der cremige Edelpilz-Käse stammt aus der gleichnamigen Stadt in der Nähe von Mailand. In jungem Zustand ist er mild, mit zunehmender Reife wird er pikanter.

Mascarpone
Der samtig-sahnige Traum mit 70 Prozent Fett in der Trockenmasse machte im gefüllten Gorgonzola und im Tiramisù Karriere.

Mozzarella
Das Original aus der Milch von Wasserbüffeln ist rar und teuer. Neben der schlichten Kuhmilch-Version gibt es ihn aus Mischungen von Kuh- und Büffelmilch. Der Frischkäse kommt in Salzlake eingelegt in den Handel.

Parmesan
Der klasssische Hartkäse aus der Emilia reift mindestens 18 Monate. Nur frisch gerieben oder gehobelt entfaltete er sein volles köstliches Aroma.

Pecorino
bedeutet schlicht Schafskäse. Es gibt ihn aus verschiedenen Regionen, z.B. „sardo“ aus Sardinien und Reifegraden vom milden Frisch- bis zum pikanten Hartkäse.

Scamorza
wird aus Kuhmilch in kleinen Formaten hergestellt. Die Form stammt von den Beuteln, in denen die Masse zum Reifen aufgehängt wird.

Pecorino
Mortadella
Cacciatore
Mozzarella
Salami
Pancetta

Die italienische Speisekammer

Zu den Produkten, die den typisch italienischen Geschmack in Ihre Küche bringen, gehört eine Reihe haltbarer Lebensmittel. Mit diesen Vorräten sind Sie auf fast alle Eventualitäten vorbereitet.

Aceto Balsamico
Der kostbare *tradizionale* wird aus eingekochtem Most hergestellt und muss mindestens zwölf Jahre in unterschiedlichen Fässern reifen. Die kommerziellen Sorten sind dagegen kurz im Fass gereifter Weinessig mit Zusätzen von Mostkonzentrat oder Karamel.

Amaretti
Die Mandelmakronen werden zum Espresso oder einem Gläschen lieblichem Vin Santo genossen.

Fenchelsamen
sind eine typische Würze für Gerichte mit Fisch, Geflügel und Schweinefleisch und werden auch aufs Brot gestreut.

Hülsenfrüchte
Linsen, Bohnen und Kichererbsen fand man als Grabbeigabe in drei tausend Jahre alten etruskischen Gräbern. Sie sind noch heute ein Grundnahrungsmittel in allen Regionen des Landes, z.B. in der Gemüsesuppe Minestrone.

Kapern
Die Blütenknospen des Kapernstrauchs werden in Essig oder Salzlake eingelegt. Kirschkapern bzw. Kapernäpfel sind die Früchte des Strauchs.

Oliven
Die Früchte des Ölbaums werden unreif (grün) oder reif (lila bis schwarz) in Salzlake, Essig oder Öl konserviert. Man genießt sie als Knabberei zum Aperitif oder nimmt sie zum Kochen, z.B. für Schmorgerichte oder zu Pasta-Soßen.

Olivenöl
ist die wohl prägendste Zutat der italienischen Küche, überhaupt der Mittlemeer-Küche. Verwenden Sie nur die beste Qualität *extra vergine,* zu deutsch natives Olivenöl extra.

Peperoncini
Die kleinen getrockneten Pfefferschoten sind für die pikante Küche des Südens unentbehrlich.

Pinienkerne
Die Samen aus den Zapfen der Nadelbäume werden für Kekse und Gebäck sowie in der Küche verwendet. Unerlässlich sind sie als Zutat zu Pesto.

Polenta
Der goldgelbe Maisgrieß ist ein Grundnahrungsmittel in Oberitalien. Er wird als Brei zu soßenreichen Schmorgerichten gereicht, oder erkaltet in Scheiben geschnitten, gebraten oder überbacken.

Reis
kommt in Italien vor allem als Risotto auf den Tisch. Dafür eignen sich rundkörnige Sorten wie Arborio, Carnaroli oder Vialone.

Getrocknete Steinpilze
Pilze jeder Art haben in der Küche Italiens einen hohen Stellenwert. Getrocknet geben sie Risotto oder Soßen ein intensives Aroma.

Stockfisch
Gesalzener getrockneter Kabeljau aus Skandinavien ist Bestandteil vieler traditioneller Gerichte in Italien.

Tomaten
Neben den *pelati*, den geschälten Dosen-Tomaten, sollten Sie auch Tomatenpüree und getrocknete Tomaten in der Speisekammer haben. Ihr konzentriertes Aroma ist eine Bereicherung vieler Gerichte.

grüne Oliven
Lorbeerblätter
Stockfisch
getrocknete Tomaten
Olivenöl
Balsam-essig
Knoblauch
Peperoncini
Teller-Linsen
Arborio-Reis
Kichererbsen
Steinpilze
Cannellini-Bohnen
Wachtelbohnen
Kapern
Amaretti-Kekse
Pinienkerne
Espresso-Kaffee

Gemüse und Kräuter

Dass die italienische Art der Ernährung so gesund ist, liegt wesentlich auch am hohen Stellenwert, den Gemüse genießt. Der Einkauf auf dem Markt ist ein sinnliches Erlebnis, das die Fantasie des Kochs ebenso anregt wie den Appetit. Die Italiener leben mit den Jahreszeiten, freuen sich im Frühjahr auf die ersten Artischocken, im Herbst auf frische Pilze und Kastanien. Und sie verstehen es, aus allem das Beste zu machen.

Regionale Unterschiede
Die Küche des heißen Südens ist typisch mediterran, mit Gemüse als Zutat zu Pasta-Soßen und in eigenständigen Gerichten sowie in üppigen Salaten. Im kühleren Norden isst man mehr Fleisch und Milchprodukte. Die Mitte des Landes um die Hauptstadt Rom vereinigt das Beste aus allen Landesteilen. Allen Regionen gemeinsam ist das Bewusstsein für Qualität. Nur mit den besten Produkten kann die einfache Zubereitung überzeugen. Der Reiz der italienischen Küche liegt vor allem in der Verwendung bester Zutaten.

Gemüse
Bei uns einst als Exoten geltende Gemüsesorten wie Fenchel, Auber- ginen und Zucchini sind heute überall erhältlich. Und die mediterrane Art zu kochen gewinnt immer mehr Freunde. Achten Sie beim Einkauf auf frische, aromatische Produkte. Auch bei uns sind die die Tomaten im Hochsommer am besten, wenn sie vor der Haustür oder der Stadt reif sind. Und am billigsten.

Kräuter
Im mediterranen Klima gedeihen viele duftende Kräuter in der freien Natur, zum Beispiel Oregano, Thymian und Rosmarin, Salbei und Basilikum. Sie spielen in der italienischen Küche eine wichtige Rolle. Frische Kräuter aus dem Garten, vom Markt oder vom Balkonkasten sind viel aromatischer als getrocknete. Es lohnt sich, sie im Sommer einzufrieren, wenn sie am besten und preiswertesten sind. Kräuter mit kräftigen Blättern wie Salbei, Lorbeer oder Rosmarin bewahren auch getrocknet viel von ihrem Aroma; Basilikum dagegen so gut wie gar nichts. Frische Kräuter halten sich zu Hause am besten, wenn man sie in Wasser und mitsamt dem Glas in den Kühlschrank stellt. Getrocknete Kräuter sollen kühl und vor Licht geschützt gelagert werden.

Rechts, im Uhrzeigersinn von links oben: *Knoblauch, Artischocken, rote Zwiebeln, roter Blumenkohl, Fenchel, Radicchio, Basilikum, Thymian, Petersilie und Salbei, Auberginen und grüne Paprika.*

Frische Teigwaren

Lasagne-Blätter, schmale lange Tagliarini, breitere Fettucine und Tagliatelle findet man bei uns abgepackt in Supermärkten; italienische Spezialitätenläden machen sie sogar selber, man kann dabei zusehen. Es gibt Pasta mit Spinat oder Kräutern, mit Tomatenmark oder getrockneten Tomaten und manchmal sogar mit frischen Trüffeln.

Im Gegensatz zur Pasta asciutta, den trockenen Teigwaren, die ausschließlich aus Hartweizen bestehen, werden die frischen Nudeln, die Pasta fresca, mit Ei und manchmal auch mit einem Anteil Weichweizen hergestellt.
Besonders beliebt sind die zahlreichen Varianten der gefüllten Nudeln: runde Agnolotti und quadratische Ravioli, halbrunde Mezzelune, Tortellini, Tortelloni und Cappelletti in Hütchenform. Es gibt Füllungen mit Gemüse und Käse, Fleisch und Kräutern, Fisch und Meeresfrüchten. Oft ist der Teig selbst mit Kräutern gewürzt, die zur Füllung passen. Die Soße zu diesen Spezialitäten kann um so einfacher sein, je üppiger die Füllung ist.
Also zu den Ravioli mit Fleischfüllung eine einfache Tomatensoße oder schlichte, mit Rosmarin oder Salbei aromatisierte zerlassene Butter.
Die Kochzeit ist bei frischen Nudeln wesentlich kürzer als bei Pasta asciutta, da diese ja noch Feuchtigkeit von der Herstellung enthalten.
Die allerbeste Pasta aber ist immer noch die, die man selber gemacht hat. Wenn Sie Ihren ersten Nudelteig geknetet haben, packt Sie bestimmt de Lust am Experimen-tieren mit verschiedenen Füllungen sowie Kräutern zum Aromatisieren des Teigs.
Frische Nudeln, außer denen, die unter Schutzatmosphäre versiegelt sind, müssen im Kühlschrank oder für längere Lagerung im Tiefkühler verwahrt werden.

Raviolini
Gemelli
Fusilli
Tortelloni
Tagliatelle
Tortellini
Ravioli
Fier-Mafaldine

Pasta asciutta

Das Angebot im Nudelregal eines italienischen Supermarkts ist riesig. Dicke und dünne Spaghetti, Röhren und Muscheln und vieles mehr. Sie alle bestehen aus Hartweizen – und sonst nichts. Dieses Getreide enthält so viel pflanzliches Eiweiß, dass der Teig ohne Zugabe von Ei bindet.

Anellini
Die kleinen Ringe gibt es glatt und gerieft. Sie sind besonders geeignet für Suppen und Eintöpfe (1).

Campanelle
„Glöckchen"-Spiralen mit gewelltem Rand (2).

Cannelloni
Dicke Röhren zum Füllen und Überbacken (3).

Conchiglie
Glatte oder geriefte (*rigate*) Muscheln. Kleiner heißen sie Conchigliette, größer – zum Füllen – Conchiglioni (4).

Elicoidali (rigatoni)
die Röhren passen gut zu Soßen mit größeren Gemüse- oder Fleischstückchen (5).

Farfalle (Schmetterlinge)
Kinder schätzen sie besonders im Nudelsalat. Es gibt sie auch bunt (6).

Fettucine
Lange Bandnudeln mit Eizusatz – schmäler als Tagliatelle (7).

Fusillata casareccia
die gedrehten Spiralen passen gut zu Tomatensoße (8).

Fusilli
Die Korkenzieher-Nudeln passen gut zu Tomaten- und Gemüse-Soßen (9).

Lasagne
Breite Nudelblätter, die in der Regel mit verschiedenen Soßen und Füllungen geschichtet und überbacken werden. Mit glattem oder gewelltem Rand, auch vorgekocht zu haben (10).

Macaroni
Dünne Röhrchen, eignen sich gut zum Überbacken mit Käsesoße (11).

Mafaldine
Lange wellige Streifen, werden gern mit weichem Käse wie Ricotta zubereitet (12).

Pappardelle
Die breiten Bandnudeln sind die liebste Nudelart der Römer und werden in der Hauptstadt zum Beispiel mit Wildschwein- oder Gänseragout serviert (13).

Penne
Die „Federkiele" gibt es gerade oder schräg abgeschnitten, glatt oder gerieft (rigate). Die schrägen halten die Soße besser fest (14)

Pipe
die „Tabakspfeifen" gibt es ebenfalls glatt oder gerieft (15).

Spaghetti
Die wohl berühmtesten und beliebtesten Nudeln der Welt stammen aus Neapel (16).

Spirali
Die gewendelten Röhren lassen sich mit Soßen sowie in Eintöpfen und Aufläufen verwenden (17).

Stelline
Die Sternchen sind eine klassische Einlage für klare Suppen und eine Zugabe zu Eintopf-Gerichten (18).

Tagliatelle
Die langen Bandnudeln passen optimal zu cremigen Soßen wie z.B. Pesto. Grüne Tagliatelle sind mit Spinat eingefärbt, die schwarzen mit Tintenfisch-Tinte. (19)

7
18
9
4
19
1
6
14
3
15
2
9
14
11
13
4
17
12

Gewürze und Kräuter

Was wären Spaghetti, Tagliatelle oder die Pizza ohne die Aromen von Kräutern und Spezereien? Frische Kräuter sind das ganze Jahr erhältlich. Ziehen sie Ihre Lieblingskräuter im Garten oder auf dem Balkon oder Fensterbank.

Basilikum
Das vielleicht wichtigste Kraut der italienischen Küche braucht Sonne, um sein volles Aroma zu entwickeln. Es gibt pfeffrige und milde Sorten. Basilikum ist die Grundzutat für den berühmten Pesto, die ligurische Pasta-Soße.

Korianderkraut
auch Cilantro oder chinesische Petersilie genannt, hat in den letzten Jahren seinen festen Platz in der italienischen Küche gefunden.

Kräuter der Provence
Thymian. Bohnenkraut, Rosmarin, Majoran und Oregano, manchmal auch Lavendel, sind die Zutaten dieser klassischen Mischung getrockneter Kräuter. Probieren Sie sie als Zugabe zu Nudel- oder Pizzateig oder zum Bestreuen der Pizza vor dem Backen.

Kreuzkümmel
Der erdige, aromatische Geschmack des Kreuzkümmels kommt zum Einsatz, wenn Gerichte eine orientalische oder mexikanische Note bekommen sollen, z.B. im Verbund mit Chili und Oregano.

Muskatnuss
Die aromatischen Samen des Muskatbaumes würzen Gemüse, Käsesoßen und Pizzateig.

Oregano (Dost)
Auf dem Umweg über Italien wurde das bei uns heimische Kraut wieder entdeckt. Es ist eine klassische Zutat für Tomatensaucen und Pizzen.

Peperoncini
Vom „indianischen Pfeffer" gibt es zahlreiche Sorten von mild bis höllisch scharf. Die großen fleischigen Sorten sind in der Regel milder als die kleinen, spitzen. Das meiste Capsaicin, das die Schärfe ausmacht, steckt in den Kernen. Wer es milder mag, entfernt sie. Der Wirkstoff ist in Öl löslich. Um Chili-Öl zu gewinnen, setzt man die Flocken mit Öl auf und lässt es ein paar Tage ziehen. Das Öl benutzt man z.B. für Pizzen. Mildes Chili-Pulver ist eine mexikanische Gewürzmischung von Chili-Pfeffer mit Kümmel und Oregano. Es ist auch in der italienischen Küche zu finden.

Krause Petersilie
wird wegen seiner dekorativen Wirkung vor allem als Garnitur verwendet.

Schlichte Petersilie
Bringt mehr Geschmack als die krause Variante und ist deshalb beim Kochen vorzuziehen.

Schwarzer Pfeffer
Sale e Pepe, Pfeffer und Salz, sind auch in Italien das klassische Gewürzpaar. Nur frisch gemahlen entfaltet Pfeffer sein volles Aroma.

Rosmarin
Der rund ums Mittelmeer wild wachsende Strauch duftet schon draußen in der Natur intensiv. Die Zweige mit den Tannen-ähnlichen Nadeln würzen Fleisch, Geflügel und Soßen.

Safran
Die Blütenfäden des spanischen Krokus sind das kostbarste Gewürz. Dem Mailänder Risotto gibt es die leuchtend gelbe Farbe und den charakteristischen Duft. Er kommt gemahlen oder ganz in Tütchen oder Döschen mit einem $^1/_8$ Gramm Inhalt in den Handel.

Salbei
Die aromatischen Blätter der Staude werden z.B. für Saltimbocca gebraucht, das römische Kalbsschnitzel mit Schinken, oder mit Butter, etwa zu Ravioli.

Salz
An den Küsten Süditaliens und Siziliens wird es aus dem Meer gewonnen. Feinschmecker schwören auf das grobkörnige Meersalz; zum Würzen bei Tisch gibt es Salzmühlen.

Schnittlauch
Der milde Vertreter der Familie der Zwiebelgewächse wird als Garnitur für Salate, aber auch als Zutat für Soßen oder zum Pizzateig verwendet.

Thymian
Der Duft des wilden Thymians würzt die Luft der Bergwiesen Süditaliens und der Mittelmeerinseln. Thymian ist eine klassische Würze für Braten, Suppen und Brühen.

Schnittlauch
Korianderkraut
Safran
Chili-Pfeffer-Flocken
mildes Chili-Pulver
Peperoncini
Thymian
krause Petersilie
schlichte Petersilie
Kreuzkümmel
Provence-Kräuter
Muskatnüsse
Salbei
Rosmarin
Oregano (Dost)
Basilikum
schwarzer Pfeffer
Meersalz

Einfacher Nudelteig

Für 3-4 Personen

ZUTATEN
200 g Mehl Typ 550
Prise Salz
2 Eier

Teigherstellung auf der Arbeitsfläche

1 Mehl und Salz auf die Arbeitsfläche sieben, in die Mitte eine Mulde drücken.

2 Die Eier aufschlagen und mit zwei Teelöffeln Wasser in die Mitte geben. Mit einer Gabel das Ei unter das Mehl heben und gut vermengen.

3 Anschließend den Teig mit den Händen mindestens fünf Minuten gut durchkneten, bis er nicht mehr klebt und glänzt und elastisch ist. In Klarsichtfolie wickeln (damit er nicht antrocknet) und vor der weiteren Verarbeitung 20 bis 30 Minuten ruhen lassen.

Nudelteig aus der Schüssel

1 Mehl und Salz in eine Schüssel geben. Eine Mulde in die Mitte drücken, Eier und Wasser hineingeben.

2 Mit einer Gabel Eier und Mehl zu einem dicken Teig vermengen.

3 Anschließend den Teig mit den Händen mindestens fünf Minuten gut durchkneten, bis er nicht mehr klebt und glänzt und elastisch ist (das geht auch mit den Knethaken eines Handrührgeräts). In Klarsichtfolie wickeln (damit er nicht antrocknet) und vor der Verarbeitung 20 bis 30 Minuten ruhen lassen.

VARIATIONEN

TOMATEN-NUDELN: Am Anfang vier Teelöffel Tomatenmark dazugeben und einkneten.
GRÜNE NUDELN: 125 Gramm gehackten, aufgetauten und ausgedrückten TK-Spinat mit den Eiern aufmixen und mit dem Mehl verarbeiten.
KRÄUTER-NUDELN: Vier EL fein gehackte Kräuter mit den Eiern mischen.
VOLLKORN-NUDELN: 150 g Vollkorn-Weizenmehl und 50 g Mehl Typ 550 verwenden, 2 TL Wasser zusätzlich dazugeben (Vollkornmehl saugt mehr Flüssigkeit auf).
PAPRIKA-NUDELN: Einen Teelöffel Paprikapulver zum Mehl geben.

Teig von Hand ausrollen

1 Den Teig in vier Teile schneiden. Drei Teile in Folie wickeln, damit sie nicht austrocknen. Das vierte Stück flach drücken und großzügig mit Mehl bestäuben. Mit sanftem, gleichmäßigem Druck ausrollen.

2 Nach einer Weile das Teigstück hochheben und drehen. Vorischtig anheben, damit nichts reißt. Eventuell weiteres Mehl darüber und darunter stäuben.

3 Bis zur gewünschten Dicke ausrollen – für Tagliarini etwa drei Millimeter, für Ravioli oder Tortellini dünner.

Ausrollen mit der Nudelmaschine

1 Den Teig vierteln, jeweils ein Viertel verarbeiten, die übrigen in Folie wickeln. Den Teig mit der Hand flach drücken und mehrmals durch die glatten Walzen drehen, dabei jeweils enger stellen, zwischendurch mit Mehl bestäuben.

2 Jeweils nach dem ersten Durchgang den Teig dreifach zusammen falten und nochmals durch die Walzen drehen, dann erst die Walzen enger stellen.

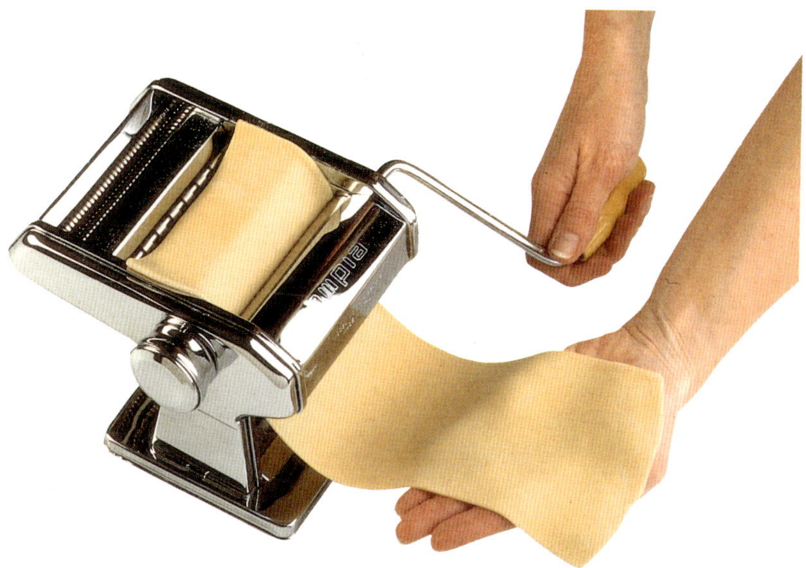

3 Das aus der Maschine kommende Teigblatt mit der Hand unterstützen, aber nicht strecken oder ziehen, damit nichts reißt. Teig für gefüllte Nudeln wie Ravioli oder Tortellini kann dann sofort verwendet werden; Teig für Tagliatelle oder Tagliarini soll man auf einem bemehlten Tuch vor dem Schneiden zehn Minuten ruhen lassen – sie sind dann fester und kleben nicht so leicht aneinander.

Nudeln schneiden

Arbeiten Sie anfangs mit kleineren Teigmengen, bis Sie eine gewisse Fertigkeit erreicht haben. Wickeln sie den Teigvorrat stets bis zur Verarbei-tung in Folie, damit er nicht antrocknet. Dann lässt er sich problemlos ausrollen.

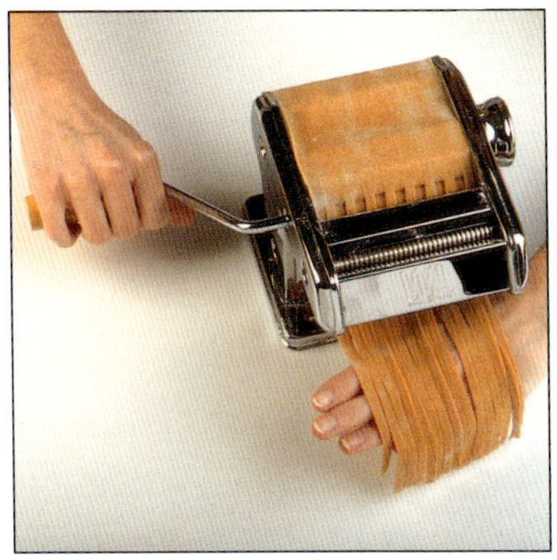

Tagliolini schneiden
Die Maschine sicher am Tisch festklemmen, den Teig in 25 Zentimeter lange Stücke schneiden, zwischen die Walzen mit dem schmalen Profil legen, die Kurbel in die entsprechende Aufnahmebuchse stecken und gleichmäßig drehen. Die Tagliolini ohne zu ziehen mit der Hand aus der Maschine führen.

Tagliatelle schneiden
Für Tagliatelle die Teigstücke in 25 Zentimeter lange Stücke teilen und durch die Schneidewalzen mit dem breiten Profil drehen. Ansonsten genau wie bei den Tagliolini verfahren.

Lasagne schneiden
Die Teigblätter in zwanzig mal acht Zentimeter große Rechtecke schneiden und auf einem leicht bemehlten Tuch etwas antrocknen lassen.

Ravioli herstellen

1 Für quadratische Ravioli die Füllung mit dem Löffel gleichmäßig auf einem Teigblatt verteilen, die freie Teigfläche mit leicht verquirltem Eiweiß bestreichen.

2 Das Ganze mit einem passenden Teigblatt bedecken und dieses rund um die Füllungen gut andrücken, dabei Luftblasen vermeiden.

3 Die Ravioli mit einem Teigrädchen oder einem scharfen Messer sorgfältig ausschneiden.

Schmetterlings-Nudeln (Farfalle)

1 Den Teig mit der Maschine sehr dünn ausrollen, dann in vier Zentimeter breite Streifen schneiden.

2 Die Streifen in zwei Zentimeter breite Rechtecke schneiden – am besten mit einem gewellten Teigrädchen.

3 Die Stücke in der Mitte leicht mit Wasser befeuchten, dann mit Daumen und Zeigefinger zu Schmetterlingen zusammen drücken.

Handgeschnittene Tagliatelle

1 Ein 30 mal 10 Zentimeter großes Blatt dünn ausgerollten Spinat-Nudelteig leicht bemehlen und aufrollen.

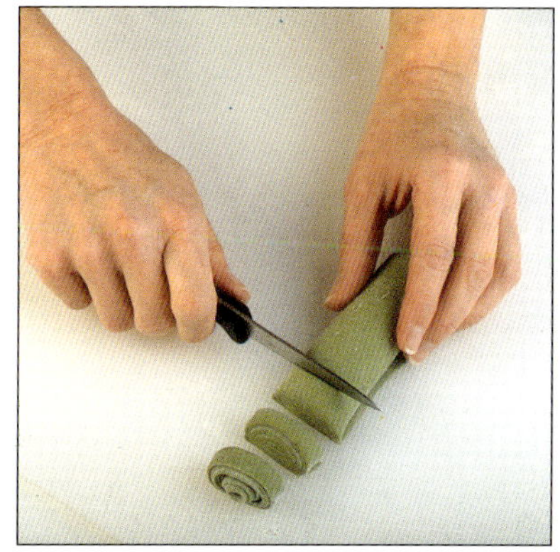

2 Die Rolle mit einem scharfen Messer quer in gleichmäßige Streifen schneiden.

3 Die Streifen vorsichtig entrollen und bis zum Kochen locker auf einem bemehlten Tuch lagern.

Hefeteig für Pizza

Dieser einfache Brotteig ist die Grundlage für die traditionelle neapolitanische Pizza.

ERGIBT
1 runden Pizzaboden von 25 bis 30 Zentimeter Durchmesser oder
4 kleine Pizzen von 13 cm ø oder
1 ovale Pizza von 20 mal 30 cm

ZUTATEN
200 g Mehl Typ 550
1/4 TL Salz
1 TL Trockenhefe
1 EL natives Olivenöl

1 Das Mehl in eine Schüssel sieben.

2 Die Hefe untermischen.

3 Eine Mulde in die Mitte drücken, das Öl und gut einen Achtel Liter lauwarmes Wasser zugeben und gut vermengen.

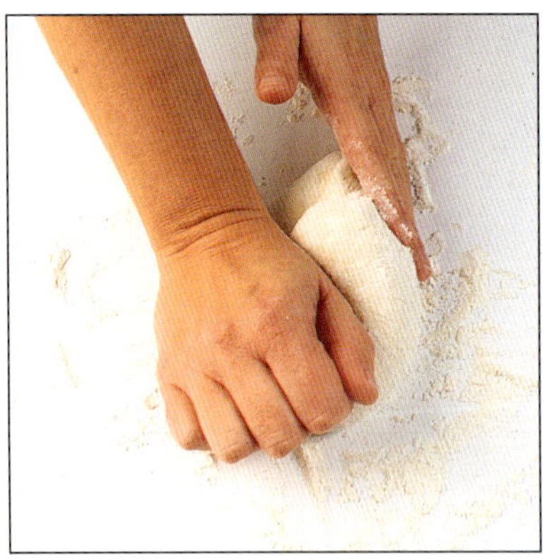

4 Den Teig auf einer leicht bemehlten Fläche zehn Minuten kneten, bis er glatt und elastisch ist.

5 Den Teig in eine leicht geölte Schüssel legen und abgedeckt an einem warmen Ort etwa eine Stunde gären lassen, bis sich seine Größe verdoppelt hat.

6 Den Teig zusammen drücken und nochmals 2 bis 3 Minuten durchkneten, ausrollen und auf ein geöltes Backblech legen. Durch Stauchen einen ehöhten Rand formen. Die Pizza kann jetzt belegt werden.

Amerikanischer Pizza-Teig

für einen dicken, weichen Pizzaboden.

ERGIBT
1 dicken Pizzaboden von 25 cm ø

ZUTATEN
250 g Mehl Typ 550
1/2 TL Salz
1 TL Trockenhefe
2 EL natives Olivenöl

Die Zubereitung erfolgt genau wie beim einfachen Pizzateig. Nach dem ersten Gären den Teig kurz durchkneten, ausrollen und auf ein geöltes rundes Blech von 25 cm ø legen und vor dem Belegen nochmals 10 bis 15 Minuten an einem warmen, zugfreien Platz aufgehen lassen.

Vollkorn-Pizzateig

ZUTATEN
75 g Weizen-Vollkornmehl
75 g Mehl Typ 550
1/4 TL Salz
1 TL Trockenhefe
1 EL Olivenöl

Die Zutaten wie beim einfachen Pizzateig mit gut einem Achtel Liter warmem Wasser verarbeiten. Bei Bedarf etwas mehr Wasser zugeben – Vollkornmehl nimmt mehr Flüssigkeit auf.

Maismehl-Pizzateig

ZUTATEN
175 g Mehl Typ 550
25 g Maismehl (Polenta)
1/4 TL Salz
1 TL Trockenhefe
1 EL Olivenöl

Die Zutaten wie beim einfachen Pizzateig mit einem Achtel Liter lauwarmem Wasser verarbeiten.

Schneller Pizzateig

Mit Vorräten aus der Speisekammer lässt sich im Handumdrehen ein Pizzateig zaubern.

ERGIBT
1 runden Pizzaboden von 25 cm ø
oder
1 ovalen Pizzaboden von 20 x 30 cm

ZUTATEN
125 g Mehl Typ 550
125 g Weizen-Vollkornmehl oder
1/2 Tütchen Backpulver
Prise Salz
50 g Butter, in Würfel geschnitten
ca. 150 ml Milch

1 Beide Mehlsorten, Backpulver und Salz mischen, die Butter dazugeben und das Ganze krümelig zerreiben.

2 Die Milch dazugeben und alles mit einem Holzlöffel gründlich vermengen.

3 Auf der bemehlten Arbeitsfläche kurz kneten, bis der Teig glatt ist. Er kann sofort verarbeitet werden.

Pizzateig aus der Tüte

Wenn es noch schneller gehen soll, kann man sich auch mit einer Backmischung behelfen. Rollen Sie den Teig zu einem Kreis von 25 bis 30 Zentimeter Durchmesser aus etwas größer als nach der Packungsvorschrift. Der Boden wird dünn und knusprig.

REICHT AUCH FÜR
4 Pizzen von 13 Zentimeter ø oder
1 ovale Pizza von 20 x 30 Zentimeter

ZUTATEN
eine 150-g-Packung Pizzateig-Backmischung
Wasser oder Milch nach Anweisung

1 Den Inhalt der Packung in eine Rührschüssel geben.

2 Die Flüssigkeit zugeben und das Ganze mit einem Holzlöffel gründlich vermengen.

3 Den Teig auf der bemehlten Arbeitsfläche fünf Minuten kneten, bis er glatt und elastisch ist. Er kann dann sofort verarbeitet werden.

Mit der Küchen-Maschine

Die elektrische Helferin nimmt dem Bäcker das Mischen und Kneten ab. Anschließend den Teig wie gewohnt aufgehen lassen.

1 Mehl, Salz und Hefe in die Rührschüssel geben und kurz durchmischen.

2 Das Öl und das abgemessene lauwarme Wasser bei laufendem Rührwerk dazugeben und kneten, bis der Teig eine Kugel bildet. Zwei Minuten ruhen lassen, dann nochmals zwei Minuten kneten.

3 Den Teig aus der Maschine nehmen, zur Kugel formen, leicht mit Mehl bestäuben, in eine leicht geölte Schüssel legen, abdecken und an einem warmen Ort eine Stunde gehen lassen. Nochmals zwei bis drei Minuten durchkneten, dann ausrollen.

Fertige Pizza-Böden

Es gibt auch tiefgekühlten Teig und fertig gebackene Pizzaböden in verschiedenen Größen, teilweise mit Zusätzen wie Käse, Zwiebeln oder Kräutern im Teig. Sie schmecken nicht ganz so toll wie eine von Grund auf selbst gemachte Pizza. Aber für für den Fall, dass Überraschungsgäste einfallen, sollte man ruhig ein paar im Haus haben.

Tomatensoße für Pizza

Die Tomatensoße bildet bei vielen Pizza-Rezepten den Grundbelag. Sie soll gut eingekocht und kräftig gewürzt sein. Im dicht verschlossenen Behälter im Kühlschrank hält sie sich ohne weiteres drei Tage.

Reicht für eine runde Pizza von 25 bis 30 cm ø oder eine ovale von 20 x 30 cm

ZUTATEN
1 EL Olivenöl
1 mittelgroße Zwiebel, fein gehackt
1 Knoblauchzehe, durchgepresst
400 g Pizzatomaten aus der Dose
1 EL Tomatenmark
1 EL gehackte frische Kräuter, z.B. Petersilie, Oregano oder Basilikum
eventuell eine Prise Zucker
Salz, Pfeffer aus der Mühle

1 Zwiebel und Knoblauch im Öl fünf Minuten anschwitzen ohne zu bräunen.

2 Pizzatomaten, Tomatenmark und Kräuter dazugeben, mit Salz und Pfeffer und nach Belieben einer Prise Zucker abschmecken.

3 Ohne Deckel bei gelegentlichem Rühren 15 bis 20 Minuten köcheln lassen – die Soße soll eine dicke Konsistenz haben. Abkühlen lassen.

Tomatensoße zu Nudeln

Tomatensoße *alla napoletana* ist in Italien die beliebteste Beigabe zu Pasta aller Art. Aus vollreifen frischen Tomaten schmeckt sie am besten. Im Winter aber sind Dosentomaten meist aromatischer.

Für 4 Personen

4 EL natives Olivenöl
1 mittelgroße Zwiebel, sehr fein gehackt
1 Knoblauchzehe, durchgepresst
500 g Tomaten, frisch oder aus der Dose, gehackt mit ihrem Saft
Basilikum oder Petersilie nach Belieben
Salz, Pfeffer aus der Mühle

1 Zwiebel und Knoblauch im Öl bei sanfter Hitze glasig anschwitzen.

2 Die Tomaten dazugeben, bei frischen eventuell noch zwei bis drei Esslöffel Wasser. Mit dem Kochlöffel zerdrücken, mit Salz, Pfeffer und Kräutern abschmecken. 20 bis 30 Minuten offen köcheln.

3 Das Ganze durch eine Gemüse-Mouli passieren oder mit dem Mixstab im Topf pürieren. Zum Anrichten wieder erhitzen, nochmals abschmecken und über die frisch gekochten heißen Nudeln geben. Nach Belieben frisch geriebenen Parmesan dazu reichen.

Sugo Bolognese

Die Soße mit Hackleisch und Tomaten ist eine Spezialität der Hauptstadt der Emilia-Romagna. Sie passt zu Tagliatelle ebenso gut wie zu Makkaroni und ist unentbehrlich zu überbackenen Lasagne

Für 6 Personen

ZUTATEN
25 g Butter
4 EL natives Olivenöl
25 g Pancetta oder gesalzener Speck, fein gewürfelt
1 Möhre, in dünnen Scheiben
1 Stängel Bleichsellerie, fein gehackt
1 Knoblauchzehe, durchgepresst
350 g faschiertes Rindfleisch
150 ml kräftiger Rotwein
$^{1}/_{8}$ l Milch
400 g Pizzatomaten aus der Dose
1 Lorbeerblatt
$^{1}/_{2}$ TL frische Thymianblätter
Salz, Pfeffer aus der Mühle

1 In einem Schmortopf die Zwiebel in Öl und Butter drei bis vier Minuten anschwitzen. Pancetta zugeben und ebenfalls anschwitzen. Möhre, Sellerie und Knoblauch dazugeben und alles drei bis vier Minuten garen.

KOCH-TIPP

Dieser Sugo hält sich im Kühlschrank mehrere Tage und lässt sich auch gut einfrieren.

2 Das Hackfleisch dazugeben und kräftig anbraten, dabei zerkrümeln. Mit Salz und Pfeffer abschmecken. Mit dem Wein ablöschen, eindampfen lassen. die Milch dazugeben und ebenfalls eindampfen lassen.

3 Die Tomaten und die Kräuter dazugeben. Aufkochen und dann 1 $^{1}/_{2}$ bis 2 Stunden offen köcheln lassen; wenn nötig etwas Wein oder Wasser nachgießen. Vor dem Servieren nochmals abschmecken.

Kräuter hacken

Nach dieser Methode können sie Ihre Kräuter ganz einfach fein oder grob hacken.

1 Die Blätter von den Stielen zupfen und auf das Hackbrett häufeln.

2 Das große Kochmesser am Griff und an der Spitze fassen und die Kräuter mit wiegenden Bewegungen bearbeiten.

Suppen, Vorspeisen und Salate

Ohne Vorspeise ist eine italienische Mahlzeit nicht komplett. In diesem Kapitel finden Sie eine Sammlung klassischer Antipasti-Rezepte aus allen Regionen, dazu Suppen, Pasta-Gerichte und Salate, mit denen Sie sich und Ihre Gäste stilvoll auf eine lukullische Mahlzeit einstimmen können.

Kichererbsen-Suppe mit Nudeln

Eine herzhafte Suppe, die als größere Portion eine komplette Mahlzeit ergibt. Ein Zweig Rosmarin sorgt für das authentische mediterrane Aroma.

Für 4-6 Personen

ZUTATEN
200 g Kichererbsen
3 geschälte Knoblauchzehen
6 EL natives Olivenöl
50 g Pancetta oder durchwachsener Speck, in kleine Würfel geschnitten
150 Ditalini, Hörnchennudeln o.ä.
Salz, Pfeffer aus der Mühle
Parmesankäse nach Belieben

1 Die Kichererbsen über Nacht in kaltem Wasser einweichen, abschütten und abtropfen lassen.

2 Die Kichererbsen mit frischem Wasser bedecken, mit einer Knoblauchzehe, dem Lorbeerblatt, etwas Pfeffer und drei Esslöffel Öl aufkochen, zugedeckt bei sanfter Hitze gut zwei Stunden garen, bis die Kichererbsen weich sind; wenn nötig mehr Wasser zugeben.

3 Die Hälfte der Kichererbsen heraus nehmen, mit der Gemüse-Mouli oder in der Messermühle pürieren, dann mitsamt dem Kochfond in den Topf zurückgeben.

4 Pancetta bzw. Speck mit Rosmarin und dem restlichen Knoblauch in einer Pfanne im restlichen Öl anschwitzen und leicht bräunen. Knoblauch und Rosmarin entfernen.

5 Den Speck mitsamt Fett und Öl zu den Kichererbsen geben.

6 Gut einen halben Liter Wasser dazugeben und zum Kochen bringen. Nochmals abschmecken, die Nudeln einrühren und *al dente* garen. In einer Terrine oder in Portionsschalen zu Tisch bringen. Frisch geriebenen Parmesan dazureichen.

KOCH-TIPP

Mit Gemüse- oder Geflügelbrühe an Stelle von Wasser erhalten Sie eine noch delikatere Suppe. Vor dem Servieren 10 Minuten ruhen lassen.

Tomatensuppe mit Basilikum

Eine Suppe für den Hochsommer, wenn Tomaten und Basilikum das meiste Aroma haben.

Für 4-6 Personen

ZUTATEN
1 EL natives Olivenöl
25 g Butter
1 mittelgroße Zwiebel, fein gehackt
1 kg reife Eiertomaten, grob gehackt
2 EL pürierte getrocknete Tomaten
1 Knoblauchzehe, grob gehackt
$^{3}/_{4}$ l Geflügel- oder Gemüsebrühe
$^{1}/_{8}$ l Weißwein
2 EL fein geschnittenes Basilikum und eine ganze Blätter zum Garnieren
150 g Crème double (Doppelrahm)

1 Butter und Öl in einem großen Schmortopf aufschäumen lassen, die Zwiebel zugeben und glasig anschwitzen.

2 Tomaten, Knoblauch, Brühe, Weißwein und Tomatenpüree zugeben, aufkochen, mit Salz und Pfeffer abschme-cken und halb zugedeckt 20 bis 30 Minuten köcheln lassen, dabei gelegentlich umrühren.

3 Das Ganze im Mixer oder mit dem Mixstab pürieren und durch ein Sieb streichen.

4 Die Crème double einrühren und das Ganze vorsichtig erhitzen, aber nicht mehr kochen. Wenn nötig noch etwas Brühe dazugeben. Die Suppe in gewärmten Schalen anrichten, mit Basilikum garnieren. Reichen Sie dazu knuspriges Ciabatta-Brot.

VARIATION

Die Suppe schmeckt auch gekühlt ausgezeichnet: Nach dem Passieren mindestens vier Stunden kalt stellen, in gekühlten Schalen servieren.

Knoblauch-Tomaten aus dem Ofen

Sie sind total einfach zuzubereiten und schmecken himmlisch. Legen Sie die Tomaten zum Backen in eine flache Terrakotta-Form. Sie sollen im Ofen kräftig bräunen.

Für 4-6 Personen

Zutaten
8 Eiertomaten
12 Knoblauchzehen
4 EL natives Olivenöl
3 Lorbeerblätter
Salz, Pfeffer aus der Mühle
3 EL frische Oreganoblättchen zum Garnieren

1 Den Backofen auf 230 °C (Heißluft 210 °C) vorheizen. Die Tomaten waschen und halbieren, dabei möglichst den dekorativen Stielansatz belassen.

2 Legen Sie die Tomaten in eine flache Terrakotta-Schale, in die sie gerade neben- einander hinein passen. Die ungeschälten Knoblauchzehen dazwischen stecken.

3 Die Schnittflächen mit Olivenöl einpinseln, die Lorbeerblätter dazugeben und das Ganze mit Pfeffer übermahlen.

4 In den Ofen stellen und circa 45 Minuten backen, bis die Tomaten weich sind und brutzeln. Sie dürfen am Rand ruhig ein wenig schwarz sein. Mit Salz und eventuell nochmals mit Pfeffer bestreuen, mit frischem Oregano dekorieren und heiß auf den Tisch bringen.

Koch-Tipp

Nehmen Sie für dieses Gericht nur vollreife,makellose Tomaten – so bekommen Sie den echt italienischen Geschmack.

Variation

An Stelle der Tomaten rote oder gelbe Paprika verwenden. Die Schoten halbieren, entkernen und mit der offenen Seite oben in die Form legen.

Eingelegte geröstete Paprika

Bei starker Hitze im Ofen gebacken bekommen Paprikaschoten einen köstlichen rauchigen Geschmack. Die dünne Haut lässt sich danach leicht abziehen, und man kann die Stücke in Olivenöl einlegen.

Für ein 1-Liter-Glas

ZUTATEN
6 große bunte Paprikaschoten
1/2 l natives Olivenöl

KOCH-TIPP

In Öl eingelegte Paprikaschoten sind ein hübsches Mitbringsel oder Geschenk, besonders zu Weihnachten. Man kann sie n dekorative Gläser aus dem Cook-Shop füllen oder auch in schlichte Marmeladen- oder Konservengläser. Sie werden zuvor in kochendem Wasser mit einem Schuss Essig sterilisiert; dann lässt man sie kopfüber abtropfen. Die Deckel auf die gleiche Weise sterilisieren. Paprika in die heißen Gläser geben, mit Öl auffüllen und verschließen. Hübsch etikettieren.

1 Den Ofen auf die höchste Temperatur vorheizen (250 °C, Heißluft 230 °C). Ein großes Backblech leicht einölen.

2 Die Paprikaschoten vierteln, entkernen, mit der Hand flach drücken und mit der Hautseite nach oben auf das Blech legen.

3 Das Gemüse bei starker Oberhitze 12 bis 15 Minuten rösten, bis die Haut Blasen wirft und schwarz wird; herausnehmen und in eine Tüte packen.

4 Nach circa 15 Minuten kann man die Haut abziehen und abrubbeln.

5 Die Paprika in Streifen schneiden, in das zuvor sterilisierte Einmachglas packen, mit Öl auffüllen und das Glas verschließen.

6 Im Kühlschrank halten sich die Paprikaschoten circa zwei Wochen. Das würzige Öl kann anschließend für Salate und zum Kochen benutzt werden.

Artischocken mit Knoblauch- Kräuter-Butter

Genießen Sie die Distelblüten zu zweit, indem Sie die Blätter „Sie liebt mich - er liebt mich nicht" abzupfen und in die Soße stippen. Die zweite Artischocke wird auf die gleiche Art verspeist.

Für 2 Personen

ZUTATEN
2 große oder 4 kleine Artischocken
Salz

FÜR DIE KNOBLAUCH-KRÄUTER-BUTTER
75 g Butter
1 Knoblauchzehe, durchgepresst
1 EL gehackte frische Kräuter (z.B. Basilikum, Petersilie, Schnittlauch)

1 Die Artischocken waschen, die Stiele mit einem scharfen Messer abschneiden, die Spitzen der Blätter mit dem Messer oder der Küchenschere um einen Zentimeter kürzen.

2 Die Artischocken in siedendes Salzwasser legen und zugedeckt bei mäßiger Hitze ca. 30 bis 45 Minuten garen. Sie sind fertig, wenn sich ein Blatt leicht herauszupfen lässt. Herausnehmen und kopfüber abtropfen lassen.

3 Die Butter zerlassen, den Knoblauch zugeben und 30 Sekunden ziehen lassen. Vom Herd nehmen, die Kräuter einrühren und die Soße in Portionsschälchen anrichten.

4 Die Artischocken auf Tellern anrichten, die Knoblauch-Kräuter-Butter dazu reichen. Eine Schale für die abgegessenen Blätter bereit stellen.

KOCH-TIPP

Auf klassische Art isst man Artischocken so: Ein Blatt abzupfen, das fleischige untere Ende in die Soße stippen und das dort sitzende Mark mit den Zähnen abschaben. Wenn man zur Mitte der Blüte vorgedrungen ist, entfernt man die haarigen Fasern und isst den zarten Boden mit Messer und Gabel.

Grüner Spargel mit Parmaschinken

Grüner Spargel wird nicht geschält, man kürzt ihn nur um das untere unter Umständen holzige Drittel oder Viertel.

Für 4 Personen

ZUTATEN
1 kg grüner Spargel
200 g geklärte Butter (s. Koch-Tipp)
2 TL Zitronensaft
2 EL feingehackte Lauchzwiebeln oder Schnittlauch
1 EL fein gehackte schlichte Petersilie
200 g Parma- od. San Daniele-Schinken
Salz, Pfeffer aus der Mühle

1 Die holzigen unteren Enden der Spargelstangen abschneiden, so dass alle Stangen die gleiche Länge haben.

2 In seltenen Fällen kann es nötig sein den Spargel zu schälen. Test: vom unteren Ende ein Scheibchen abschneiden und probieren. Spargel wenn nötig mit einem Sparschäler schälen. Die Stangen aufs Arbeitsbrett legen, unterhalb des Kopfes beginnen und nach unten durchziehen.

3 Den Spargel in wenig kochendem Salzwasser vier bis fünf Minuten garen (mit einem Spießchen oder Zahnstocher am unteren Ende einer Stange die Garprobe machen). Herausnehmen und abtropfen lassen.

4 Die zerlassene geklärte Butter mit dem Zitronensaft und den Kräutern mischen; vorsichtig erhitzen, mit Salz und Pfeffer abschmecken.

5 Den Spargel auf vorgewärmten Tellern anrichten, mit dem Schinken garnieren. Die Butter dazu reichen. Beilage: in der Schale gegarte neue Kartoffeln.

KOCH-TIPP

Geklärte Butter ist reines Butterfett, auch Butterschmalz genannt. Zum selbstherstellen frische Butter schmelzen, bis zum Siedepunkt erhitzen, vom Herd nehmen und warten, bis sich Molke und Wasser abgesetzt haben. Das Fett vorsichtig abgießen und durch ein Filterpapier seihen.

Insalata Tricolore

Bringen Sie die italienischen Nationalfarben Grün, Weiß und Rot auf den Teller. Der Salat kann solo als größere Portion oder als Teil einer gemischten Vorspeisenplatte serviert werden. Durch das Salzen der Tomaten entsteht die Soße ganz von selbst.

Für 4-6 Personen

Zutaten
1 kleine rote Zwiebel, fein geschnitten
4-6 Fleischtomaten
natives Olivenöl
50 g Rauke (Rucola) oder
Brunnenkresse, grob gehackt
200 g Mozzarella, in dünnen Scheiben
eventuell 2 Esslöffel Pinienkerne
Salz, Pfeffer aus der Mühle

Fleischtomaten

natives Olivenöl

Pinienkerne

kleine rote Zwiebel

Rauke

Mozzarellakäse

1 Die rohen Zwiebelscheiben eine halbe Stunde in kaltes Wasser legen, abtropfen lassen und trocken tupfen. Die Tomaten einritzen, kurz in kochendes Wasser tauchen und abziehen.

2 Die Tomaten in Scheiben schneiden, die Hälfte auf Tellern oder einer Platte anrichten, leicht salzen und mit Olivenöl beträufeln.

3 Die Hälfte der Zwiebelringe und der Rauke bzw. Brunnenkresse über die Tomaten verteilen, gut würzen, den Käse darüber legen, ebenfalls würzen und mit Öl beträufeln.

4 Die übrigen Zutaten in der gleichen Reihenfolge darüber schichten, zuletzt mit Pinienkernen bestreuen.

5 Das Ganze nochmals würzen, mit Öl beträufeln, mit Klarsichtfolie abdecken und an der Kühle mindestens zwei Stunden ziehen lassen. Mit Brot und einem Glas Weißwein, z.B. Regaleali, genießen.

Variation

An Stelle von Rauke oder Brunnenkresse kann man auch Basilikum verwenden. Sein Aroma passt besonders gut zu Tomaten und Olivenöl.

Insalata di Frutti di Mare

Die Komposition des Meeresfrüchte-Salats kann sich je nach Anlandung und Jahreszeit ändern. Man kann auch Tiefgekühltes verwenden.

Für 6-8 Personen

ZUTATEN
350 g Sepien (Tintenfische)
1 kleine Zwiebel, geviertelt
1 Lorbeerblatt
200 g rohe Garnelenschwänze mit Schale
750 g Miesmuscheln
500 g Herzmuscheln *(vongole)*
0,2 l trockener Weißwein
1 Knolle Fenchel

FÜR DAS DRESSING
5 EL natives Olivenöl
3 EL Zitronensaft
1 Knoblauchzehe, fein gehackt
Salz, Pfeffer aus der Mühle

1 Mit Hilfe von etwas grobem Salz die feine Haut der Sepien abrubbeln. Kopf und Fangarme mit den anhängenden Innereien vom Körper abreißen. Den durchsichtigen Schulp aus dem Körpersack ziehen.

2 Die Fangarme vom Kopf abschneiden. Fangarme und Körper kalt abspülen, beides in siedendem Salzwasser mit Zwiebel und Lorbeerblatt kurz garen, bis das Fleisch eben steif geworden ist. Herausnehmen, abtropfen lassen. Die Körper in Ringe schneiden, die Fangarme halbieren.

3 Die Garnelen im selben Kochfond kurz garen, bis sie sich rosa gefärbt haben. Herausnehmen, abkühlen lassen, schälen und entdarmen (man kann den Fond für eine Suppe verwenden). Vongole und Muscheln verlesen und waschen, von den Muscheln die Byssusfäden ab-schneiden.

4 Vongole und Muscheln mit dem Weißwein aufsetzen, zugedeckt aufkochen und circa fünf Minuten dämpfen, bis sie sich geöffnet haben. Herausnehmen, ungeöffnete Exemplare aussondern.

5 Das Fleisch von Muscheln und Vongole auslösen. Den Fenchel fein hacken, das Grün für die Garnitur aufheben. Fenchel und Meeresfrüchte mischen.

6 Öl, Zitronensaft Salz, Pfeffer und Fenchelgrün verrühren, den Meeresfrüchte-Salat damit anmachen. Gut durchmischen und noch lauwarm servieren. Dazu passt ein trockener Weißwein.

Agnolotti in Consommé

Für 4-6 Personen

Zutaten

100 g gekochte ausgelöste Garnelen
100 g Taschenkrebs-Fleisch aus der Dose
1 TL frisch geriebene Ingwerwurzel
1 EL frische Weißbrot-Brösel
1 TL japanische Soja-Soße
1 Lauchzwiebel, fein gehackt
1 Knoblauchzehe, durchgepresst
1Rezept Nudelteig (s.S. 24)
1 Eiweiß, leicht verquirlt
1 l Hühner-Consommé oder Fischfond
4 EL trockener Sherry oder Vermouth
Salz, Pfeffer aus der Mühle
100 g ausgelöste gekochte Garnelen oder Krabben und Korianderkraut zum Garnieren

1 Garnelen, Krebsfleisch, Ingwer, Brösel Soja-Soße, Lauchzwiebel, Knoblauch, Salz und Pfeffer in der Messermühle zu einer feinen Farce verarbeiten.

2 Den Nudelteig dünn ausrollen und 32 Kreise von fünf Zentimeter Durchmesser ausstechen. Benutzen Sie einen Ausstecher mit gewelltem Rand.

3 In die Mitte von 16 Teigblättchen einen Teelöffel Füllung geben, die freien Ränder mit Eiweiß bestreichen und das Ganze jeweils mit einem zweiten Teigblatt bedecken, die Ränder gut zusammen drücken.

4 Die Agnolotti in siedendem Salzwasser circa fünf Minuten garen, herausnehmen und in kaltem Wasser abschrecken, abtropfen lassen (die Agnolotti können im Voraus zubereitet werden; mit Zwischenlagen von Klarsichtfolie lagern, damit sie nicht aneinander kleben).

5 Consommé oder Fischfond mit Sherry oder Vermouth aufkochen und die Agnolotti darin vorsichtig erhitzen.

6 Die Agnolotti in gewärmten tiefen Tellern anrichten, die heiße Brühe darüber schöpfen, mit Garnelen und Koriander- blättchen garnieren.

Hühnersuppe mit Sternchen

Für 4-6 Personen

Zutaten
1 l Hühnerbrühe
1 Lorbeerblatt
4 Lauchzwiebeln, in Ringen
50 g Sternchen- oder Buchstaben-Nudeln
250 g Champignons
125 g gegarte Hühnerbrust
150 ml trockener Weißwein
1 EL fein gehackte Petersilie
Salz, Pfeffer aus der Mühle

1 Die Hühnerbrühe mit dem Lorbeerblatt aufkochen.

2 Die Lauchzwiebeln und die geputzten Champignons dazugeben.

3 Die Hühnerbrust enthäuten und in dünne Scheiben schneiden.

4 Die Sternchen-Nudeln in die Suppe geben und 7 bis 8 Minuten garen. Vor dem Servieren Huhn, Wein und Petersilie dazugeben und 2 bis 3 Minuten erhitzen.

Vegetarische Minestrone mit Anellini

Für 4-6 Personen

ZUTATEN
1 große Prise Safranfäden
1 Zwiebel, fein gehackt
1 Stängel Bleichsellerie, geschnitten
2 Möhren, in Würfel geschnitten
2-3 Knoblauchzehen, durchgepresst
600 ml Hühnerbrühe
800 g Pizza-Tomaten aus der Dose
50 g tiefgekühlte Erbsen
50 g Suppennudeln (z. B. Anellini)
1 EL fein gehackte Petersilie
1 EL fein gehacktes Basilikum
Salz, Pfeffer aus der Mühle
eventuell 1 TL Zucker

1 Die Safranfäden in zwei Esslöffel kochendem Wasser einweichen und zehn Minuten ziehen lassen.

2 Das Gemüse mit der Hühnerbrühe aufsetzen, aufkochen und zugedeckt bei schwacher Hitze zehn Minuten ziehen lassen.

3 Tomaten, Safran samt Wasser und Erbsen dazugeben, abermals aufkochen, die Nudeln zugeben und circa zehn Minuten köcheln lassen, bis die Nudeln gar sind.

4 Mit Salz und Pfeffer und eventuell einer Prise Zucker abschmecken. Vor dem Servieren die Kräuter dazugeben.

Rote-Bete-Suppe mit Ravioli

Für 4-6 Personen

Zutaten

1 Rezept Nudelteig (s.s. 24)
1 verquirltes Eiweiß zum Bestreichen
Mehl zum Ausrollen
1 kleine Zwiebel oder Schalotte, fein gehackt
2 Knoblauchzehen, durchgepresst
1 TL Fenchelsamen
600 ml Gemüsebrühe
250 g gegarte rote Bete
2 EL frisch gepresster Orangensaft
Fenchelkraut oder Dill zum Garnieren

für die Füllung

125 g Champignons, fein gehackt
1 Schalote, fein gehackt
1-2 Knoblauchzehen, durchgepresst
1 TL frische Thymianblättchen
1 EL fein gehackte Petersilie
4 EL frische Weißbrot-Brösel
Salz, Pfeffer aus der Mühle
Muskatnuss

1 Die Zutaten für die Füllung in der Messermühle mittelfein pürieren.

2 Den Nudelteig dünn ausrollen. Ein Ravioli-Model mit Teig auslegen, diesen gut in die Vertiefungen drücken. Die Mulden mit der Farce füllen; die Ränder mit Eiweiß bestreichen, das Ganze mit einem zweiten Teigblatt bedecken und dieses mit dem Rollholz kräftig andrücken. Auf einem bemehlten Tuch eine Stunde ruhen lassen.

3 Die Ravioli in reichlich Salzwasser portionsweise circa zwei Minuten garen, heraus nehmen und in kaltem Wasser abschrecken (man kann die Ravioli im voraus zubereiten und garen). Zwiebel, Fenchelsamen und Knoblauch mit 150 ml Brühe aufkochen und zugedeckt fünf Minuten köcheln lassen. Die rote Bete schälen, in Würfel schneiden und mit der restlichen Brühe dazugeben (4 EL Bete-Würfel als Garnitur aufheben).

3 Den Orangensaft und die Ravioli dazugeben und erhitzen. Die Suppe in tiefen Tellern anrichten, mit den Bete-Würfeln und Dill oder Fenchelgrün garnieren Mit Bauern-Weißbrot servieren.

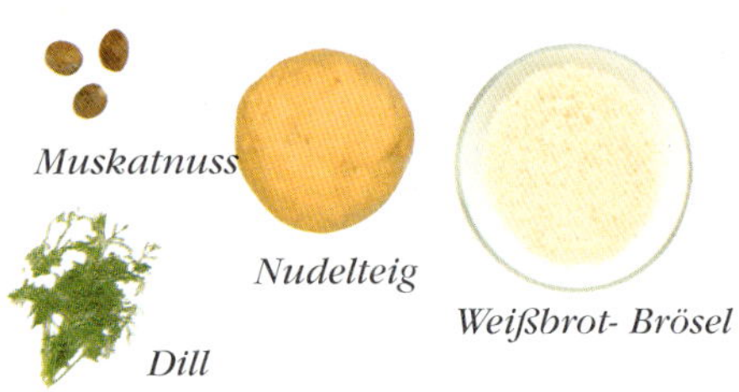

Kichererbsen-Suppe mit Spinat und Knoblauch

Eine herzhafte, gesunde Suppe, ideal für eine vegetarische Mahlzeit.

Für 4-6 Personen

ZUTATEN
2 EL natives Olivenöl
4 Knoblauchzehen, durchgepresst
1 Zwiebel, grob gehackt
2 TL gemahlener Kreuzkümmel
2 TL gemahlener Koriander
1 1/4 l Gemüsebrühe
425 ml Kichererbsen
1EL Stärkemehl
150 g Crème double (Doppelrahm)
2 EL helles Tahini (Sesampaste)
250 g geputzer Spinat, grob gehackt
Cayennepfeffer
Salz, Pfeffer aus der Mühle

1 Knoblauch und Zwiebel in einer großen Kasserolle im Öl fünf Minuten anschwitzen und leicht bräunen.

2 Kreuzkümmel und Koriander dazugeben und eine Minute anschwitzen.

3 Mit der Brühe ablöschen und die Kartoffeln dazugeben, aufkochen und zehn Minuten garen. Die Kichererbsen dazugeben und weitere fünf Minuten garen – Kartoffeln und Kichererbsen sollen *al dente* sein.

4 Stärkemehl mit Crème double und Tahini verrühren, kräftig mit Salz und Pfeffer abschmecken; zusammen mit dem Spinat in die Suppe geben, aufkochen und unter rühren zwei Minuten ausquellen lassen. Mit Salz, Pfeffer und Cayennepfeffer abschmecken und sofort zu Tisch bringen.

Nudel-Röllchen

für 4-6 Personen

ZUTATEN
1 Rezept Nudelteig (s.s. 24)
Mehl zum Ausrollen
1 Eiweiß, leicht verquirlt

FÜLLUNG
1 kleine Zwiebel, fein gehackt
1 Knoblauchzehe, durchgepresst
150 ml Hühnerbrühe
250 g faschiertes Truthahnfleisch
2-3 Blätter frischer Salbei, fein gehackt
2 Anschovis-Filets aus dem Salz, kurz gewässert

SOSSE
150 ml Hühnerbrühe
200 g fettarmer Frischkäse
1 EL Zitronensaft
eventuell 1 TL Zucker
2 Fleischtomaten, enthäutet, entkernt und in kleine Würfel geschnitten
1/2 lilafarbene Zwiebel, fein gehackt
6 kleine Cornichons, gescheibelt

1 Für die Füllung Zwiebel, Knoblauch und Brühe aufkochen und zugedeckt fünf Minuten sanft garen. Offen weiter kochen, bis die Flüssigkeit auf die Menge von zwei Esslöffeln reduziert ist.

2 Das Truthahnfleisch dazugeben und unter Rühren garen, bis es nicht mehr rosa ist. Den Salbei und die fein gehackten Anschovis-Filets dazugeben, mit Salz und Pfeffer würzen und das Ganze offen kochen, bis alle sichtbare Flüssigkeit verdampft ist.

3 Den Teig halbieren und dünn ausrollen, in 6 mal 9 Zentimeter große Rechtecke schneiden, auf einem bemehlten Tuch bereit legen.

4 Einen gehäuften Teelöffel Füllung in die Mitte jedes Teigblatts geben, die freie Fläche mit verquirltem Eiweiß bestreichen; die Teigstücke aufrollen und an den Enden zusammen kneifen. Vor dem Kochen auf einem bemehlten Tuch eine Stunde ruhen lassen.

5 Für die Soße die Brühe, den Frischkäse mit Zitronensaft und eventuell einer Prise Zucker unter Rühren vorsichtig erhitzen. Tomatenwürfel, Zwiebel und Cornichons dazugeben.

6 Die Nudelröllchen in reichlich siedendem Salzwasser portionsweise fünf Minuten garen. Herausnehmen, abtropfen lassen und in die Soße geben, zwei bis drei Minuen erhitzen. In Schalen oder tiefen Tellern anrichten, etwas Soße darüber schöpfen.

Spinat-Tagliarini mit grünem Spargel

Für 4-6 Personen

ZUTATEN
2 Hühnerbrust-Filets
1 EL japanische Soja-Soße
2 EL Sherry
2 EL Stärkemehl
8 Lauchzwiebeln, geputzt und schräg in 2,5 cm lange Stücke geschnitten
1-2 Knoblauchzehen, durchgepresst
abgeriebene Schale einer halben Zitrone und 2 EL Zitronensaft
150 ml Hühnerühe
eventuell 1 TL Zucker
250 g grüner Spargel, geputzt und in 8 cm lange Stücke geschnitten
1 Rezept Nudelteig, mit 125 g fein gehacktem Spinat hergstellt (s.S. 24) und zu Tagliarini geschnitten, oder 500 g frische Tagliarini
Salz, Pfeffer aus der Mühle

1 Die Hähnchen-Filets zwischen zwei Lagen von Klarsicht-Folie mit dem Nudelholz auf 5 mm Dicke plattieren.

2 Das Fleisch quer zur Faser in 2,5 cm breite Streifen schneiden, in Stärkemehl wenden und durch die Mischung von Soja-Soße, Sherry, Salz und Pfeffer ziehen.

3 In einer Pfanne mit Antihaft-Beschich- tung Fleisch, Lauchzwiebeln, Knoblauch und Zitronenschale mit der Brühe mischen und unter Rühren aufkochen und ausquellen lassen. Zitronensaft, Spargel und eventuell eine Prise Zucker zugeben, vier bis fünf Minuten garen.

4 Die Tagliarini in reichlich Salzwasser zwei bis drei Minuten garen, abschütten, auf gewärmten tiefen Tellern anrichten, die Soße darüber schöpfen.

Süß-saure Peperoni mit Farfalle

Für 4-6 Personen

ZUTATEN

je 1 rote, gelbe und orangene Paprika
1 Knoblauchzehe, durchgepresst
2 EL Kapern
2 EL Rosinen
1 TL grobkörniger Senf
abgeriebene Schale und Saft einer Limette
1 TL flüssiger Honig
2 EL gehacktes Korianderkraut
250 g Farfalle (Schmetterlingsnudeln)
Salz, Pfeffer aus der Mühle
Parmesankäse nach Belieben

1 Die Paprika vierteln, entkernen und in siedendem Salzwasser 10 bis 15 Minuten garen. Abtropfen lassen, die Haut abziehen und das Fruchtfleisch in Streifen schneiden.

2 Knoblauch, Kapern, Rosinen, Senf, Limettensaft und -schale, Honig, Koriander, Salz und Pfeffer zur Emulsion verrühren.

3 Die Farfalle in reichlich Salzwasser *al dente* garen (Kochzeit 10-12 Minuten). Abgießen, kurz abtropfen lassen und in den Topf zurückgeben.

4 Soße und Paprikastreifen über die Nudeln geben, kurz heiß durchschwenken. In einer gewärmten Schüssel anrichten. Nach Belieben Parmesan dazu reichen.

Mezzelune mit Kräuterfüllung

Für 4-6 Personen

ZUTATEN
1 Rezept Nudelteig, mit 3 EL gehackten Kräutern hergestellt (s.S. 24)
verquirltes Eiweiß zum Bestreichen
Mehl zum ausrollen
Basilikumblätter zum Garnieren

FÜLLUNG
250 g gehackter TK-Spinat
1 kleine Zwiebel, fein gehackt
Muskatnuss
125 g fettarmer Hüttenkäse
1 Ei, verquirlt
25 g frisch geriebener Parmesankäse
Salz, Pfeffer aus der Mühle

SOßE
25 g Sonnenblumen-Margarine
3 EL Mehl
300 ml fettarme Milch
Muskatnuss
2 EL frische gehackte Kräuter (Basilikum, Schnittlauch, Petersilie)

1 Für die Füllung Spinat und Zwiebel in einem geschlossenen Topf sanft erwärmen, um den Spinat aufzutauen, danach in einem Durchschlag abtropfen lassen. Mit Salz, Pfeffer und Muskatnuss würzen. Abkühlen lassen, mit Hüttenkäse, Ei und Parmesan mischen.

2 Den Teig dünn ausrollen und 8 cm große Kreise ausstechen.

3 Auf jedes Teigblatt einen Dessertlöffel Füllung geben. Die freie Teigfläche mit Eiweiß bestreichen und die Blätter zu Halbmonden zusammenklappen, die Ränder zum Verschließen gut zusammendrücken. Vor dem Kochen auf einem bemehlten Tuch eine Stunde ruhen lassen.

4 Für die Soße die Margarine schmelzen, das Mehl darüber stäuben Nach und nach mit der Milch ablöschen, unter Rühren aufkochen und ausquellen lassen; würzen und die Kräuter dazugeben.

5 Die Halbmonde in reichlich Salzwasser portionsweise drei Minuten garen, abtropfen lassen und auf gewärmten Tellern anrichten.

6 Die Kräuter-Soße darüber schöpfen. Die Portionen mit Basilikum garnieren und heiß auf den Tisch bringen.

Minestrone

Das Ur-Rezept für die herzhafte winterliche Suppe stammt aus Mailand. Inzwischen existieren in Norditalien und Frankreich zahlreiche Varianten. Mischen sie das Gemüse nach Gusto, schneiden Sie es nach Belieben fein oder grob.

Für 4-6 Personen

ZUTATEN
250 g getrocknete Dicke Bohnen
2 EL natives Olivenöl
50 g durchwachsener Räucherspeck, in feine Würfel geschnitten
2 große Zwiebeln, in Ringe geschnitten
2 Knoblauchzehen, durchgepresst
2 mittelgroße Möhren, gescheibelt
2 Stängel Bleichsellerie, gehackt
400 g Pizza-Tomaten aus der Dose
2 l Fleisch- oder Gemüsebrühe
350 g Kartoffeln, geschält und gewürfelt
200 g kleinteilige Nudeln
250 g fein geschnittener Weißkohl oder Wirsing
200 g fein geschnittene grüne Bohnen
100 g TK-Erbsen
3 EL gehackte glattblättrige Petersilie
Salz, Pfeffer aus der Mühle
nach Belieben Parmesankäse

1 Die Dicken Bohnen über Nacht in kaltem Wasser einweichen.

2 Speck, Zwiebel und Knoblauch im Öl kurz anschwitzen und dann zugedeckt fünf Minuten weich dünsten.

3 Möhren und Sellerie dazugeben und weitere 2 bis 3 Minuten dämpfen.

4 Die Bohnen abgießen, mit den Tomaten und der Brühe dazugeben, aufkochen und zugedeckt bei sanfter Hitze 2 - 2 ½ Stunden garen.

5 30 Minuten vor Ende der Garzeit der Bohnen die Kartoffeln dazugeben.

VARIATION

In Ligurien und Südfrankreich serviert man die Minestrone mit Pesto, der berühmten Soße aus Basilikum, Pinienkernen, Knoblauch und Käse. Einen Esslöffel voll in jede Portion rühren.

6 15 Minuten vor Ende der Garzeit Nudeln, Kohl, grüne Bohnen und Petersilie dazugeben. Abschmecken und mit frisch geriebenem Parmesan servieren.

Pasta e Fagioli

Der Eintopf mit Bohnen und Nudeln kann auch mit anderen Hülsenfrüchten zubereitet werden.

Für 6 Personen

ZUTATEN
200 g getrocknete weiße Bohnen, über Nacht eingeweicht
2 l Gemüse-, Fleisch- oder Geflügelbrühe
100 g kleinteilige Nudeln
natives Olivenöl
2 Knoblauchzehen, fein gehackt
4 EL gehackte glattblättrige Petersilie
Salz, Pfeffer aus der Mühle

1 Die Bohnen abgießen, mit der Brühe aufkochen und zugedeckt garen. Je nach Sorte kann das bis zu 2 ½ Stunden dauern.

2 Die Hälfte der Bohnen mit einem Teil des Fonds pürieren und zurück in den Topf geben.

3 Die Nudeln dazugeben und zehn bis fünfzehn Minuten garen. Falls nötig weitere Brühe dazugeben.

4 Den Knoblauch in vier Esslöffel Öl goldbraun anrösten und zusammen mit der Petersilie in die Suppe rühren. Mit Salz und Pfeffer abschmecken, in Portionsschalen anrichten, mit etwas Olivenöl beträufeln.

Zucchini-Suppe mit kleinen Nudeln

Eine leckere herzhafte Suppe, die sich schnell und einfach zubereiten lässt.

Für 4-6 Personen

ZUTATEN
4 EL natives Olivenöl
2 mittelgroße Zwiebeln, fein gehackt
1,5 l Geflügel- oder Gemüsebrühe
1 kg Zucchini, grob geraspelt
100 kleinteilige Nudeln, z.B. Sternchen oder Hörnchen
Zitronensaft
Salz, Pfeffer aus der Mühle
2 EL gehackter Kerbel
Crème fraîche nach Belieben

Zucchini

Zwiebel

Suppen-Nudeln

Kerbel

1 Die Zwiebel im Öl anschwitzen und zugedeckt weich dämpfen ohne sie zu bräunen.

2 Die Brühe dazugeben und unter gelegentlichem Rühren aufkochen.

3 Die Zucchini zusammen mit den Nudeln dazugeben und alles circa zehn Minuten garen. Mit Salz, Pfeffer und Zitronensaft abschmecken.

4 Den Kerbel einrühren. Die Suppe in gewärmten tiefen Tellern anrichten und mit einem Klecks Crème fraiche oder Schmand garnieren.

KOCH-TIPP

Nehmen Sie lieber einen Fond aus dem Glas statt Brühwürfeln, wenn Sie keine selbst gekochte Brühe haben.

Fischsuppe mit Muscheln

Diese typisch mediterrane Suppe macht schon beim Anschauen und Schnuppern Appetit.

Für 4 Personen

Zutaten
- 2 EL natives Olivenöl
- 1 mittelgroße Zwiebel, in Scheiben geschnitten
- 1 Knoblauchzehe, durchgepresst
- 1 Stange Porree, fein geschnitten
- 250 g Pizza-Tomaten aus der Dose
- 1 Prise Provence-Kräuter
- 1 Portionsdöschen Safran ($1/8$ g)
- 100 g kleinteilige Nudeln
- Salz, Pfeffer aus der Mühle
- 250 g Miesmuscheln
- 500 g Fischfilet (z.B. Rotbarsch, Kabeljau, Seeteufel)

Rouille
- 2 Knoblauchzehen, durchgepresst
- 1 eingelegte Pfefferschote, fein gehackt
- 1 EL frische Weißbrot-Brösel
- 4 EL Mayonnaise
- Baguette-Brot

1 Zwiebel, Knoblauch und Porree im Öl anschwitzen, zugedeckt fünf Minuten bei schwacher Hitze dünsten.

2 Mit einem Liter Wasser ablöschen, Tomaten, Kräuter, Safran und Nudeln dazugeben, mit Salz und Pfeffer abschmecken und 10 bis 15 Minuten garen.

3 Die Muscheln waschen und die Byssusfäden entfernen. Exemplare aussondern, die sich auf Klopfen an der Schale nicht schließen,

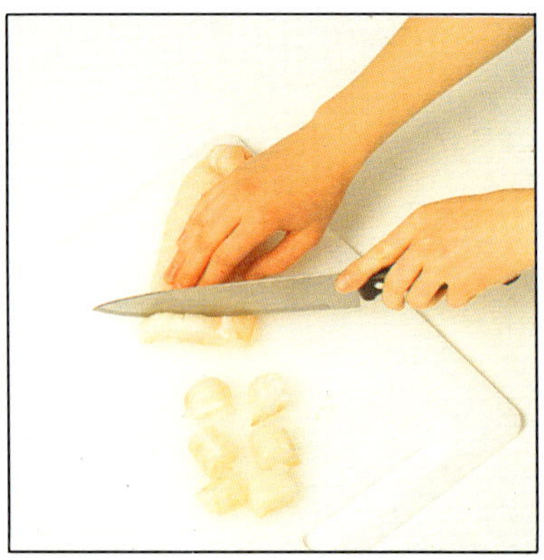

4 Den Fisch in mundgerechte Stücke schneiden und in die Suppe geben, die Muscheln obenauf legen und zugedeckt fünf bis zehn Minuten garen, bis sie sich geöffnet haben (geschlossene Muscheln aussondern).

5 Für die Rouille Knoblauch, Pfefferschote und Brösel im Mörser zerreiben, die Mayonnaise dazugeben und das Ganze kräftig abschmecken (man kann die Soße auch in der Messermühle herstellen).

6 Die Rouille auf geröstete Baguettescheiben streichen und diese zur Suppe reichen. Die Suppe in gewärmten Tellern anrichten.

Hühnersuppe mit Nudeln und Omelettstreifen

Diese Suppe ist schnell und einfach zubereitet. Man kann sie zusätzlich nach Belieben anreichern – z.B. mit Lauchzwiebeln, Pilzen oder Garnelen

Für 4-6 Personen

ZUTATEN
3 große Eier
2 EL fein gehacktes Korianderkraut oder Petersilie
1 l gute Hühnerbrühe oder Consommé
100 g Fadennudeln
10 g gegarte Hühnerbrust
Salz, Pfeffer aus der Mühle

1 Zuerst die Omeletts zubereiten: Die Eier verquirlen, die Kräuter dazugeben, mit Salz und Pfeffer würzen.

VARIATION

Wenn Sie Reisnudeln statt der Fadennudeln verwenden und mit Zitronengras und kleinen Chilischoten würzen und vier Esslöffel Kokoscreme in die Brühe rühren, bekommen Sie eine thailändische Hühnersuppe.

2 Eine dünne Schicht der Eimischung in eine kleine beschichtete Pfanne gießen, stocken lassen, wenden, die andere Seite kurz braten, herausnehmen. Mit der restlichen Masse weitere Omeletts backen.

3 Die Omeletts rollen und in dünne Streifen schneiden.

4 Die Brühe aufkochen, die Nudeln hineingeben und drei bis fünf Minuten garen. Das Hühnerfleisch dazugeben und kurz erhitzen, mit Salz und Pfeffer abschmecken, die Omelettstreifen dazugeben und die Suppe sofort servieren.

Blumenkohl-Cremesuppe mit Farfalle und Parmesan-Toast

Eine herzhafte Suppe, die in einer großen Portion als Eintopf oder ebenso gut als Auftakt eines eleganten Menüs serviert werden kann.

Für 3-6 Personen

ZUTATEN
1 großer Blumenkohl
1 $^{1}/_{4}$ l Gemüse- oder Hühnerbrühe
200 g Schmetterlingsnudeln (Farfalle)
150 ml Sahne oder Milch
Muskatnuss
Cayennepfefer
4 EL frisch geriebener Parmesankäse
Salz, Peffer aus der Mühle

PARMESAN-TOAST
3-4 Scheiben Toastbrot
frisch geriebener Parmesan
Paprikapulver

1 Den Blumenkohl waschen, putzen und in Röschen teilen.

2 Die Brühe aufkochen und den Blumenkohl darin circa zehn Minuten garen; herausnehmen und in den Mixer geben.

3 Die Nudeln in die Brühe geben und circa zehn Minuten garen; die Nudeln abgießen, dabei die Brühe auffangen und zum Blumenkohl geben. Milch bzw. Sahne dazugeben und fein mixen. Mit Muskatnuss und Cayennepfeffer abschmecken. Die Nudeln in die Suppe geben und erhitzen, den Parmesan einrühren.

4 Für den Parmesan-Toast das Brot entrinden, auf ein Backblech legen und mit reichlich Parmesan bestreuen, mit Paprika bestäuben und im Backofen bei 180 °C zehn bis fünfzehn Minuten goldbraun rösten.

Nudelsalat mit Melone und Garnelen

Verwenden sie für diesen Salat orangefleischige Ogen- oder Charentais-Melonen oder mischen Sie diese beiden Sorten mit Wassermelonen.

Für 4-6 Personen

ZUTATEN
200 g kleinteilige Nudeln
250 g gekochte Garnelen oder Krabben
1 große oder 2 kleine Honigmelonen
4 EL natives Olivenöl
1 EL Estragonessig
2 je 1 EL gehackter Schnittlauch und gehackte Petersilie
Salz, Pfeffer aus der Mühle
Kräuter und Chinakohl zum Anrichten

1 Die Pasta in reichlich Salzwasser nach Packungsvorschrift kochen; abschütten, abschrecken und gut abtropfen lassen.

2 Die Garnelenschwänze behutsam aus den Schalen lösen.

Melonen

Pasta

Garnelen

Chinakohl

3 Die Melone halbieren und entkernen, mit einem Ausstecher hübsche Kugeln herstellen, diese mit den Nudeln und den Garnelen mischen.

4 Essig und Öl mit Salz und Pfeffer verrühren, die Kräuter dazugeben, die Nudel-Garnelen-Melonenmischung damit anmachen und alles 30 Minuten ziehen lassen.

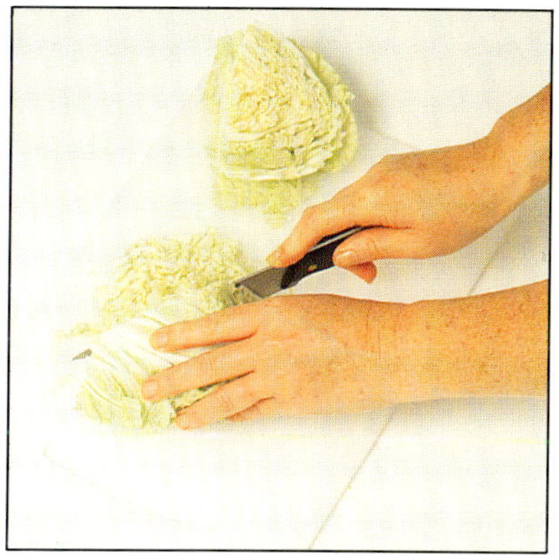

5 Chinakohl waschen und in Streifen schneiden, eine flache Schale oder die Melonenhälften mit den Blättern auslegen.

6 Den Melonensalat auf den Blättern anrichten, mit Kräutern garnieren. Dazu passen Ciabatta-Brot und ein frischer Weißwein, z.B. Erbaluce di Caluso.

Lauwarmer Nudelsalat mit Schinken, Ei und Spargel

Probieren Sie mal an einem heißen Sommertag einen Salat mit warmen Nudeln und kalter Soße. Dieser hier bringt eine interessante Variation zu einem klassischen Spargel-Thema. Zu weißem Spargel würden grüne Nudeln passen.

Für 4-6 Personen

ZUTATEN
500 g grüner Spargel
Salz
500 g Tagliatelle
250 gekochter Schinken, in Streifen geschnitten
2 hart gekochte Eier, gescheibelt
50 g fein gehobelter Parmesankäse

VINAIGRETTE
50 g gekochte Kartoffel
5 EL natives Olivenöl, möglichst sizilianisches
1 EL Zitronensaft
2 TL Dijonsenf
1/8 l Gemüsebrühe

1 Den Spargel um das untere holzige Drittel kürzen. Die Stangen halbieren, die unteren dickeren Enden zwölf Minuten garen, nach der halben Garzeit die Spitzen dazugeben. Kalt abschrecken und abtropfen lassen.

2 150 Gramm der unteren Spargelenden mit den Zutaten für die Vinaigrette im Mixer pürieren, mit Salz und Pfeffer abschmecken.

3 Die Nudeln nach Vorschrift garen, abschütten, kurz mit kaltem Wasser abschrecken, abtropfen lassen und mit der Soße anmachen. Auf Tellern anrichten, mit Spargelspitzen, Eischeiben und Schinkenstreifen und gehobeltem Parmesan garnieren. Dazu passt ein leichter Weißwein wie z.B. Cinque Terre.

Nudelsalat mit Huhn

Eine elegante Art, Reste von kaltem Huhn zu verwerten, und obendrein eine köstliche Vorspeise

Für 4 Personen

ZUTATEN
250 g dreifarbige Spiralnudeln
2 EL Pesto-Soße
1 Fleischtomate
12 schwarze Oliven ohne Stein
250 g feine grüne Bohnen
350 g gegartes Hühnerfleisch, gewürfelt
Salz, Pfeffer aus der Mühle
Basilikum zum Garnieren

1 Die Nudeln nach Packungsvorschrift *al dente* kochen (Garzeit zehn bis zwölf Minuten).

2 Die Nudeln abschütten, kurz kalt überbrausen, gut abtropfen lassen, in eine Schüssel geben und mit Pesto und Olivenöl anmachen.

3 Die Tomate einritzen, 30 Sekunden in kochendes Wasser tauchen, in kaltem Wasser abschrecken und enthäuten.

4 Die Tomate in Würfel schneiden, mit Nudeln und Oliven mischen. Die Bohnen in kurze Stücke schneiden und dazugeben. Das Brathuhn in Würfel schneiden und dazugeben. Alles gut mischen und auf einer Platte anrichten. Mit Basilikum garnieren.

Pasta-Salat mit Tomaten, Mozzarella und Avocado

Ein köstlicher Salat in den italienischen Nationalfarben - ein fröhliches Sommergericht!

Für 4 Personen

ZUTATEN
200 g Schmetterlingsnudeln *(farfalle)*
500 g sonnengereifte Tomaten
250 g Mozarella-Käse
1 große reife Avocado
2 EL geröstete Pinienkerne
Basilikum zum Garnieren

VINAIGRETTE
6 EL natives Olivenöl
2 EL Weinessig
1 TL Balsamessig
1 TL grobkörniger Senf
Salz und Pfeffer
2 EL fein geschnittenes Basilikum

1 Die Nudeln nach Packungsvorschrift in Salzwasser *al dente* kochen. Abgießen, gut abtropfen und abkühlen lassen.

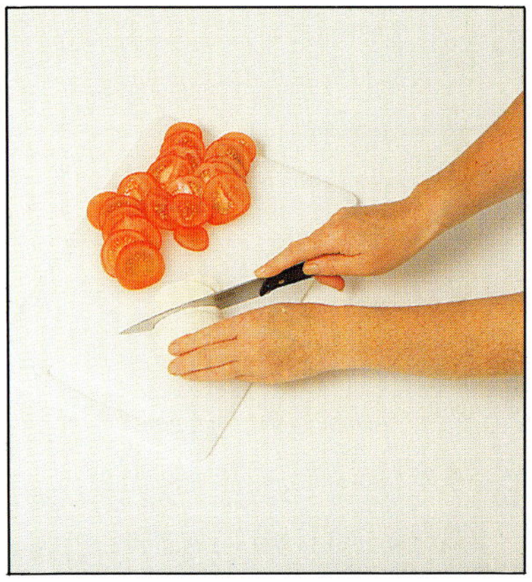

2 Tomaten und Mozzarella in gleichmäßige Scheiben schneiden.

3 Die Avocado halbieren, entkernen, schälen und in Scheiben schneiden.

4 Die Zutaten für die Vinaigrette mit dem Schneebesen verrühren oder in einem Marmeladenglas zur Emulsion schütteln.

5 Tomaten, Mozzarella und Avocado überlappend auf Tellern anrichten.

6 Die Nudeln mit der Hälfte der Vinaigrette und dem Basilikum anmachen, in der Mitte von Tomaten und Mozzarella anrichten. Die restliche Vinaigrette darüber träufeln, mit den Pinienkernen bestreuen und mit Basilikum garnieren. Sofort servieren.

Kartoffelsalat mit Vollkorn-Nudeln, Spargel und Parmesan

Eine komplette Mahlzeit. In der Spargelsaison ein zauberhaftes Sommer-Gericht

Für 4 Personen

ZUTATEN
250 g Vollkorn-Hartweizen-Nudeln
4 EL natives Olivenöl
Salz, Pfeffer aus der Mühle
350 g kleine neue Kartoffeln
250 g grüner Spargel
100 g Parmesankäse

1 Die Nudeln nach Packungsvorschrift *al dente* kochen, abtropfen lassen und noch warm mit Olivenöl, Salz und Pfeffer anmachen.

2 Die Kartoffeln unter Wasser sauber abbürsten und in Salzwasser 12 bis 15 Minuten garen. Abtropfen lassen und mit den Nudeln mischen.

3 Die holzigen unteren Enden des Spargels abschneiden, die Stangen halbieren und in Salzwasser sechs Minuten garen. In Eiswasser abschrecken, abtropfen lassen.

4 Den Spargel mit Kartoffeln und Nudeln mischen, abschmecken und in einer Schale anrichten. Den Parmesan mit einem Trüffelhobel oder Sparschäler dünn darüber hobeln.

Salat von weißen Bohnen und Bleichsellerie

Dieses Gericht aus kleinen weißen Bohnen ist eine Alternative zum allgegenwärtigen Kartoffelsalat. Wenn's schnell gehen muss, kann man ihn mit Dosenbohnen Dose zubereiten.

Für 4 Personen

ZUTATEN

500 g getrocknete weiße Bohnen, vorzugsweise Cannellini-Bohnen
1 l Gemüsebrühe
3 Stängel Bleichsellerie, in halbzentimeter breite Streifen geschnitten
1/8 l Vinaigrette oder fertiges French Dressing
3 EL fein gehackte glattblättrige Petersilie
Salz, Pfeffer aus der Mühle

Petersilie

weiße Bohnen

Bleichsellerie

1 Getrocknete Bohnen über Nacht einweichen, das Wasser abgießen, die Bohnen mit frischem Wasser aufsetzen, aufkochen und halb zugedeckt bei kleiner Hitze garen (dauert bis zu 1 1/2 Stunden), bis die Bohnen *al dente* sind. Abtropfen lassen. Bohnen aus der Dose nur abtropfen lassen.

2 Die gegarten Bohnen mit Sellerie und Brühe aufkochen und zugedeckt bei kleinster Hitze 15 Minuten ziehen lassen. Abschütten und abtropfen lassen, mit der Vinaigrette anmachen und abkühlen lassen.

3 Die Petersilie dazugeben, den Salat mit Salz und Pfeffer abschmecken und alles vorsichtig durchmischen.

KOCH-TIPP

Über sechs Monate alte getrocknete Bohnen sollten über Nacht eingeweicht werden, um die Kochzeit zu verkürzen. Generell gilt: je frischer Hülsenfrüchte sind, um so kürzer ist die Einweich- und Garzeit.

Mediterraner Salat mit Basilikum

Ein Nudelsalat mit allen sonnigen Aromen des Mittelmeeres

Für 4 Personen

ZUTATEN
250 g Rigatoni, Conchiglie o.ä.
200 g feine grüne Bohnen
2 reife Fleischtomaten
50 g Basilikumblätter
200 g Tunfisch aus dem Öl, abgetropft
2 hart gekochte Eier, gescheibelt
50 g Anschovis-Filets, gewässert
Kapern und schwarze Oliven
Salz, Pfeffer aus der Mühle

VINAIGRETTE
6 EL natives Olivenöl
2 EL Weißweinessig oder Zitronensaft
2 Knoblauchzehen, durchgepresst
1/2 TL Dijonsenf

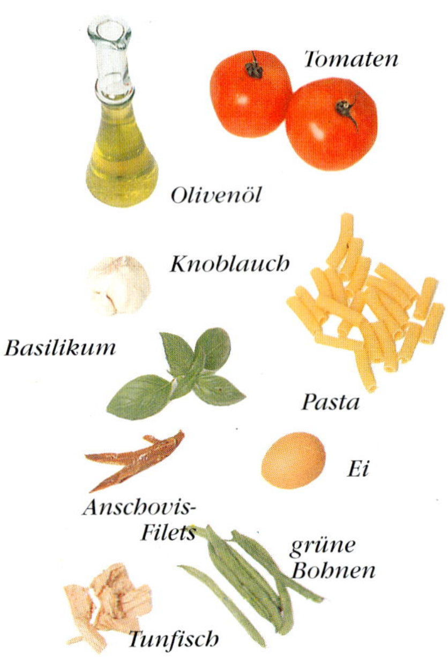

1 Die Zutaten für die Vinaigrette mit dem Schneebesen verrühren oder in einem Marmeladenglas aufschütteln.

2 Die Pasta nach Packungsvorschrift in reichlich Salzwasser *al dente* garen. Abschütten, abtropfen und abkühlen lassen.

3 Die Bohnen putzen, in kräftig gesalzenem Wasser drei Minuten blanchieren, herausnehmen und in Eiswasser abschrecken. Abtropfen lassen.

4 Die Tomaten in Scheiben schneiden, leicht salzen, mit Vinaigrette beträufeln und mit einem Viertel des Basilikums bedecken. Darauf die Bohnen schichten, mit Vinaigrettre beträufeln und mit einem weiteren Viertel des Basilikums bedecken.

5 Die Nudeln mit dem zerpflückten Tunfisch, Basilikum und etwas Vinaigrette anmachen, auf die Bohnen schichten.

6 Das Ganze mit Eischeiben, Anschovisfilets, Kapern und Oliven sowie dem restlichen Basilikum garnieren, die verbliebene Vinaigrette darüber träufeln und den Salat servieren. Nicht kalt stellen – das würde das Aroma töten.

Birnensalat mit Rauke und Parmesan

Beginnen Sie ein Diner mit dieser raffinierten Komposition aus saftig-süßen Birnen, herbem Rucola und aromatischem Parmesan. Trinken Sie dazu einen gekühlten Lambrusco oder Beaujolais.

Für 4 Personen

ZUTATEN
4 reife Birnen (Williams oder Packhams)
2 TL Zitronensaft
3 EL Walnuss- oder Haselnuss-Öl
125 g Rauke
75 g Parmesankäse
Pfeffer aus der Mühle

Rauke

Parmesankäse

Birnen

1 Die Birnen schälen, entkernen, in dicke Scheiben schneiden und mit Zitronensaft beträufeln, damit sie nicht braun werden.

2 Die gewaschene, abgetropfte Rauke und das Öl dazugeben und alles vorsichtig durchmischen

3 Den Salat auf Tellern hübsch anrichten, Parmesan frisch darüber hobeln und das Ganze mit Pfeffer übermahlen. Dazu knuspriges Ciabatta-Brot und Weißwein.

KOCH-TIPP

Rauke lässt sich auch in unseren Breiten problemlos im eigenen Garten ziehen.

Parmaschinken mit Melone und Erdbeer-Salsa

Saftig-aromatische Melone mit luftgetrocknetem Schinken ist ein italienischer Vorspeisen-Klassiker. Die pikant-süße Erdbeer-Soße gibt der Sache einen ganz besonderen Pfiff.

Für 4 Personen

ZUTATEN

1 große Honigmelone (z.B. Cavaillon, Ogen oder Charentais)

200 g dünn geschnittener Parma- oder San Daniele-Schinken

SALSA

250 g Erdbeeren

1 TL feiner Zucker

2 EL Erdnuss- oder Sonnenblumenöl

1/2 TL abgeriebene Orangenschale

1/2 TL frisch geriebener Ingwer

Salz, Pfeffer aus der Mühle

1 Die Melone halbieren, entkernen und dick abschälen, das Fruchtfleisch in Scheiben schneiden und bis zum Servieren kalt sellen.

2 Für die Soße die Erdbeeren waschen, putzen und in Würfel schneiden. Mit dem Zucker mischen und leicht zerdrücken, damit sie Saft ziehen. Öl, Orangensaft und -schale und Ingwer dazugeben, mit Salz und kräftig mit Pfeffer abschmecken.

3 Die Melone auf einer Platte anrichten, den Schinken darüber drapieren. Die Salsa getrennt dazureichen.

Salat mit gegrilltem Huhn, Polenta und Lavendel

Lavendel als Salat-Zutat ist ungewöhnlich. Aber sein Parfüm harmoniert gut mit Knoblauch und Orangenschale sowie mit anderen Wildkräutern. Mit Polenta wird der Salat zur kompletten Mahlzeit

Für 4 Personen

ZUTATEN
4 Hühnerbrust-Filets
1 l leichte Hühnerbrühe
200 g Polenta (Maisgrieß)
50 g Butter
500 g zarter Spinat
150 g Feldsalat
8 Zweiglein Lavendel
8 kleine Tomaten, halbiert
Salz, Pfeffer aus der Mühle

LAVENDEL-MARINADE
6 frische Lavendelblüten
2 TL abgeriebene Orangenschale
2 Knoblauchzehen, durchgepresst
2 TL flüssiger Honig
2 EL natives Olivenöl
2 TL gehackte frische Thymianblättchen
2 TL gehackter frischer Majoran

1 Für die Marinade die Lavendelblüten abzupfen und mit Orangenschale, Knoblauch, Honig und Salz mischen. Olivenöl und Kräuter dazugeben. Das Fleisch mehrfach tief einschneiden, mit der Marinade bestreichen und mindestens 20 Minuten kühl ruhen lassen.

2 Für die Polenta Maismehl und Brühe verrühren, unter öfterem Rühren langsam zum Kochen bringen und dann zugedeckt bei kleinster Hitze ausquellen lassen. Den Brei auf auf ein nasses Arbeitsbrett oder Backblech stürzen und 2,5 Zentimeter dick verstreichen, ganz erkalten lassen.

3 Das Fleisch auf einem mittelheißen Grill (bei Holzkohle die Kohlen gut durchglühen lassen) circa 15 Minuten grillen, dabei einmal wenden.

4 Die Polenta mit einem nassen Messer in Stücke schneiden und mit der Butter in der Pfanne braten.

KOCH-TIPP

Lavendelmarinade schmeckt zu Seefisch ebenso köstlich wie zu Huhn. Probieren Sie sie zu Filets von Kabeljau, Schellfisch oder Wolfsbarsch.

5 Den Salat waschen und gut abtropfen lassen, auf vier Teller verteilen. Die Hühnerbrüste in Scheiben schneiden und auf dem Salat anrichten. Die Polentawürfel darüber ver-teilen. Salzen und pfeffern und mit Lavendelzweigen garnieren.

Grapefruit-Salat mit Campari und Orangen

Das bitter-süße Aroma des Campari passt ausnehmend gut zu Zitrusfrüchten. Wegen des Alkohols ist dieser Salat für Kinder tabu.

Für 4 Personen

Zutaten
3 EL feiner Zucker
4 EL Campari
2 EL Zitronensaft
4 Grapefruits
5 Orangen
4 Zweige frische Minze

Koch-Tipp

Wählen Sie beim Einkauf Zitrusfrüchte mit klaren Schalenfarben, die sich fest und für ihre Größe schwer anfühlen.

1 Den Zucker mit 150 Milliliter Wasser zu Sirup verkochen, abkühlen lassen, und mit Campari und Zitronensaft mischen. Kalt stellen.

2 Die Zitrusfrüchte mit einem scharfen Messer bis aufs Fruchtfleisch schälen und dieses als Filets zwischen den Trennhäuten heraus schneiden. Den Saft auffangen. Saft und Zitrusfilets, mit dem Campari-sirup mischen, gut kühlen.

3 Den Campari-Zitrus-Salat auf gekühlten tiefen Tellern anrichten, mit Minze garnieren und als Vorspeise oder Zwischengericht servieren.

Spinat-Salat mit Avocadoschnitzen

Junge zarte Spinatblätter ergeben mit Avocado, Kirschtomaten und Radieschen in einer Tofu-Vinaigrette einen delikaten Salat

Für 4 Personen

ZUTATEN
1 große Avocado
1 Limette
250 g junge zarte Spinatblätter
125 g Kirschtomaten
4 Lauchzwiebeln, fein geschnitten
1/2 Gurke
50 g Radieschen, fein geschnitten

FÜR DAS DRESSING
125 weicher frischer Tofu
3 EL Milch
2 TL Senf
1/2 TL Weißweinessig
1 Prise Cayennepfeffer
Salz, Pfeffer aus der Mühle

1 Die Avocado halbieren, entsteinen, schälen und in Scheiben schneiden; mit dem Saft der Limette beträufeln.

2 Den Spinat waschen und trocken schleudern, in die Salatschüssel legen.

3 Größere Kirschtomaten halbieren und zusammen mit den ganzen Tomaten in die Salatschüssel geben, ebenso die Lauchzwiebeln und die klein geschnittene Gurke.

4 Für das Dressing alle Zutaten im Mixer aufschlagen, in eine Schüssel geben und eventuell noch etwas Milch dazugeben, wenn Sie es flüssiger mögen. Nach Belieben mit Cayennepfeffer nachwürzen und mit Radieschen-Rosen und Kräutern garnieren. Das Dressing getrennt zum Salat reichen.

KOCH-TIPP

Verwenden Sie für dieses Rezept weichen „Seidentofu“ statt der festeren Blöcke. Seidentofu gibt es pasteurisiert abgepackt.

Salat von gerösteten Peperoni

Gegrillte Paprikaschoten schmecken mit einem scharfen Dressing heiß ebenso gut wie kalt.

Für 2 Personen

Zutaten
1 grüne Paprikaschote
1 gelbe oder orangene Paprikaschote
1 rote Paprikaschote
100 g Radicchio
½ Kopf Friséesalat
1 ½ TL Weißweinessig
2 EL natives Olivenöl
175 g Ziegen-Frischkäse
Salz, Pfeffer aus der Mühle

1 Die Paprikaschoten halbieren, entkernen und in Stücke schneiden.

2 Die Peperoni-Stücke auf dem vorgeheizten Grill zehn Minuten grillen.

3 Radicchio- und Frisée-Blätter waschen, trocken schleudern und auf vier Teller verteilen.

4 Essig und Öl mit Salz und Pfeffer in einem Marmeladenglas zur Emulsion schütteln.

5 Den Ziegenkäse in Scheiben schneiden, auf ein Backblech legen und eine Minute grillen.

6 Die Peperoni und den Ziegenkäse auf den Salattellern garnieren, mit der Vinaigrette beträufeln und nach Belieben noch etwas Pfeffer darüber mahlen. Zu Tisch bringen, so lange Käse und Peperoni noch warm sind.

KOCH-TIPP

Die Paprikastücke dürfen allenfalls am Rand ein wenig schwarz werden – keinesfalls verbrennen.

INOX

Fleisch, Geflügel und Fisch

Beim Umgang mit Fleisch und Geflügel gehören Italiens Köche und Hausfrauen zur Spitze in Europa. Und bei mehr als 8000 Kilometer Küste und den vielen Flüssen und Seen versteht es sich von selbst, dass Fisch in der häuslichen Küche ebenso wie in den Ristoranti eine wichtige Rolle spielt.

Rindfleisch in Rotwein

Dieses klassische Schmorgericht schmeckt nach einem Tag aufgewärmt noch besser.

Für 6 Personen

ZUTATEN

1,2 - 1,5 kg Rindfleisch aus der Keule, in 4 cm große Würfel geschnitten
1 mittelgroße Zwiebel, fein geschnitten
2 Möhren, in Scheiben geschnitten
1 Knoblauchzehe, fein gehackt
1 Lorbeerblatt
2-3 Zweiglein Thymian
Muskatnuss
1/4 l kräftiger Rotwein, z.B. Barbera
400 g Tomaten aus der Dose mit Saft
1/8 l Fleisch- oder Hühnerbrühe
15 schwarze Oliven, entsteint und halbiert
1 große rote Paprikaschote, entkernt und in Streifen geschnitten
Salz, Pfeffer aus der Mühle

1 Das Fleisch in drei Esslöffel Öl portionsweise kräftig anbraten, dabei rundum bräunen, herausnehmen.

2 Das restliche Öl in den Topf geben, Zwiebel und Möhren anschwitzen ohne zu bräunen. Petersilie und Knoblauch dazugeben und weitere drei bis vier Minuten anschwitzen.

3 Das Fleisch zurück in den Topf geben, mit dem Gemüse vermengen. Thymian und Lorbeerblatt dazugeben und eine Prise Muskatnuss darüber reiben. Mit dem Wein ablöschen, aufkochen und Tomaten, Brühe und Oliven dazugeben und untermengen, mit Salz und Pfeffer würzen. Zudecken und im Backofen bei 180 °C (Heißluft 160 °C) oder auf dem Herd bei kleiner Hitze 1 1/2 Stunden garen.

4 Die Paprikastreifen dazugeben und weitere 30 Minuten ohne Deckel garen. Im Topf auf den Tisch bringen.
Dazu Polenta: 200 Gramm groben Maisgrieß mit 0,8 Liter Wasser und einem knappen Teelöffel Salz unter Rühren aufkochen, dann zugedeckt bei kleinster Hitze ausquellen lassen, gelegentlich Rühren.
Wein: der gleiche Rote, der zum Kochen benutzt wurde.

Kalbsleber mit Aceto Balsamico

Die süß-saure gebratene Leber ist eine Spezialität des Veneto. Dazu gibt es in gerösteten Semmelbröseln geschwenkte grüne Bohnen.

Für 2 Personen

Zutaten
- 2 EL Mehl
- 1/2 TL fein gehackter frischer Salbei
- 4 dünne Scheiben Kalbsleber, in Stücke geschnitten
- 3 El natives Olivenöl
- 25 g Butter
- 2 kleine rote Zwiebeln, in Ringe geschnitten
- 150 ml trockener Weißwein
- 3 EL Balsamessig
- Salz, Pfeffer aus der Mühle
- eventuell 1 Prise Zucker
- frischer Salbei zum Garnieren
- grüne Bohnen mit gerösteten Bröseln als Beilage

1 Mehl mit Salbei, Salz und Pfeffer kräftig würzen, die Leber darin wenden, überschüssiges Mehl abschütteln.

2 Die Hälfte der Butter mit zwei Esslöffel Öl in einer Pfanne aufschäumen lassen, die Zwiebeln darin fünf Minuten anschwitzen ohne zu bräunen.

3 Das restliche Öl und die restliche Butter in die Pfanne geben und die Leber darin zwei bis drei Minuten auf jeder Seite braten. Herausnehmen und auf gewärmten Tellern warm stellen.

4 Wein und Essig in die Pfanne geben und den Bratensatz kurz loskochen. Die Zwiebel dazugeben und erhitzen, nach Belieben auch mit Zucker abschmecken. Soße und Zwiebeln über die Leber verteilen, das Ganze mit Salbei garnieren. Die gegarten, in den mit Butter gerösteten Bröseln geschwenkten Bohnen dazu anrichten.
Wein: ein Tocai, der Weiße aus dem Veneto.

Lammkeule mit Rosmarin

Der erste Lammbraten am Ostersonntag gehört in Italien zur heiligen Tradition. Salbei, Rosmarin und Knoblauch geben dem Sonntagsgericht das besondere Aroma. Dazu gibt's in Butter gedünstete Möhren und Kartoffeln aus dem Ofen.

Für 4 Personen

ZUTATEN
½ Lammkeule von ca. 1,5 kg
2 Knoblauchzehen, in Stifte geschnitten
7 EL Olivenöl
4 Zweiglein Rosmarin
¼ l Lammfond oder Fleischbrühe
750 g Kartoffeln, in Würfel geschnitten
Frischer Salbei
Salz, Pfeffer aus der Mühle
Möhren als Beilage

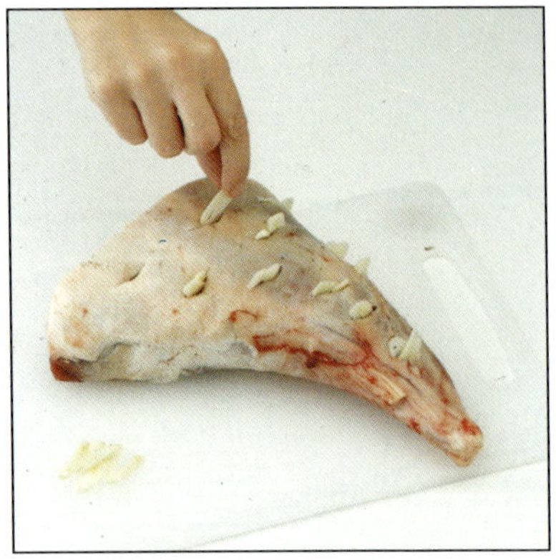

1 Mit dem Messer das Fleisch vor allem in Knochennähe einstechen und mit den Knoblauchstiften spicken.

2 Die Keule rundum kräftig salzen und pfeffern und mit 3 Esslöffel Olivenöl einreiben. Auf die Fettpfanne legen und bei 230 °C (Heißluft 210 °C) eine halbe Stunde anbraten, dabei einmal wenden.

3 Die Hitze auf 190 °C (Heißluft 170 °C) zurück schalten, den Braten mit der Hälfte der Brühe ablöschen

4 Weitere 75 bis 90 Minuten braten, dabei mehrmals wenden und mit der restlichen Brühe begießen.

5 Derweil die Kartoffeln mit dem restlichen Öl, Salz, Pfeffer, Rosmarin und Salbei anmachen und auf einem Backblech im Ofen 45 Minuten rösten, dabei öfter wenden (am einfachsten im Umluft-Herd).

6 Die Keule auf einem Tranchierbrett mit Alufolie abdecken (Glanzseite innen) und vor dem Anschneiden zehn Minuten ruhen lassen.
Die Möhren dazu werden mit wenig Öl oder Butter und etwas Wasser gedünstet.

KOCH-TIPP

Den Bratfond durch ein Sieb passieren, mit Rotwein und weiterer Brühe etwas einkochen, abschmecken und als Soße reichen.

Poularde in Chianti

Der berühmte toskanische Rotwein und roter Pesto geben der Soße Farbe und Würze, die Trauben einen Hauch von Süße. Reichen Sie dazu gebratene Polenta oder knuspriges Ciabatta-Brot. Die herben Blätter der Ölrauke liefern dazu einen interessanten Geschmackskontrast.

KOCH-TIPP

Verwenden sie für dieses Gericht nach Möglichkeit Hühnerbrust mit Knochen. Das am Knochen gegarte Fleisch hat mehr Geschmack und bleibt saftiger. Man kann auch Ober- und Unterkeulen nach diesem Rezept zubereiten – die Garzeit ist dann länger.

Für 4 Personen

ZUTATEN

3 EL natives Olivenöl
4 Poulardenbrust-Hälften ohne Haut, mit Knochen
1 mittelgroße rote Zwiebel
2 EL roter Pesto
600 ml Chianti
125 g blaue Trauben, eventuell längs halbiert und entkernt
Salz, Pfeffer aus der Mühle
schlichte Petersilie zum Garnieren
Rauke als Beilage

1 Die Poulardenbrüste salzen und pfeffern und in 2 Esslöffel Öl bei mittlerer Hitze rundum anbraten und leicht bräunen. Herausnehmen und auf Küchenkrepp abtropfen lassen. Die Zwiebel pellen und längs in Achtel schneiden.

2 Die Zwiebel mit dem Pesto im Öl anschwitzen und welken lassen, ohne zu bräunen.

3 Mit dem Wein ablöschen, aufkochen, das Fleisch zurück in den Topf geben.

4 Zudecken und bei schwacher Hitze circa 20 Minuten garen. Das Fleisch herausnehmen und warm stellen, den Fond um gut die Hälfte einkochen.

5 Das Fleisch mit den Trauben in den Topf geben und vorsichtig erhitzen, abschmecken. Auf einer Platte mit der Rauke anrichten, mit Petersilie garnieren.

VARIATION

Verwenden Sie grünen Pesto an Stelle des roten und einen trockenen Weißwein wie z.B. Pinot grigio statt des Chianti und kernlose weiße Trauben statt der blauen. Wer sahnige Soßen liebt, kann den Fond mit Mascarpone Anreichern.

Polpette mit Tomaten und Mozzarella

Die Hacksteaks aus dem Ofen bekommen durch Anschovisfilets ihr pikantes Aroma.

Für 6 Personen

ZUTATEN
- 1/2 Scheibe Toastbrot ohne Rinde
- 3 EL Milch
- 750 g Rinderhack
- 1 Ei, verquirlt
- 50 g Semmelbrösel (Paniermehl)
- Öl zum Braten
- 1 EL gehackte frische Oreganoblätter
- 250 g Mozzarella, in 6 Scheiben geschnitten
- 12 Anschovisfilets aus dem Salz, gewässert

1 Das Brot zerbröseln und mit der Milch einweichen, mit der Gabel pürieren.

2 Das Hackleisch mit Brotmischung, Ei und Salz und Pfeffer gründlich verkneten (das geht auch mit den Knethaken des Handrührgeräts) und zu sechs Frikadellen formen, im Paniermehl wenden.

3 Die Frikadellen in Öl in der Pfanne bei kräftiger Hitze auf jeder Seite 2 Min. braten, in eine ofenfeste Schale legen.

4 Auf jedes Steak eine Tomatenscheibe legen, mit Salz, Pfeffer und Oregano würzen. Mit einer Scheibe Mozzarella bedecken, darauf je zwei gekreuzte Anschovisfilets legen, mit Pfeffer und Oregano würzen.

5 Im Ofen bei 200 °C (Umluft 180°C) 10 bis 15 Minuten überbacken, bis der Käse geschmolzen und das Fleisch durchgebraten ist.. In der Form auf den Tisch bringen.

Schweinesteaks mit Gremolata

Gremolata aus Knoblauch, Zitronenschale und Petersilie ist eine beliebte Mailänder Garnitur zu Fleisch.

Für 6 Personen

ZUTATEN
2 EL natives Olivenöl
4 Schweinesteaks aus der Schulter
1 mittelgroße Zwiebel, fein gehackt
2 Knoblauchzehen, durchgepresst
2 EL Tomatenmark
400 g Pizza-Tomaten aus der Dose
150 ml trockener Weißwein
1 Würzsträußchen (Petersilie, Thymian, Lorbeerblatt)
6 Anschovis-Filets aus dem Salz, gewässert und fein gehackt
Salz, Pfeffer aus der Mühle

FÜR DIE GREMOLATA
3 EL fein gehackte Petersilie
die abgeriebene Schale einer halben Zitrone und einer ganzen Limette
1 fein gehackte Knoblauchzehe

1 Die Steaks in einem Schmortopf im Öl von beiden Seiten kräftig anbraten, herausnehmen.

2 Die Zwiebel in den Topf geben, anbraten und leicht bräunen. Den Knoblauch dazugeben und 1 bis 2 Minuten anschwitzen. Pizza-Tomaten, Tomatenmark, Wein und Würzsträußchen dazugeben, aufkochen und 3 bis 4 Minuten kräftig durchkochen, um die Flüssigkeit zu reduzieren und die Soße anzudicken.

3 Die Steaks zurück in den Topf geben und zugedeckt ca. 30 Minuten sanft garen. Die Anschovis dazugeben und weitere 15 Minuten garen, bis das Fleisch weich ist.

4 In der Zwischenzeit die Zutaten für die Gemolata mischen.

5 Die Steaks aus der Soße nehmen und warm stellen, das Würzsträußchen entfernen, falls nötig die Soße noch etwas einkochen. Abschmecken.

6 Die Steaks zurück in die Soße tun, mit der Gremolata bestreuen, weitere fünf Minuten garen. Heiß mit einer Salatbeilage servieren.

Osso Bucco

Die in Scheiben geschnittene und geschmorte Kalbshaxe aus Mailand ist eines der berühmten italienischen Traditionsgerichte. Dazu gehört safrangelber *Risotto alla Milanese*.

KOCH-TIPP

Lassen Sie sich die Scheiben der Kalbshaxe vom Metzger Ihres Vertrauens in drei Zentimeter dicke Scheiben sägen.

Für 4 Personen

ZUTATEN
4 Scheiben Kalbshaxe, 3 cm dick
Mehl zum Bestäuben
1-2 Stängel Bleichsellerie, gehackt
1 mittelgroße Möhre, fein gehackt
2 Knoblauchzehen, fein gehackt
400 g Pizza-Tomaten aus der Dose
300 ml trockener Weißwein
300 ml Kalbsfond oder Hühnerbrühe
abgeriebene Schale einer Zitrone
2 Lorbeerblätter und weitere zum Garnieren
Salz, Pfeffer aus der Mühle

FÜR DIE GREMOLATA
2 EL fein gehackte schlichte Petersilie
abgeriebene Schale einer Zitrone
1 fein gehackte Knoblauchzehe

1 Das Fleisch salzen und pfeffern und in Mehl wenden, überschüssiges Mehl abschütteln.

2 Eine Zwiebel schälen und in Ringe schneiden, die andere fein hacken. Das Fleisch mit den Zwiebelringen in Öl von beiden Seiten kräftig anbraten, herausnehmen.

3 Die gehackte Zwiebel mit Sellerie, Möhre und Knoblauch in den Topf geben und unter Rühren anschwitzen, aber nicht bräunen.

4 Tomaten, Wein und Kalbsfond, Zitronenschale und Lorbeerbläter dazu geben, mit Salz und Pfeffer würzen, aufkochen.

5 Das Fleisch in die Soße legen und zugedeckt bei kleiner Hitze auf dem Herd oder im Ofen bei 160 °C (Umluft 140 °C) ca. 2 Stunden garen (mit einer Gabel die Garprobe machen).

6 Die Zutaten für die Gremolata mischen. Lorbeerblatt und Zitronenschale aus der Soße entfernen, die Soße abschmecken, anrichten, mit frischen Lorbeerblättern garnieren.

Knoblauch-Hähnchen auf Gemüse

Ein Gericht voller Sonnenschein-Aromen, das sich auch nach Feierabend schnell zubereiten lässt.

Für 4 Personen

ZUTATEN
4 Hähnchenbrüste mit Haut und Knochen
250 g Frischkäse mit Knoblauch und Kräutern
500 g Zucchini
2 rote Paprikaschoten, entkernt
500 g Eiertomaten
4 Stängel Bleichsellerie
3 EL natives Olivenöl
250 g Zwiebeln, grob gehackt
3 Knoblauchzehen, durchgepresst
8 getrocknete Tomaten, grob gehackt
1 TL getrockneter Oregano
2 EL Balsamessig
1 TL Paprikapulver
Salz, Pfeffer aus der Mühle
Ciabatta-Brot als Beilage

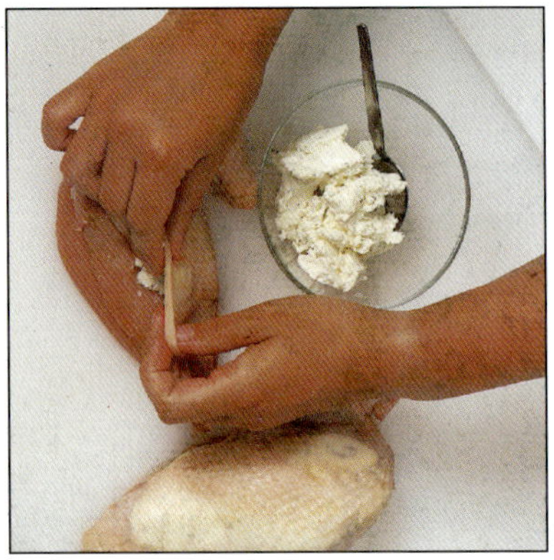

1 Die Haut der Hühnerbrüste lockern, aber nicht entfernen; die entstandene Tasche mit dem Kräuter-Knobauch-Käse füllen, ihn dabei als gleichmäßige Schicht verteilen; die Haut wieder sorgfältig darüber ziehen.

2 Zucchini und Paprika in gleich große Stücke schneiden. Die Tomaten vierteln, die Sellerie-Stängel schräg in Stücke schneiden.

3 Zwiebel und Knoblauch in 3 Esslöffel Öl in einem Schmortopf unter Rühren anbraten und leicht bräunen.

4 Zucchini, Paprika und Sellerie dazugeben und weitere fünf Minuten anbraten.

5 Frische und getrocknete Tomaten, Oregano und Balsamessig dazugeben, kräftig mit Salz und Pfeffer würzen.

6 Die Hühnerbrüste obenauf legen, salzen und pfeffern und mit Olivenöl beträufeln. 35 bis 40 Minuten im 190 °C (Umluft 170 °C) heißen Ofen backen. Mit einem kräftigen Rotwein und Ciabatta-Brot auf den Tisch bringen.

Involtini di Cavolo verzotto

Wirsing-Rouladen mit südländischem Flair: In Weißwein geschmort und mit Knoblauch und Parmesan gewürzt, bekommen sie ein ganz neues Profil.

Für 4 Personen

ZUTATEN
1 Kopf Wirsing
75 g Toastbrot
Milch zum Einweichen
500 g faschiertes Rindfleisch, oder halb Rind, halb Schwein
2 EL gehackte schlichte Petersilie
1 Knoblauchzehe, durchgepresst
50 g frisch geriebener Parmesankäse
Muskatnuss
5 EL Olivenöl
1 mittelgroße Zwiebel, fein gehackt
¼ l trockener Weißwein
Salz, Pfeffer aus der Mühle

1 Vom Wirsing die äußeren großen Blätter vorsichtig ablösen, in Salzwasser blanchieren, bis sie weich sind, in Eiswasser abschrecken, abtropfen lassen.

2 Das Brot entrinden und zerkrümeln, mit Milch beträufeln und fünf Minuten weichen lassen. Mit der Hand leicht ausdrücken.

3 Das Hackfleisch mit der Brotmasse, Ei, Petersilie, Knoblauch und Parmesan zu einer Farce verkneten, mit Salz, Pfeffer und Muskatnuss würzen.

4 Die großen Wirsingblätter halbieren, die Mittelrippe entfernen. Bei den kleineren die Mittelrippe außen flach abschneiden. Aus der Farce Würstchen formen und diese fest in die Kohlblätter wickeln, dabei vom oberen zum unteren Ende der Blätter rollen, die Blattrippen an der Außenseite. Die Rouladen mit den Händen fest zusammen drücken, damit sie Halt bekommen.

Variation

Die Kohlrouladen in einer Tomatensoße schmoren (vgl. Seite 95). Dazu einen Risotto servieren.

5 Die Zwiebel in einem großen Schmortopf im Öl anschwitzen, die Hitze erhöhen, die Rouladen hineingeben und rundum anbraten.

6 Mit der Hälfte des Weins ablöschen, verdampfen lassen und restlichen Wein dazugeben. Zudecken und weitere 10 bis 15 Minuten schmoren. Den Deckel abnehmen und die Flüssigkeit eindampfen lassen. Vor dem Auftragen fünf Minuten ruhen lassen.

Rinderfilet mit Tapenade

Fleisch mit Fisch zu würzen hat in Italien eine Tradition, die bis auf die Römer zurück geht.Die südfranzösische Tapenade vereint die Aromen von Anschovis, Knoblauch und eingelegten Oliven.

Für 4 Personen

ZUTATEN
4 Scheiben Rinderfilet von 200-250 g
1 Bund Rosmarin
4 Knoblauchzehen, fein gehackt
Olivenöl
Salz, Pfeffer aus der Mühle

FÜR DIE TAPENADE
25 g Anschovis aus dem Salz, gewässert
60 g entsteinte schwarze Oliven
1 Knoblauchzehe
1 Eigelb
5 EL Olivenöl
1 TL Zitronensaft

1 Die Fleischscheiben in Rosmarinnadeln, Knoblauch und Pfeffer wenden, mit Olivenöl beträufeln und zugedeckt mindestens zwei Stunden kalt stellen.

2 Für die Tapenade die Anschovis 20 Minuten wässern, das Wasser dabei zwei bis drei Mal wechseln.

3 In der Messermühle die Anschovis mit Knoblauch und Oliven grob hacken.

4 Das Eigelb und den Zitronensaft dazugeben.

5 Bei laufender Maschine das Öl langsam dazu gießen, alles fein pürieren. die Soße eine halbe Stunde kalt stellen.
Die Steaks in der Pfanne von beiden Seiten kurz scharf anbraten, vom Herd nehmen.

6 Oben mit Tapenade bestreichen und im auf 220 °C vorgeheizten Ofen circa zehn Minuten garen (für medium). Aus dem Ofen nehmen und vor dem Servieren unter Alufolie fünf Minuten ruhen lassen. Reichen Sie dazu grünen Salat und einen reifen Rotwein.

Lammkeule mit Kartoffeln vom Grill

Eine traditionelle Kräutermischung gibt diesem einfachen, köstlichen Gericht die besondere sommerliche Würze. Die entbeinte Keule wird einfach auf den Grill gelegt und lässt sich so auch ganz leicht tranchieren.

Für 4 Personen

ZUTATEN
1 Lammkeule von ca. 1,75 kg
1-2 Knoblauchzehen, dünn geschnitten
je eine Handvoll schlichte Petersilie, Salbei, Rosmarin und Thymian
6 EL fino Sherry
4 EL Walnussöl
500 g große Kartoffeln
Salz, Pfeffer aus der Mühle

KOCH-TIPP
Um die Keule am Spieß zu braten, wird das Fleisch gerollt und verschnürt. Die Garzeit beträgt dann circa 1 $^1/_2$ Stunden. So kann man auch größere Stücke grillen.

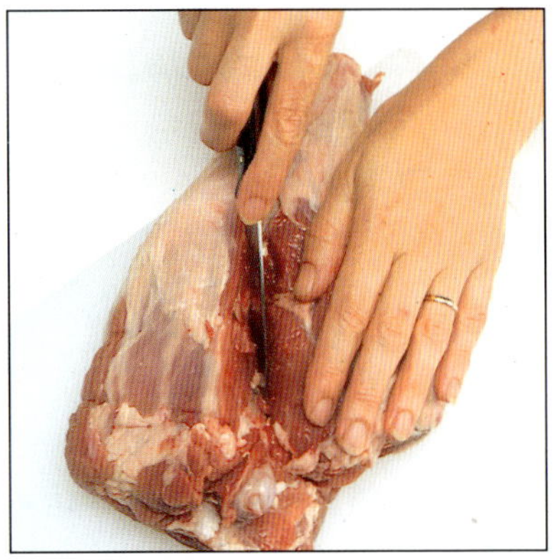

1 Die Lammkeule mit der glatten Seite unten aufs Arbeitsbrett legen. Mit dem Ausbein-Messer das Fleisch der Länge nach bis auf den Knochen einschneiden.

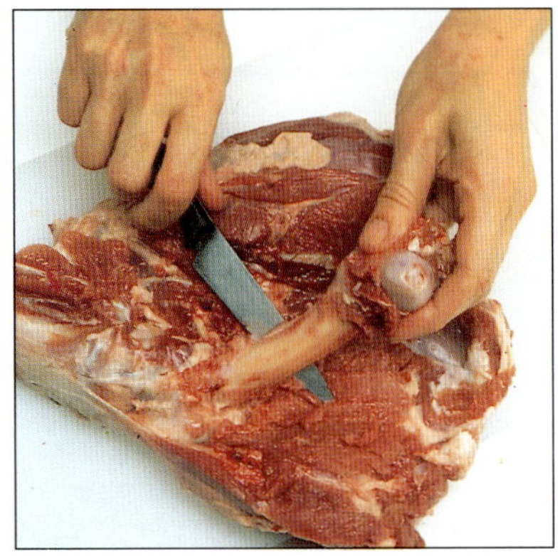

2 Das Fleisch auf beiden Seiten vom Knochen abschaben, bis der Knochen frei liegt. Knochen, Sehnen und einen Teil des Fetts entfernen.

3 Das Fleisch an der dicksten Stelle tief einschneiden, so dass man es flach legen kann. Kleine Einschnitte machen und mit Knoblauch und Kräutern spicken.

4 Das Fleisch in einer Schüssel mit Sherry und Öl begießen, die übrigen grob gehackten Kräuter dazugeben, mindestens zwei Stunden abgedeckt an der Kühle ziehen lassen.

5 Aus der Marinade nehmen, salzen und pfeffern und auf einem mittelheißen Grill unter öfterem Wenden 30 bis 35 Minuten grillen; gelegentlich mit der Marinade einpinseln.

6 Die Kartoffeln unter Wasser abbürsten, in dicke Scheiben schneiden, würzen und mit der Marinade einpinseln. Rund ums Fleisch auf den Grill legen, unter mehrfachem Wenden garen.

Gratinierte Poulardenbrust

Wenn man die Tomaensoße im voraus zubereitet hat, gehört dieses Gericht zur schnellen Küche.

Für 4 Personen

ZUTATEN
FÜR DIE TOMATENSOßE
1 EL Olivenöl
1 fein gehackte Zwiebel
1 Stängel Bleichsellerie, fein gehackt
1 rote Paprika, entkernt und gehackt
1 Knoblauchzehe, durchgepresst
400 g Pizza-Tomaten aus der Dose
1 EL Tomatenmark
150 ml Hühnerbrühe
1 EL gehackte schlichte Petersilie

4 Poulardenbrust-Filets
Mehl zum Wenden
Salz, Pfeffer aus der Mühle

FÜR DIE FERTIGSTELLUNG
250 g Mozzarella-Käse, in Scheiben
4 EL geriebener Parmesan
2 EL Weißbrot-Brösel

1 Für die Soße Zwiebel, Sellerie, Paprika und Knoblauch in einem Esslöffel Olivenöl anschwitzen, bis das Gemüse weich ist.

2 Tomaten samt ihrem Saft, Tomatenmark und Kräuter dazugeben, würzen. Aufkochen und 30 Minuten offen köcheln lassen, gelegentlich umrühren.

3 Die Poularden-Filets in ihre gewachsenen Hälften teilen und zwischen Lagen von Klarsichtfolie mit dem Rollholz auf fünf Millimeter Dicke plattieren.

4 Das Fleisch salzen und pfeffern und iin Mehl wenden; überschüssiges Mehl abschütteln.

5 Die mehlierten Filets im restlichen Öl portionsweise circa zwei Minuten auf jeder Seite braten und warm stellen, bis alle Stücke gebraten sind.

6 Die gebratenen Filets mit der Tomatensoße und den beiden Käsesorten in eine Auflaufform schichten, mit Käse abschließen. Brösel obenauf streuen und das Ganze bei 180 °C (Heißluft 160 °C) 20 bis 30 Minuten goldbraun überbacken. Dazu einen Blattsalat und ein frischer Weißwein, z.B., Müller-Thurgau aus dem Trentino.

Kräuternudel-Salat mit Rinderfilet

Für 6 Personen

ZUTATEN
600 g gut abgehangenes Rinderfilet
500 g frische Tagliatelle mit getrockneten Tomaten und Kräutern
125 g Kirschtomaten
1/2 Salatgurke

MARINADE
1 EL Soja-Soße
1 EL Sherry
1 TL fein geriebene Ingwerwurzel
1 Knoblauchzehe, durchgepresst

KRÄUTER-DRESSING
2-3 EL Sahnemeerettich
150 g fettarmer Jogurt
1 Knoblauchzehe, durchgepresst
2-3 EL gehackte Kräuter (Schnittlauch, Petersilie, Thymian)
Salz, Pfeffer aus der Mühle

1 Die Zutaten für die Marinade vermischen, das Fleisch hineinlegen, wenden und abgedeckt im Kühlschrank 30 Minuten ziehen lassen.

2 Das Fleisch aus der Marinade nehmen, trocken tupfen und auf einem mittelheißen Grill von jeder Seite acht Minuten grillen, dabei mit der Marinade einpinseln.

3 Das Filet auf einem Teller mit Alufolie bedecken und 20 Minuten ruhen lassen.

4 Die Zutaten für das Dressing verrühren. Die Tagliatelle nach Packungsvorschrift in reichlich Salzwasser garen, mit kaltem Wasser abschrecken, abtropfen lassen.

5 Die Kirschtomaten halbieren. Die Gurke längs halbieren, entkernen und in Halbmonde schneiden.

6 Nudeln, Tomaten und Gurken mit dem Dressing anmachen, auf Tellern anrichten und mit dem in Scheiben geschnittenen Filet garnieren.

Seeteufel mit Knoblauch und Fenchel aus dem Ofen

Das feste Fleisch des Seeteufels galt einst als „Hummer der kleinen Leute". Heute ist er als eigenständige Delikatesse anerkannt.Und in Italien als *coda di rospo* geschätzt.

Für 4 Personen

ZUTATEN
1 kg Seeteufel
8 Knoblauchzehen
1 EL natives Olivenöl
2 Knollen Fenchel, fein geschnitten
1 Zitrone mit unbehandelter Schale
1 Lorbeerblatt
Salz, Pfeffer aus der Mühle

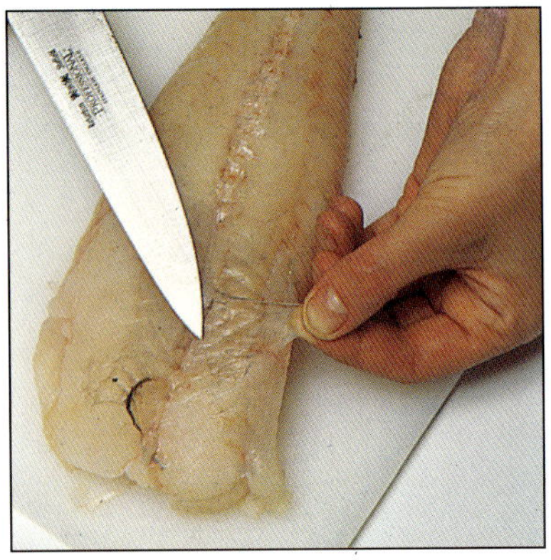

1 Mit Hilfe eines Filiermessers das dünne Häutchen ablösen und entfernen, das die Filets umgibt. Die Zitronenschale mit einem Zestenreißer abschälen.

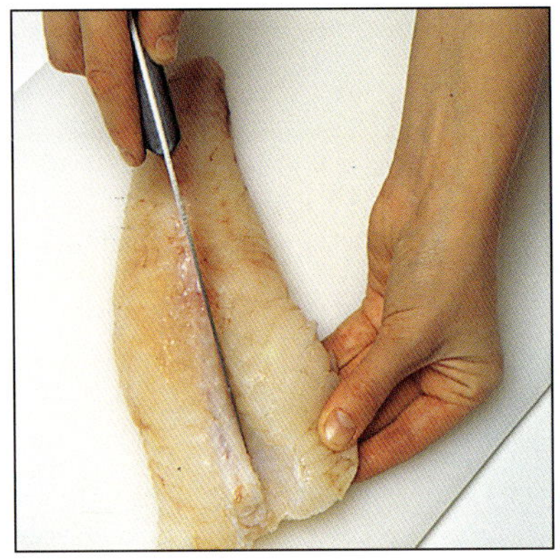

2 Links und rechts der Mittelgräte entlang schneiden und die Filets abnehmen. Die Zitrone auspressen.

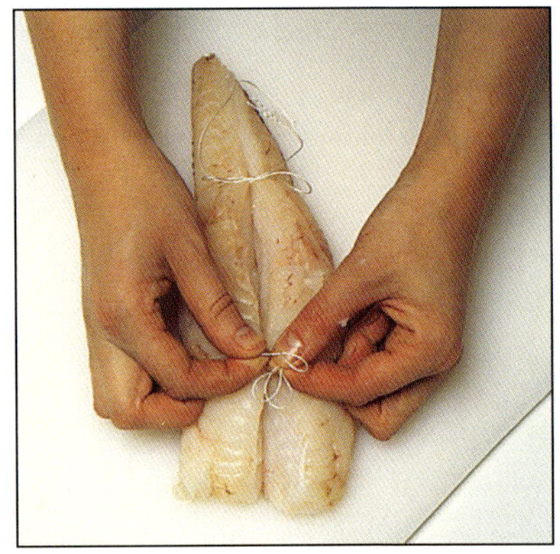

3 Die Filets mit Küchengarn wieder in der ursprünglichen Form zusammen binden.

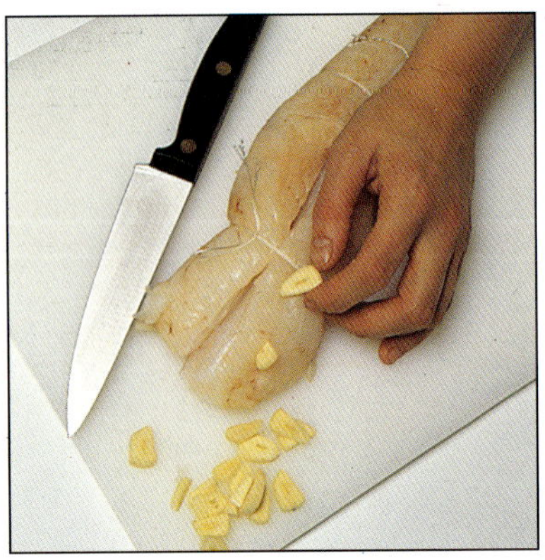

4 Den Knoblauch schälen und in Stifte schneiden, den Fisch damit spicken; salzen und pfeffern.

5 Den Seeteufel im Öl in der Pfanne bei kräftiger Hitze kurz rundum anbraten.

6 Fenchel in die Ofenpfanne legen, Fisch darauf setzen, mit Zitronensaft beträufeln, Lorbeerblatt dazugeben. In der Röhre bei 220°C 20 Minuten garen. In Scheiben schneiden, auf warmen Tellern anrichten, mit Zitronen-Zesten garnieren.

KOCH-TIPP

Das anisartige Aroma des Fenchels passt besonders gut zu Fisch. Die grünen Blattspitzen kann man als Garnitur verwenden.

Sepien vom Grill

Wer's scharf mag, nimmt ein paar - nicht alle! - Kerne der Chilischoten dazu. Ansonsten: Die Schoten aufschlitzen, die scharfen Kerne heraus holen und entfernen.

Für 4 Personen

ZUTATEN
2 große Sepien mit Fangarmen, geputzt
5 EL natives Olivenöl
2 EL Balsamessig
150 g Risotto-Reis (z.B. Arborio)
2 frische Chilischoten, fein gehackt
4 EL Weißwein
Salz, Pfeffer aus der Mühle
Petersilie zum Garnieren

1 Die Körpersäcke der Sepien an einer Seite aufschneiden und flach aufklappen, die Haut mit einem scharfen Messer abschaben. Sepien in eine Schale legen, Essig, Öl, Salz und Pfeffer verrühren und darübergeben, zugedeckt eine Stunde ziehen lassen. Den Reis in Salzwasser garen.

2 Sepien auf einer Grillplatte oder -pfanne bei starker Hitze von jeder Seite 2-3 Minuten braten, dabei fest auf die Platte drücken. Fangarme klein schneiden.

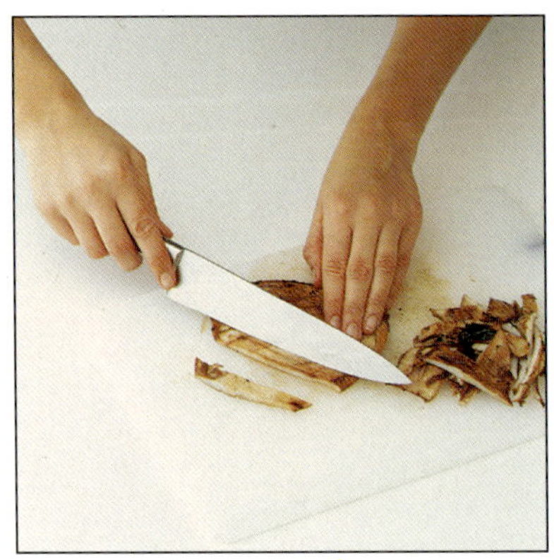

3 Das gebratene Sepienfleisch schräg in Streifen schneiden. Den Reis auf gewärmten Tellern anrichten, die Sepien obenauf legen. Warm stellen.

4 Fangarme und Chilis in Öl bei mittlerer Hitze 2 Minuten braten. Mit Wein ablöschen, aufkochen und auf Teller verteilen. Mit Petersilie garnieren.

Gamberi alla Livornese

Die Tomatensoße kann man nach Belieben mit Peperoncini oder Chilis aufpeppen.

Für 4 Personen

ZUTATEN

6 EL natives Olivenöl
1 mittelgroße Zwiebel, fein gehackt
12 Stängel Bleichsellerie, fein gehackt
1 kleine Paprikaschote, entkernt und fein gehackt
$^{1}/_{8}$ l Rotwein
1 EL Weinessig
400 g Pizza-Tomaten aus der Dose
1 kg rohe Garnelen, ungeschält, oder 500 g ausgelöste Garnelenschwänze
2-3 Knoblauchzehen, fein gehackt
3 EL fein gehackte Petersilie
eventuell eine scharfe Pfefferschote, zerbröselt, oder Cayennepfeffer
Salz, Pfeffer aus der Mühle

1 Die Zwiebel in der Hälfte des Öls bei sanfter Hitze anschwitzen. Sellerie und Paprika dazugeben und fünf Minuten garen. Wein, Essig und Tomaten dazugeben, fünf Minuten gut durchkochen, dann zugedeckt bei kleinster Hitze eine halbe Stunde ziehen lassen.

2 Die Soße etwas abkühlen lassen und durch die Gemüse-Mouli passieren.

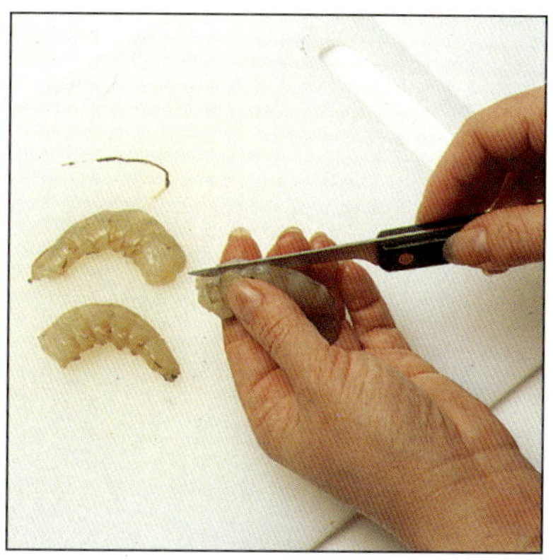

3 Die Garnelenschwänze ausbrechen, am Rücken entlang einschneiden und den Darm entfernen.

4 In einem frischen Topf Knoblauch und Petersilie und wenn gewünscht die zerbröselte Pfefferschote im restlichen Öl anschwitzen und leicht Farbe annehmen lassen. Die Tomatensoße dazugeben und aufkochen.

5 Die ausgelösten Garnelenschwänze in die Soße geben und garen, bis sie eben steif sind – je nach Größe dauert das zwei bis sechs Minuten. Auf gewärmten Tellern anrichten.
Dazu gibt es Brot und grünen Salat.

Rotbarben aus der Pfanne mit Basilikum und Zitrus

Die leuchtend roten *Triglie* sind rund ums Mittlmeer beliebte Speisefische. Sie müssen unbedingt ganz frisch sein.

Für 4 Personen

ZUTATEN
8 Rotbarben-Filets mit Haut
6 EL Olivenöl
10 Pfefferkörner, grob zerstoßen
2 Orangen, 1 ausgepresst, 1 geschält und gescheibelt
1 Zitrone
2 EL Mehl
1 TL Butter
4 Anschovisfilets aus dem Salz, gewässert und gehackt
4 EL gehacktes Basilikum
Salz, Pfeffer aus der Mühle

1 Die Filets in eine flache Schale legen, mit Pfeffer bestreuen, mit 4 EL Öl beträufeln und mit den Orangenscheiben bedecken. Zugedeckt mindestens vier Stunden im Kühlschrank ziehen lassen.

2 Die Zitrone halbieren. Eine Hälfte bis aufs Fruchtfleisch schälen und in Scheiben schneiden, die andere auspressen.

3 Die Filets aus der Marinade nehmen und trocken tupfen, salzen und pfeffern und in Mehl wenden. Die Marinade und die Orangenscheiben aufheben.

4 Die Filets im restlichen Öl bei kräftiger Hitze auf jeder Seite eine Minute braten, herausnehmen und warm stellen.

5 Die Butter in die Pfanne geben und schmelzen, die Anschovis und 3 EL Marinade dazugeben, 2-3 Minuten kochen.

6 Orangen- und Zitronensaft dazugeben und etwas einkochen. Das Basilikum dazugeben. Den Fisch auf gewärmten Tellern anrichten, mit der Soße überziehen, mit den Orangen- und Zitronenscheiben garnieren. Sofort auftragen.

KOCH-TIPP

Das Rezept lässt sich auch mit anderem Fisch zubereiten, z.B. Seezunge oder Schellfisch.

Muschel-Kartoffel-Gratin

Dieses Gericht stammt aus der süditalienischen Region Apulien, die für ihre originellen Speisen aus dem Ofen bekannt ist.

Für 4 Personen

ZUTATEN
750 g Miesmuscheln
1/8 l Weißwein
250 g in der Pelle gekochte Kartoffeln
5 EL Olivenöl
2 Knoblauchzehen, fein gehackt
8 Basilikumblätter, in Stücke gerissen
250 g Tomaten, abgezogen und in dünne Scheiben geschnitten
3 EL Semmelbrösel
Salz, Pfeffer aus der Mühle

1 Die Muscheln gründlich waschen, die Byssusfäden entfernen. Beschädigte Muscheln und solche, die sich auf Anklopfen nicht schließen, aussondern. Die Muscheln mit dem Wein in einem geschlossenen Topf erhitzen und fünf Minuten dämpfen, bis sie sich geöffnet haben. Geschlossene aussondern. Die oberen Schalen entfernen. Den Fond durch ein feines Sieb passieren.

2 Die Kartoffeln schälen und in dünne Scheiben schneiden.

3 Zwei Esslöffel Öl in eine Auflaufform geben, die Kartoffeln hinein legen und würzen, darauf die Muscheln. Mit Knoblauch und Basilikum bestreuen, mit den Tomatenscheiben bedecken.

4 Salzen und pfeffern, mit Semmelbröseln bestreuen, mit dem Muschelfond und dem restlichen Öl beträufeln. Bei 180 °C etwa 20 Minuten überbacken, bis die Tomaten gar und die Brösel knusprig braun sind. In der Form servieren.

Orata al Cartoccio

Die Goldbrasse gehört zu den Kostbarkeiten des Mittelmeeres. Überraschen Sie Ihre Gäste mit einem in Papier verpackten Fisch auf dem Teller. Schon der Duft beim Öffnen des Päckchens betört.

Für 4 Personen

ZUTATEN
125 g Butter
500 g Spinat
3 Schalotten, fein gehackt
4 Portions-Goldbrassen, ausgenommen
4 EL Weißwein
4 Lorbeerblätter
Salz, Pfeffer aus der Mühle
neue Kartoffeln und Möhren als Beilage

1 Den Spinat putzen, waschen, abtropfen lassen und in fünfzig Gramm Butter zugedeckt weich dünsten.

2 In einer zweiten Pfanne die Schalotten in fünfzig Gramm Butter anschwitzen ohne zu bräunen.

3 Die Fische innen und außen würzen und mit Spinat und Schalotten füllen.

4 Vier großzügig bemessene Stücke Butterbrot-Papier in der Mitte mit etwas zerlassener Butter bestreichen, die Fische darauf legen.

5 Auf jeden Fisch ein Lorbeerblatt legen, mit Weißwein beträufeln.

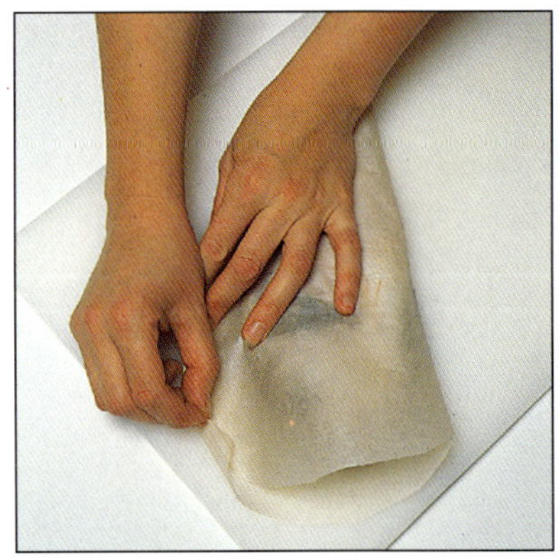

6 Papier an den Seiten hochnehmen und über den Fischen durch mehrfaches Falzen verschließen. Auf ein Backblech setzen und im Ofen bei 180 °C 20 bis 25 Minuten garen. Die Päckchen auf großen Tellern anrichten und sogleich auftragen. Dazu Möhren und neue Kartoffeln.

Geschmorter Tunfisch mit Tomaten

Ein einfaches, köstliches Gericht, dessen gute Zutaten den Reiz ausmachen. In Italien isst man dazu Polenta oder Salzkartoffeln.

Für 4 Personen

Zutaten
12 kleine Zwiebeln
1 kg Tomaten
800 g frischer Tunfisch
3 EL Olivenöl
3 EL gehackte Kräuter
2 Lorbeerblätter
eventuell eine Prise Zucker
2 EL pürierte getrocknete Tomaten
150 ml trockener Weißwein
Salz, Pfeffer aus der Mühle
Zucchini und Kräuter als Beilage

1 Die Zwiebeln schälen und in siedendem Salzwasser vier bis fünf Minuten blanchieren, abtropfen lassen.

2 Die Tomaten kreuzweise einritzen, 30 Sekunden in kochendes Wasser tauchen, kalt abschrecken und abziehen.

Variation

Statt des Tunfischs dessen preiswertere Verwandten verwenden: Zwei große Makrelen filieren und die Filets in Stücke schneiden, oder die Fische ganz auf die Tomatensoße legen und gar schmoren. Das Gericht nach Belieben mit Salbei, Rosmarin und/oder Oregano würzen

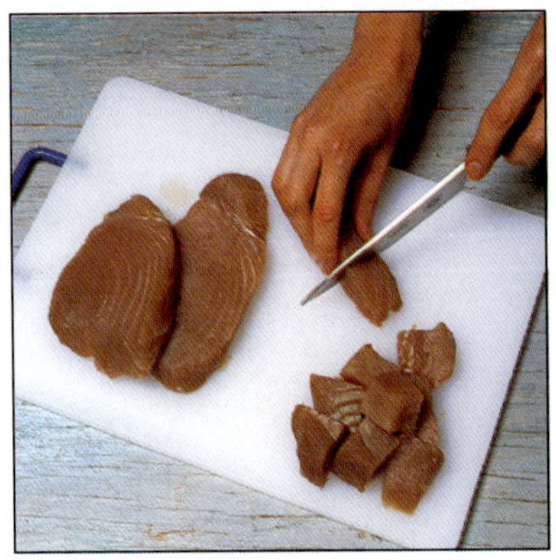

3 Den Tunfisch in 2,5 cm große Würfel schneiden und im Öl bei kräftiger Hitze rasch anbraten und bräunen. Herausnehmen und warm stellen. Die Tomaten grob hacken und mit den übrigen Zutaten in den Topf geben und aufkochen.

4 Die Hitze zurück schalten, die Soße fünf Minuten köcheln lassen, den Tunfisch dazugeben und weiter fünf Minuten garen. Abschmecken und heiß servieren, mit gebratenen Zucchini und Kräutern als Beilage.

Gefüllte Schollen-Röllchen

Getrocknete Tomaten, Pinienkerne und Anschovis vereinigen sich in der Füllung zu einem starken Geschmacks-Akkord.

Für 4 Personen

ZUTATEN
4 große Schollenfilets à ca. 250 g
75 g Butter
1 kleine Zwiebel, fein gehackt
1 Stängel Bleichsellerie, fein gehackt
125 g frische Weißbrot-Brösel
3 EL gehackte schlichte Petersilie
2 EL leicht geröstete Pinienkerne
3-4 getrocknete Tomaten aus dem Öl, abgetropft und gehackt
50 g Anschovis-Filets aus dem Salz, gewässert und gehackt
5 EL Weißwein oder Fischfond

1 Die Filets der Länge nach teilen, um acht schmale Streifen zu erhalten. Zwiebel und Sellerie in der Butter im geschlossenen Topf bei schwacher Hitze ca. 15 Minuten weich dünsten – nicht bräunen!

2 Brösel, Petersilie, Pinienkerne, getrocknete Tomaten und Anschovis mit dem geschmorten Gemüse samt Fond sorgfältig mischen, mit Salz und Pfeffer abschmecken.

3 Aus der Füllung acht Klöße formen und diese mit den Filetstreifen umwickeln, mit hölzernen Zahnstochern fest stecken.

4 Die Röllchen in eine gebutterte ofenfeste Form legen, Fischfond oder Wein dazugeben, mit Alufolie abdecken und im Backofen bei 180 °C (Umluft 160 °C) 20 Minuten garen. Die Röllchen mit dem Schmorfond anrichten.

Tonno e Fagioli

Der Bohnensalat mit Tunfisch und Zwiebeln gehört zu den klassischen Antipasti.

Für 4 Personen

ZUTATEN
1 rote Zwiebel
2 EL Dijon-Senf
300 ml Olivenöl
60 ml Weißweinessig
2 EL gehackte Petersilie
2 EL gehackter Schnittlauch
2 EL gehackter Estragon oder Kerbel
400 g weiße Bohnen aus der Dose
400 g Kidney-Bohnen aus der Dose
250 g Tunfisch aus der Dose, abgetropft

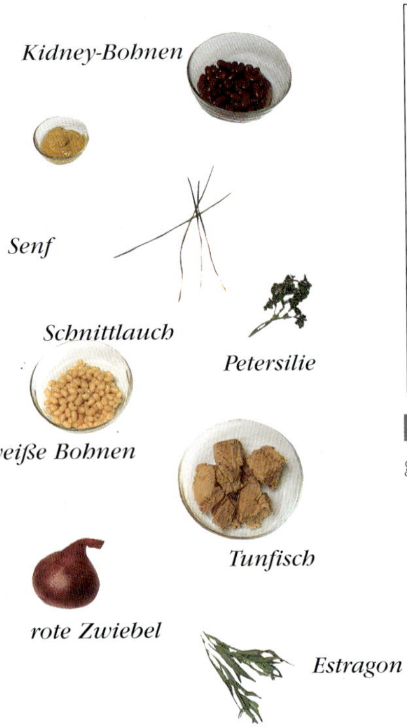

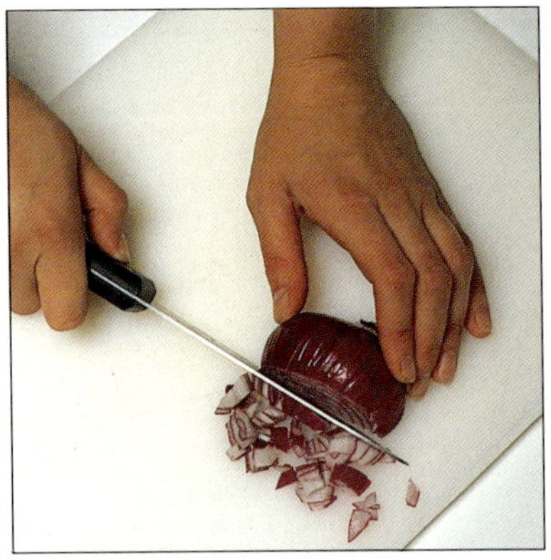

1 Die Zwiebel fein hacken

2 Senf, Öl, Essig und die Kräuter gründlich verrühren.

3 Die Bohnen abtropfen lassen.

4 Bohnen und Zwiebel mit der Vinaigrette anmachen, den Tunfisch vorsichtig unterheben. Mit Brot servieren.

Wittling in Polenta-Kruste

Mit Maismehl lässt sich Fisch ohne Ei panieren. Am besten verwenden Sie dafür Instant-Polenta. Sie gibt eine wunderbar knusprige Kruste.

Für 4 Personen

Zutaten

8 Stücke Wittling-Filet à 100 g
abgeriebene Schale einer Zitrone
Maismehl zum Panieren
2 EL Olivenöl
1 EL Butter
Salz, Pfeffer aus der Mühle
2 EL gemischte gehackte Kräuter, z.B. Petersilie, Kerbel und Schnittlauch
als Beilage Blattspinat
geröstete Pinienkerne

Kräuter

Wittling-Filet

Polenta

Zitronenschale

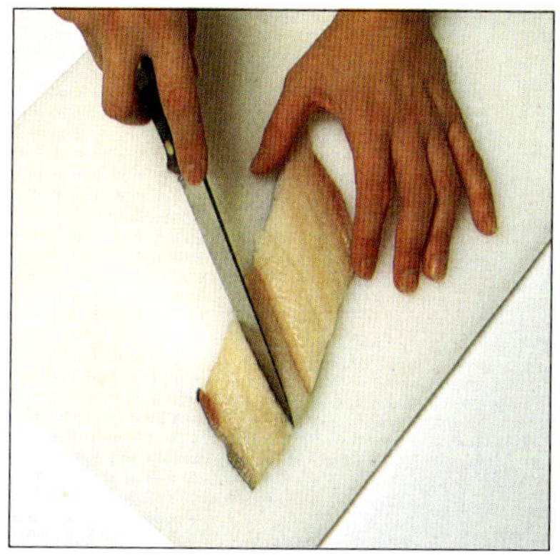

1 Die Filets mehrfach einschneiden, damit sie sich beim Braten nicht rollen.

2 Den Fisch mit Salz, Pfeffer und Zitronenschale würzen.

3 Die Filets in Maismehl wenden, dabei kräftig andrücken, damit die Schicht haftet. 30 Minuten kühlen.

4 Die panierten Filets in Öl und Butter bei mittlerer Hitze drei bis vier Minuten je Seite braten. Mit Spinat auf Tellern anrichten, mit Pinienkernen und gehackten Kräutern garnieren.

Gegrillte Makrelen mit Pesto

Der fettreiche Fisch braucht die kräftige Würze von Pesto und Tomaten-Soße. Dazu passt Kartoffelpüree, mit dem man die köstlichen Soßen auftunken kann.

Für 4 Personen

Zutaten
Für den Pesto:
30 g Pinienkerne
1 Bund Basilikum
2 Knoblauchzehen
2 EL Pecorino- od. Parmesankäse
150 ml natives Olivenöl
Salz, Pfeffer aus der Mühle

4 ausgenommene Portionsmakrelen
4 EL Zitronensaft
125 g Zwiebeln, grob gehackt
500 g Tomaten, grob gehackt

1 Für den Pesto Pinienkerne, Basilikumblätter, Knoblauch und Käse in der Messermühle pürieren, bei laufender Maschine das Öl dazugeben.

2 Die Makrelen innen und außen mit Salz, Pfeffer und Zitronensaft würzen und bei starker Hitze von jeder Seite zehn Minuten grillen.

3 Die Zwiebeln im Öl anschwitzen und welken lassen.

4 Die Tomaten dazugeben und fünf Minuten gut durchkochen. Die Soße auf Teller verteilen, die Fische darauf anrichten und mit Pesto beträufeln.

Sardinen aus der Pfanne

Knoblauch gibt diesen Fischen das besondere Aroma. Frische Sardellen oder Stinte lassen sich auf die gleiche Art zubereiten.

Für 4 Personen

ZUTATEN
1 kg frische oder tiefgekühlte Sardinen
natives Olivenöl
4 Knoblauchzehen
abgeriebene Schale von 2 Zitronen
2 EL fein gehackte Petersilie
Salz, Pfeffer aus der Mühle

Für die Tomaten-Crostini
8 Scheiben Bauern-Weißbrot
2 Fleischtomaten

1 Die Sardinen ausnehmen, waschen und trocken tupfen.

2 Die Knoblauchzehen schälen und in drei Esslöfel Öl bei schwacher Hitze weich braten. Den Knoblauch herausnehmen, die Hitze erhöhen.

3 Die Fische vier bis fünf Minuten braten, mit Salz und Pfeffer, Zitronenschale und Petersilie würzen.

4 Das Brot mit etwas Olivenöl in der Pfanne rösten, das Fruchtfleisch der halbierten Tomaten darauf abreiben.

Sizilianische Sardinen

Sie sind leicht zuzubereiten, und mit Brot und einem grünen Salat in Zitronen-Vinaigrette hat man eine komplette Mahlzeit. Das Rezept verrät den arabischen Einfluss auf die Küche Siziliens.

Für 4 Personen

ZUTATEN
1 kg frische oder tiefgekühlte Sardinen
natives Olivenöl
75 g Vollkorn-Toastbrösel
50 g Rosinen
50 g Pinienkerne
50 g Anschovis-Filets aus dem Salz, gewässert und fein gehackt
4 EL fein gehackte Petersilie
Salz, Pfeffer aus der Mühle
Zitronenschnitze zum Garnieren

1 Die Sardinen ausnehmen, waschen und trocken tupfen. Die Brösel in zwei Esslöffel Olivenöl goldbraun anrösten.

2 Vom Herd nehmen und mit Rosinen, Pinienkernen, Anschovis, Petersilie und Zwiebel mischen, mit Salz und Pfeffetr würzen.

3 Die Sardinen mit der Mischung füllen und die Fische durch vorsichtiges Zudrücken schließen und dicht an dicht in eine leicht geölte ofenfeste Form legen.

4 Etwa vorhandene Reste der Füllung darüber streuen, mit Olivenöl beträufeln und bei 200 °C (Umluft 180 °C) 30 Minuten garen. In der Form zu Tisch bringen, mit Zitroenenschnitzen garnieren.

Tunfisch-Steak mit Pfefferkruste

Tunfisch-Steak gilt als das „Rindsfilet des Meeres". Das dunkle Fleisch lässt sich gut grillen.

Für 4 Personen

ZUTATEN

Für die Salsa

1 Mango, geschält, entsteint und in Würfel geschnitten
1 Limette (abger. Schale und Saft)

4 Tunfisch-Steaks à 200 g
1 TL schwarze Pfefferkörner
2 EL fein gehackte Zwiebel
2 EL gehacktes Korianderkraut
natives Olivenöl zum Braten

1 Die Zutaten für die Salsa mischen und zugedeckt ,mindestens eine Stunde im Kühlschrank ziehen lassen.

2 Zitronenschale, Zwiebel, Pfeffer und Korianderkraut in einem Mörser zu einer grobkörnigen Paste zerstoßen.

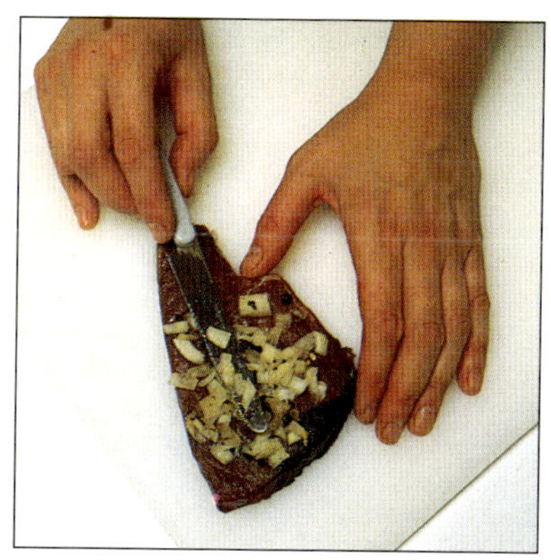

3 Die Würzpaste einseitig auf die Steaks streichen und gut fest drücken.

4 In eine vorgeheizte Pfanne 2 mm hoch Öl füllen, die Steaks mit der Pfefferseite unten hineingeben und braten, bis sich eine Kruste gebildet hat. Wenden und bei schwacher Hitze eine Minute auf der anderen Seite braten. Auf gewärmten Tellern mit der Salsa anrichten.

Lachs-Steaks mit Chili-Pesto

Eine elegante Art, Lachs-Steaks grätenfrei zu präsentieren. Unsere pikante Pesto-Variante wird mit frischen Peperoni und Sonnenblumenkernen zubereitet. Wer's nicht so scharf mag, nimmt den klassischen Pesto mit Basilikum, Pinienkernen und Knoblauch.

Für 4 Personen

Zutaten
4 Lachssteaks à 250 g
2 EL Sonnenblumenöl
1 Limette (abger. Schale und Saft)
Salz, Pfeffer aus der Mühle

Für den Pesto
6 milde oder scharfe rote Peperoni
2 Knoblauchzehen
2 EL Sonnenlumen- oder Kürbiskerne
1 Limette (abger. Schale und Saft)
5 EL Olivenöl

Peperoni

Lachs

Limette

Knoblauch

Kürbiskerne

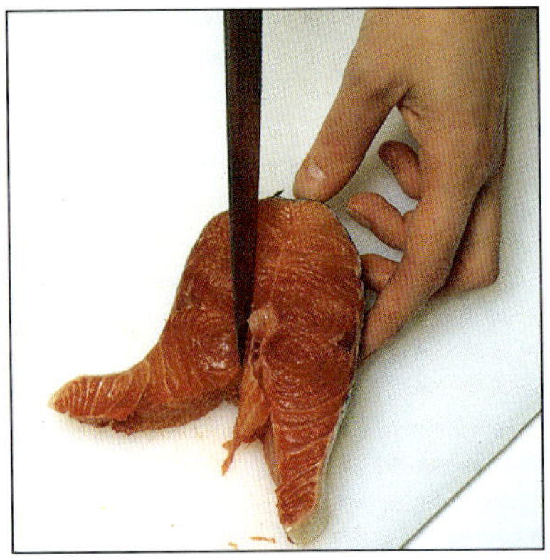

1 Mit einem scharfen Messer links und rechts der Mittelgräte entlang schneiden und diese auslösen. Etwa noch vorhandene feine Gräten mit einer Zange oder Pinzette heraus ziehen.

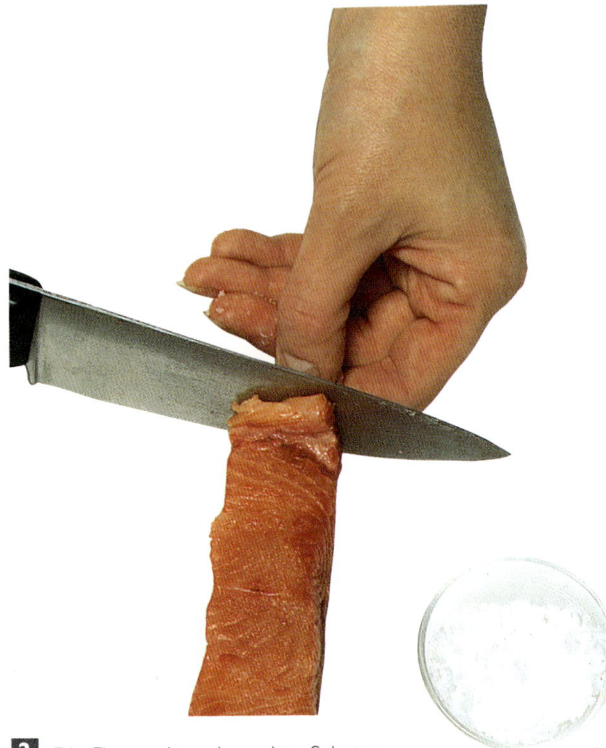

2 Die Fingerspitzen in grobes Salz tauchen, die Haut am dünnen Ende los schneiden, fest halten und das Filet ganz frei schneiden.

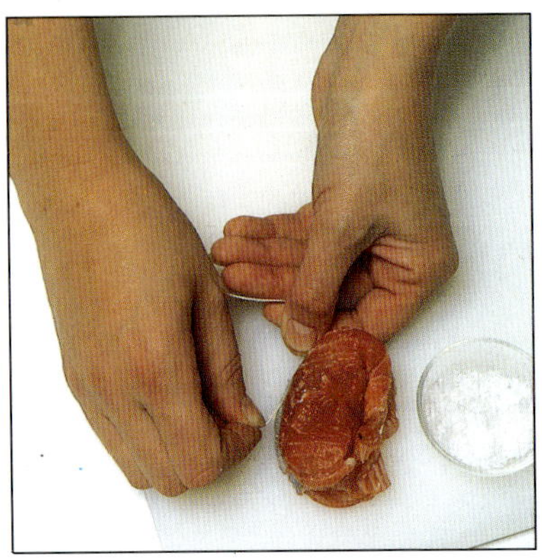

3 Das dünne Ende der Filets um das dicke wickeln, so dass runde Medaillons entstehen; mit Küchengarn um den Rand verschnüren.

4 Die Medaillons mit Öl einreiben, mit Limettenschale und -saft beträufeln und zugedeckt im Kühlschrank zwei Stunden ziehen lassen.

5 Für den Pesto die Peperoni entkernen und mit den übrigen Zutaten in der Messermühle zu einer Paste verarbeiten. Das Öl bei laufender Maschine dazu gießen.
Den Lachs aus der Marinade nehmen, trocken tupfen, salzen und auf jeder Seite bei mittlerer Hitze circa fünf Minuten grillen. auf gewärmten Tellern anrichten und mit dem Peperoni-Pesto beträufeln. Dazu einen grünen Salat servieren.

Seeteufel mit Pfeffer-Zitrus-Marinade

Das feste Fleisch dieses Tiefseefischs eignet sich ausgezeichnet zum Grillen. Reichen Sie dazu einen grünen Salat und geröstetes Brot.

Für 4 Personen

Zutaten
700 g Seeteufel-Filet
1 Limette
1 Zitrone
2 Orangen
1 Bund Thymian
1 EL gemischte Pfefferkörner, leicht zerstoßen
2 EL Olivenöl

Variation

Diese Marinade lässt sich auch für Seeteufel-Spießchen verwenden.

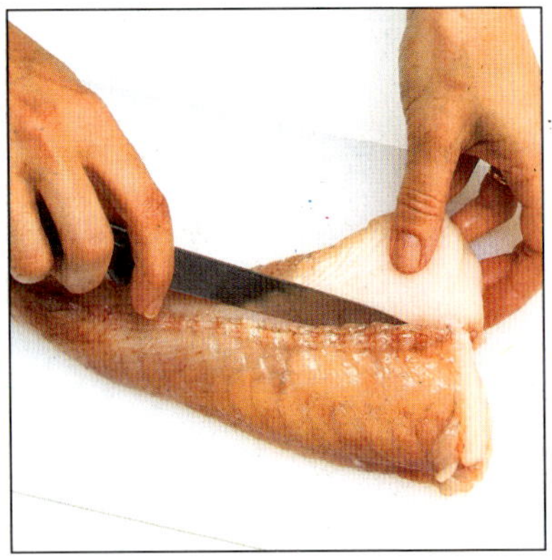

1 Den Seeteufel vorsichtig von der feinen Haut befreien, die das Fleisch umgibt. Die Mittelgräte heraus schneiden (das kann auch der Fischhändler für Sie erledigen).

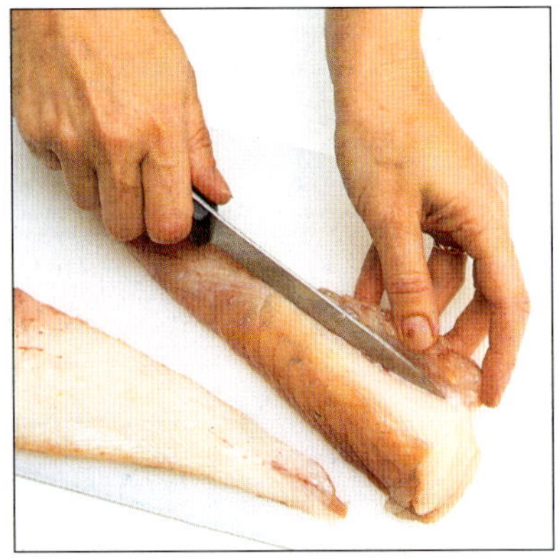

2 Die Filets flach hinlegen.

3 Die Zitrusfrüchte halbieren und von jeder Frucht zwei Scheiben abschneiden; die Schale abreiben. Die Filets würzen, eines mit den Zitrusscheiben bedecken, mit Thymianblättchen und der geriebenen Zitrusschale bestreuen.

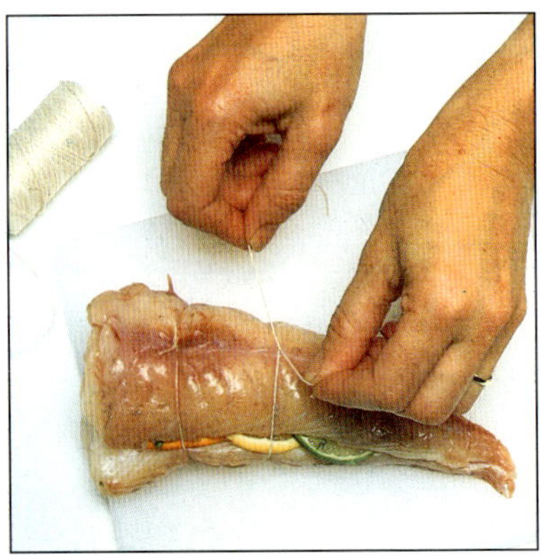

4 ·Das Ganze mit dem verbliebenen Filet bedecken und alles mit Küchengarn zusammen binden.

5 Die Zitrusfrüchte auspressen, den Saft mit dem Öl und Salz und Pfeffer verrühren, die Marinade über den Fisch geben, das Ganze abdecken und im Kühlschrank eine Stunde ziehen lassen, gelegentlich wenden.

6 Den Fisch aus der Marinade nehmen, abtropfen lassen und im zerstoßenen Pfeffer wenden.. Bei mittlerer Hitze 15 bis 20 Minuten grillen, gelegentlich wenden und mit der Marinade bepinseln.
Dazu passt ein frischer Weißwein, z.B. ein Vermentino aus Ligurien.

Calamaretti gefüllt mit zweierlei Tomaten

Die kleinen Tintenfische haben eine kurze Garzeit. Also aufgepasst, damit sie nicht trocken und zäh werden!

Für 4 Personen

ZUTATEN

500 g kleine Calamari, geputzt
3 Eiertomaten, enthäutet und gehackt
8 getrockente Tomaten aus dem Öl, abgetropft und gehackt
1 Bund Basilikum
4 EL frische Weißbrot-Brösel
3 EL Olivenöl
1 EL Rotwein-Essig
Salz, Pfeffer aus der Mühle
Zitronenschnitze zum Garnieren

1 Die Fangarme von den Körpern trennen und in kleine Stücke schneiden. Die Körpersäcke ganz lassen.

2 Knoblauch, frische und getrocknete Tomaten, Basilikum und Brösel und je ein Esslöffel Essig und Öl mischen, mit Salz und Pfeffer abschmecken. Die benötigte Anzahl hölzerener Zahnstocher in Wasser einlegen.

3 Die Calamaretti mit der Mischung füllen, die Öffnungen mit hölzernen Zahnstochern verschließen.

4 Die gefüllten Tintenfischchen mit Öl einpinseln und auf einem mittelheißen Grill oder in einer Grillpfanne unter öfterem Wenden 4 bis 5 Minuten garen. Mit Zitronenschnitzen und Basilikum garnieren und auf den Tisch bringen.

Garnelen-Spieße mit Walnuss-Pesto

Eine originelle Zubereitung, geeignet als Vorspeise oder Hauptgericht. Die Garnelen können vorbereitet im Kühlschrank gelagert werden.

Für 4 Personen

12 bis 16 rohe Riesengarnelen

Für den Pesto
50 g Walnuss-Kerne
4 EL gehackte schlichte Petersilie
4 EL fein gehacktes Basilikum
4 fein gehackte Knoblauchzehen
3 EL frisch geriebener Parmesankäse
2 EL natives Olivenöl
2 EL Walnussöl
Salz, Pfeffer aus der Mühle

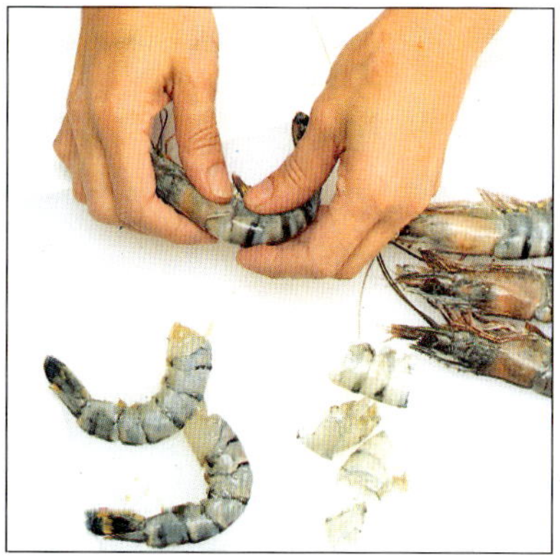

1 Das Schwanzfleisch der Garnelen ausbrechen und den etwa noch vorhandenen schwarzen Darm an der Außenseite der Rücken entfernen.

2 Die Zutaten für den Pesto in der Messermühle pürieren, mit Salz und Pfeffer würzen.

3 Die Hälfte des Pesto mit den Garnelen mischen und zugedeckt im Kühlschrank mindestens eine Stunde, besser über Nacht ziehen lassen.

4 Die Garnelen auf gewässerte Bambus-Spieße stecken und auf einem heißen Grill drei bis vier Minuten garen; Den übrigen Pesto und einen grünen Salat dazu reichen.

Gegrillter Tunfisch mit scharfer Peperoni-Soße

Der kräftige Geschmack des Tunfischs verträgt kräftige Würze, wie zum Beispiel den „spanischen Pfeffer“ der Peperoncini. Mit frischem Brot und einem kleinen Salat eine Delikatesse!

KOCH-TIPP

Wenn Sie das Peperoni-Püree im voraus zubereiten und im Kühlschrank bereit halten, ist das Gericht ganz schnell fertig.

Für 4 Personen

4 Tunfisch-Steaks von 150-200 g
1 Limette (abger. Schale und Saft)
2 EL Olivenöl
Salz, Pfeffer aus der Mühle

FÜR DAS PAPRIKA-PÜREE
2 rote Papriakschoten, entkernt und halbiert
2 durchgepresste Knoblauchzehen
2 rote Peperoncini
1 Scheibe Toastbort ohne Rinde, gewürfelt
natives Olivenöl
Limettenschnitze zum Garnieren

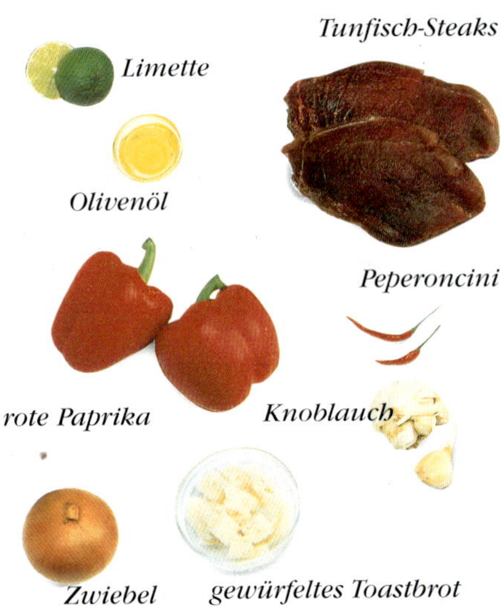

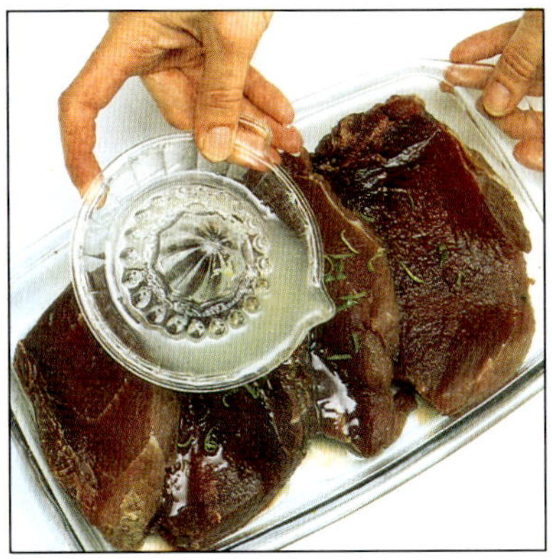

1 Die Steaks von etwa vorhandenen Häuten befreien. Limettenschale und -saft, Öl und Pfeffer mischen, die Steaks darin wenden und zugedeckt bis zum Grillen kalt stellen.

2 Die Paprikaschoten mit Öl einpinseln und mit der Hautseite zur Hitze grillen, bis die Haut schwarz wird und Blasen wirft. Die Zwiebel ungeschält grillen, bis sie gebräunt und weich ist, dabei öfter wenden.

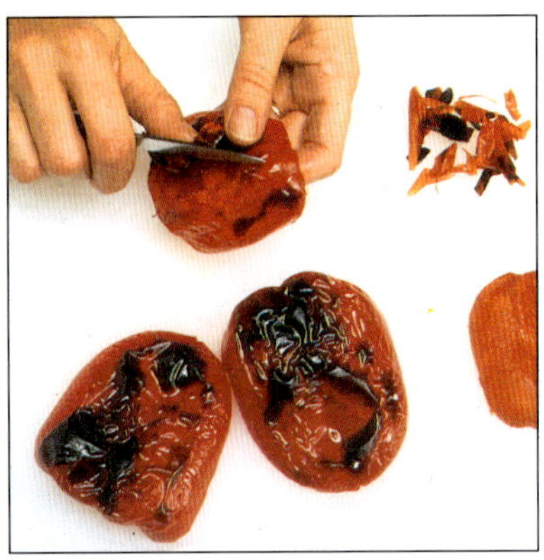

3 Die Paprika und die Zwiebel in einer geschlossenen Tüte abkühlen lassen. Das anschließende Abziehen der Haut geht dann ganz leicht.

4 Paprika, Zwiebel, Knoblauch, Peperoncini, Brot und Öl in der Messermühle pürieren, mit Salz abschmecken.

5 Die Tunfisch-Steaks aus der Marinade nehmen, salzen und auf dem Grill bei starker Hitze acht bis zehn Minuten grillen, dabei ein Mal wenden. Mit Limetten garnieren, die Paprikapaste dazu reichen.

Fisch in der Folie

Eine leckere und narrensichere Art, Fisch zuzubereiten. Statt des Wolfsbarschs kann man auch andere Fische, z.B. Forellen, oder Filets verwenden.

Für 4 Personen

ZUTATEN
4 Wolfsbarsch-Filets oder ganze Fische in Portionsgröße
Olivenöl
2 Schalotten, fein geschnitten
1 Knoblauchzehe, fein gehackt
1 EL Kapern
6 getrocknete Tomaten, fein gehackt
4 schwarze Oliven, entsteint und fein gehackt
1 Zitrone (abger. Schale und Saft)
1 TL Paprikapulver
Salz, Pfeffer aus der Mühle

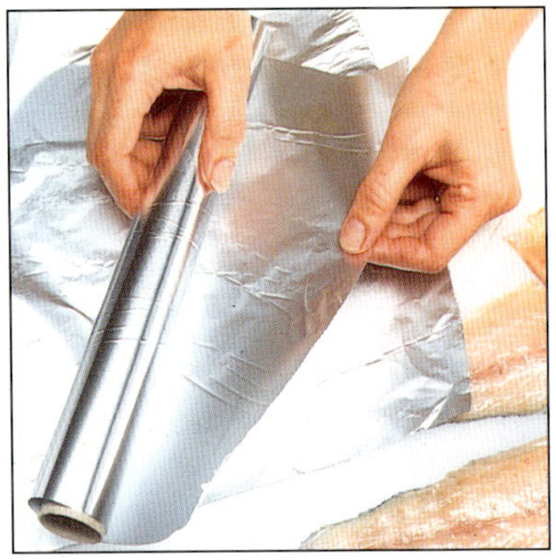

1 Ganze Fische ausnehmen. Vier ausreichend große Stücke doppelt starke Alufolie leicht einölen.

2 Die Filets bzw. Fische in die Mitte legen, salzen und pfeffern.

VARIATION

Fisch in der Folie kann man auch im Backofen machen: Aufs Blech legen und bei 200 °C (Umluft 180 °C) 15 bis 20 Minuten garen – je nach Größe der Filets.

3 Schalotten, Knoblauch, Kapern, Paprika, Zitronenschale und Oliven darüber streuen, mit Zitronensaft beträufeln.

4 Die Folienpäckchen durch mehrfaches Falzen gut verschließen, dabei Platz für den entstehenden Dampf lassen. Auf einem mittelheißen Grill acht bis zehn Minuten garen. In der Folie auf Tellern anrichten.

Pasta-Gerichte mit Fleisch und Fisch

In jüngster Zeit werden die alten italienischen Regeln, nach denen Nudeln vor dem Hauptgang kommen, öfter mal in Frage gestellt. Zum Beispiel in der italo-amerikaischen, italo-britischen oder italo-deutschen Küche. Und so entstanden in aller Welt neue Traditionen mit eigenständigen Gerichten.

Diät-Lasagne

Für 6-8 Personen

ZUTATEN
1 große Zwiebel, fein gehackt
2 Knoblauchzehen, durchgepresst
500 g Tatar oder faschiertes Truthahn-Filet
500 g passierte Tomaten (Konserve)
1 TL getrocknete gemischte Kräuter
250 g TK-Blattspinat, aufgetaut
200 g vorgegarte grüne Lasagne
200 g frischer Ricotta

KÄSESOẞE
25 g Halbfett-Margarine
25 g Mehl
300 ml entrahmte Milch
Muskatnuss
25 g frisch geriebener Parmesan
Salz, Pfeffer aus der Mühle

als Beilage gemischter Salat

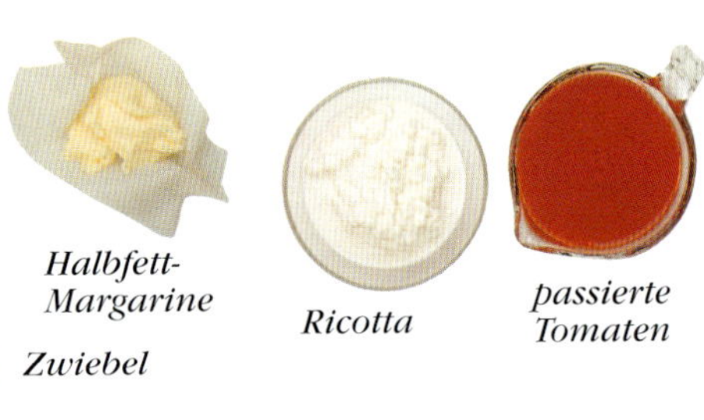

1 Zwiebel, Knoblauch und Hackfleisch in einer Pfanne mit Antihaft-Beschichtung unter Rühren anbraten und bräunen, dabei das Fleisch zerkrümeln.

2 Passierte Tomaten, Kräuter, Salz und Pfeffer dazugeben, aufkochen und 30 Minuten zugedeckt köcheln lassen.

3 Für die Käsesoße die Margarine schmelzen, das Mehl darüber stäuben und nach und nach unter Rühren mit der Milch ablöschen und ausquellen lassen. Den Parmesan einrühren und mit Salz, Pfeffer und Muskatnuss abschmecken.

4 Den Spinat auf Küchenkrepp ausbreiten und abtropfen lassen.

5 Fleisch-Tomaten-Soße, Lasagneblätter, Ricotta und Spinat in eine Auflaufform schichten, dabei mit Fleischsoße beginnen und abschließen

6 Die Käsesoße darüber verteilen und das Ganze im Ofen bei 190 °C (Umluft 170 °C) 45 bis 50 Minuten überbacken. Mit einem gemischten Salat und einem leichten Rotwein servieren.

Spaghetti and Meat Balls

Der Klassiker der italo-amerikanischen Küche, berühmt durch die Hinterhof-Szene des Disney-Films „Susi und Strolch". Zu diesem Nudelgericht passt ein grüner Salat.

Für 4 Personen

Zutaten
350 g Spaghetti
Salz, Pfeffer aus der Mühle
frischer Rosmarin zum Garnieren
frisch geriebener Parmesan

Für die Fleischklösschen
1 mittelgroße Zwiebel, fein gehackt
1 Knoblauchzehe, durchgepresst
350 g Lamm- oder Rinderhack
1 Eigelb
1 EL gehackte Petersilie
1 EL Olivenöl

Für die Sosse
300 g passierte Tomaten
2 EL gehacktes Basilikum
1 durchgepresste Knoblauchzehe

1 Für die Meatballs das Hackfleisch mit Zwiebel, Knoblauch, Eigelb und Petersilie verkneten, mit Salz und Pfeffer würzen.

2 Mit nassen Händen 20 Klößchen rollen, diese auf ein Backblech legen, mit Klarsichtfolie abdecken und 30 Minuten kühlen.

3 Die Klößchen im Öl bei kräftiger Hitze anbraten.

4 Die Meatballs circa zehn Minuten braten, dabei in der Pfanne rollen lassen, damit sie rundum gebräunt werden.

5 Die passierten Tomaten, Basilikum und Knoblauch dazugeben, mit Salz und Pfeffer würzen, aufkochen und das Ganze zugedeckt 20 Minuten bei schwacher Hitze ziehen lassen.

EINKAUFS-TIPP

Passierte Tomaten ohne Kerne gibt es in Brickpackungen, Dosen und Gläsern. Sie sollten zu den Vorräten der Speisekammer gehören. Wenn sie mal ausgegangen sind, behilft man sich mit Tomatenmark und Tomatensaft.

6 Derweil die Spaghetti nach Packungsvorschrift in reichlich Salzwasser *al dente* garen, abschütten und auf gewärmten Tellern anrichten. Die Soße mit den Meatballs darüber schöpfen, nach Gusto mit frisch geriebenem Parmesankäse bestreuen.

Spaghetti al Cartoccio

Spaghetti mit Meeresfrüchten im Überraschungs-Set. Sie kommen eingewickelt auf den Teller, das Papier ersetzt beim Servieren die in feinen Restaurants übliche silberne Wärmehaube.

Für 4 Personen

ZUTATEN
500 g Miesmuscheln
$^{1}/_{8}$ l trockener Weißwein
4 EL natives Olivenöl
2 gehackte Knoblauchzehen
500 g Tomaten, abgezogen und gehackt (evtl. aus der Dose)
400 g Spaghetti oder Linguine
250 rohe Risengarnelen-Schwänze ohne Schale
2 EL gehackte schlichte Petersilie
Salz, Pfeffer aus der Mühle

1 Die Muscheln gründlich waschen, die Byssusfäden abschneiden. Die Muscheln mit dem Wein zugedeckt aufkochen und circa fünf Minuten dämpfen, bis sie sich geöffnet haben.

2 Die Muscheln herausnehmen und abtropfen lassen, den Fond durch ein feines Sieb passieren und aufheben.

3 Den Knoblauch im Öl anschwitzen, die Tomaten dazugeben und zugedeckt bei mittlerer Hitze weich schmoren. Den Muschelfond dazugeben, das Ganze offen etwas einkochen lassen.
Die Spaghetti in reichlich Salzwasser nach Packungsvorschrift *al dente* garen.

4 Kurz vor Ende der Kochzeit der Spaghetti die Petersilie und die Garnelen in die Soße geben und zwei Minuten garen, bis sie eben steif geworden sind. Vom Herd nehmen.

5 Die Spaghetti abgießen und mit der Soße mischen, die Muscheln unterheben. Vier Blätter Butterbrot-Papier oder Alufolie von ca. 30 x 45 cm in tiefe Teller legen – so wird verhindert, dass beim Einfüllen der Spaghetti die Soße ausläuft.

VARIATION

Statt mit Muscheln und Garnelen kann man das Gericht auch mit Vongole und Scampi (Kaisergranat), Hummer oder anderen Meeresfrüchten zubereiten.

6 Die Spaghetti mit Muscheln und Soße auf die vorbereiteten Folien verteilen, diese über den Nudeln zusammen falten und durch Falzen verschließen. Auf ein Backblech legen und bei 150 °C (Umluft 130 °C) acht bis zehn Minuten erhitzen. Die Päckchen auf tiefen Tellern anrichten und geschlossen zu Tisch bringen. Dazu ein weißer Corvo aus Sizilien.

Gefüllte Cannelloni

Für 4 Personen

Zutaten

2 durchgepresste Knoblauchzehen
800 g Pizza-Tomaten aus der Dose
1 EL gehacktes Basilikum
1 EL gehackter frischer Majoran
450 g gehackter TK-spinat
Muskatnuss
125 g gekochter Schinken, fein gehackt
200 g Ricotta oder Hüttenkäse
12-14 vorgegarte Cannelloni-Röhren
50 g Mozzarella, fein gewürfelt
25 g geriebener Greyerzer Käse
25 g frische Weißbrot-Brösel
Salz, Pfeffer aus der Mühle
schlichte Petersilie zum Garnieren

1 Für die Soße Knoblauch, Pizza-Tomaten und Kräuter aufkochen und 30 Minuten offen bei mittlerer Hitze köcheln lassen – die Soße soll recht dick sein.

2 Für die Füllung den Spinat im geschlossenen Topf bei schwacher Hitze oder in der Mikrowelle auftauen; offen weiter erhitzen, um die Flüssigkeit zu verdampfen. Mit Salz, Pfeffer und Muskatnuss würzen, abkühlen lassen, mit Ricotta und Schinken vermengen.

3 Die Füllung in einen Spritzsack mit großer Tülle geben, die Röhren aufrecht stellen und die Füllung hinein drücken.

4 Die Hälfte der Tomatensoße in eine flache Auflaufform geben, die Cannelloni darauf legen

5 Den Mozzarella über die Cannelloni streuen, die restliche Soße darübergeben.

6 Das Ganze mit den Bröseln und dem geriebenen Greyerzer bestreuen. bei 180 °C (Umluft 160°C) 30 bis 40 Minuten überbacken – eventuell zuletzt zum Bräunen starke Oberhitze oder den Grill einschalten. Mit Petersilie garnieren.
Beilage: Ein gemischter Blattsalat.
Wein: Ein Valpolicella

Ravioli mit Bologneser Diät-Soße

Für 6 Personen

ZUTATEN
250 g Ricotta oder magerer Hüttenkäse
frisch geriebener Parmesan
1 Eiweiß, leicht geschlagen
Muskatnuss
1 Rezept Nudelteig (s.S. 24)
Mehl zum Ausrollen
FÜR DEN SUGO
1 mittelgroße Zwiebel, fein gehackt
1 fein gehackte Knoblauchzezhe
150 ml Rinderbrühe
350 g Tatar vom Rind
2 EL Tomatenmark
400 g Pizza-Tomaten aus der Dose
1 TL gehackte frische Rosmarin-Nadeln
1 Messerspitze gemahlener Piment
Salz, Pfeffcr aus der Mühle

1 Für die Füllung Ricotta oder Hüttenkäse mit Parmesan und Eiweiß vermischen, mit Salz, Pfeffer und Muskatnuss abschmecken.

2 Den Teig dünn ausrollen und im Abstand von fünf Zentimeter mit einem Teelöffel die Füllung darauf verteilen.

3 Die Teigfläche zwischen den Füllungshäufchen mit Eiweiß bestreichen, das Ganze mit einem zweiten Teigblatt bedecken und dieses fest andrücken, so dass keine Luftblasen bleiben.

4 Die einzelnen Ravioli mit einem Ausstecher aus stechen und auf einem bemehlten Tuch mindestens 30 Minuten ruhen lassen.

5 Für die Bologneser Soße Zwiebel und Knoblauch mit der Brühe kochen, bis die Flüssigkeit stark eingedampft ist. Das Tatar dazugeben und bräunen, dabei mit einer Gabel das Fleisch auflockern. Wein, Tomatenmark, Tomaten, Gewürze und Kräuter dazugeben und das Ganze eine Stunde zugedeckt köcheln lassen, abschmecken.

6 Die Ravioli in reichlich Salzwasser vier bis fünf Minuten kochen – portionsweise, damit sie nicht aneinander kleben. Abtropfen lassen, auf gewärmten Tellern anrichten, die Soße darübergeben. Geriebenen Parmesan dazu reichen.

Spaghetti Carbonara

Für 4 Personen

ZUTATEN
150 g geräucherte Putenbrust, in dünnen Scheiben
1 mittelgroße Zwiebel, fein gehackt
1-2 Knoblauchzehen, durchgepresst
150 ml Hühnerbrühe
150 ml trockener Weißwein
200 g fettarmer Frischkäse
500 g Spaghetti mit Chili und Knoblauch
2 EL gehackte schlichte Petersilie
Salz, Pfeffer aus der Mühle
gehobelter Parmesankäse

1 Die Putenbrust in schmale Streifen schneiden und in einer beschichteten Pfanne 2-3 Minuten anbraten. Zwiebel, Knoblauch und Brühe dazugeben und zugedeckt 5 Minuten garen.

2 Den Wein dazugeben und um die Hälfte einkochen. Den Frischkäse dazugeben und glatt rühren.

3 Derweil die Spaghetti in reichlich Salzwasser zehn bis zwölf Minuten garen, kurz abtropfen lassen.

4 Die Nudeln in den Topf zurückgeben und mit der Soße gründlich mischen. Auf warmen Tellern anrichten, Parmesan darüber hobeln und sofort servieren.

Muschel-Nudeln mit Tomaten-Tunfisch-Soße

Für 6 Personen

ZUTATEN
1 mittelgroße Zwiebel, fein gehackt
1 Stängel Bleichsellerie, fein gehackt
1 rote Paprika, entkernt, gewürfelt
1 Knoblauchzehe, durchgepresst
10 ml Hühnerbrühe
400 g Pizza-Tomaten aus der Dose
1 EL gehacktes Basilikum
1 EL gehackte schlichte Petersilie
500 g Muschel-Nudeln *(Conchiglie)*
400 g Tunfisch aus der Dose, abgetropft
2 EL Kapern, abgetropft
Salz, Pfeffer aus der Mühle

1 Zwiebel, Sellerie, Paprika und Knoblauch mit der Brühe aufkochen und kochen lassen, bis die Flüssigkeit fast ganz verdampft ist.

2 Tomaten, Tomatenmark und Kräuter dazugeben, abschmecken, aufkochen und 30 Minuten offen köcheln lassen, gelegentlich umrühren.

3 Derweil die Nudeln in reichlich Salzwasser *al dente* garen, abtropfen lassen und auf gewärmten Tellern anrichten.

4 Den Tunfisch und die Kapern in die Soße rühren, 1 bis 2 Minuten erhitzen. Die Soße über die Nudeln schöpfen, sofort servieren.

Tortellini in Brühe

Für 6-8 Personen als Vorspeise oder 4-6 als Hauptgericht

ZUTATEN
125 g magerer gekochter Schinken
125 g Hühnerbrust-Filet
1 l Hühner- oder Gemüsebrühe
1 Bund Korianderkraut
frisch geriebener Parmesankäse
1 Ei und 1 Eiweiß
1 Rezept Nudelteig (s.S. 24)
Mehl zum Ausrollen
Salz, Pfeffer aus der Mühle

1 Schinken und Hühnerbrust in Stücke schneiden, mit 150 Milliliter Brühe und einigen Koriander-Stielen aufkochen und zugedeckt 5-6 Minuten garen, in der Brühe abkühlen lassen.

2 Das Fleisch aus der Brühe nehmen, fein hacken und mit 2 EL Parmesan, 2 EL gehacktem Koriander und dem verquirlten Ei mischen, mit Salz und Pfeffer abschmecken.

3 Den Nudelteig dünn ausrollen, in 4 cm große Quadrate schneiden, diese mit je einem halben Teeloffel Füllung belegen. Die Ränder mit Eiweiß bestreichen und die Quadrate zu Dreiecken zusammen falten und gut aufeinander drücken.

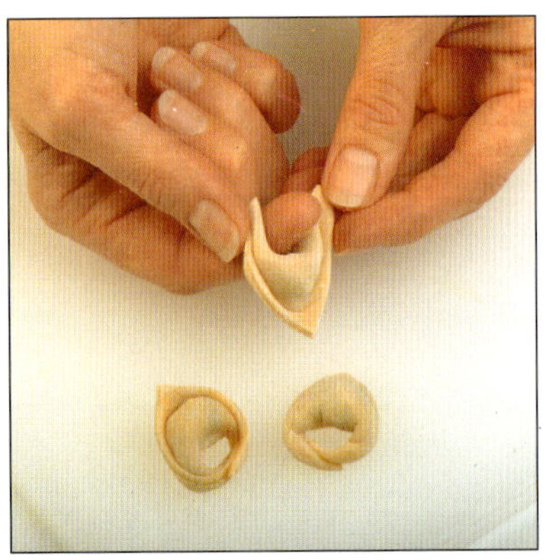

4 Die Dreiecke um den Zeigefinger rollen und die Enden fest zusammen drücken.

5 Die Tortellini vor dem Kochen auf einem bemehlten Tuch 30 Minuten ruhen lassen.

6 Den Schinken-Hühnerfond durch ein Sieb zur übrigen Brühe geben. Das Ganze aufkochen, die Tortellini hineingeben und bei sanfter Hitze fünf Minuten garen. Die Hitze abschalten und die Tortellini weitere fünf Minuten ziehen lassen. Auf gewärmten tiefen Tellern anrichten, etwas Brühe darüber schöpfen. Mit Korianderblättern garnieren. Parmesan dazu reichen.

Penne mit zweierlei Lachs und Dill

Für 6 Personen

Zutaten
350 g frisches Lachsfilet ohne Haut
125 g Räucherlachs
1-2 Schalotten, fein gehackt
125 g kleine Champignons, geviertelt
150 ml leichter Rotwein oder Rosé
150 ml Fischfond (aus dem Glas)
150 g Crème fraiche oder Sauerrahm
2 EL frische Dillspitzen, gehackt
500 g Penne
Salz, Pfeffer aus der Mühle
Dill zum Garnieren

1 Das Lachsfilet in 2,5 cm große Würfel, den Räucherlachs in 1 cm breite Streifen schneiden.

2 Schalotten und Pilze mit dem Wein aufkochen und circa fünf Minuten kochen lassen, bis der Wein stark eingedampft ist.

3 Fischfond und Crème fraiche dazugeben und glatt rühren. Die Lachswürfel dazugeben und das Ganze zugedeckt bei schwacher Hitze zwei bis drei Minuten ziehen lassen.

4 Vom Herd nehmen, den Dill einrühren, mit Salz und Pfeffer abschmecken.

5 Derweil die Pasta in reichlich Salzwasser nach Packungsvorschrift garen, abtropfen lassen, mit der Soße mischen und auf gewärmten Tellern anrichten. Mit Dill garnieren.
Dazu passt ein Arneis, der Weiße aus dem Piemont, oder ein trockener Rosé.

Pasta und Meeresfrüchte mit grüner Soße

Für 4 Personen

Zutaten

4 Anschovis-Filets aus dem Salz, gewässert
1 EL gehackte Kapern
250 g kleine Tintenfische, geputzt
1 EL gehackte Gewürzgurken
1-2 Knoblauchzehen, durchgepresst
150 g Magerjogurt
2-3 EL Halbfett-Mayonnaise
50 g Brunnenkresse, fein gehackt
2 EL gehackte schlichte Petersilie
2 EL gehacktes Basilikum
350 g Fusilli-(Spiralnudeln)
350 ausgelöste Garnelen oder Krabben
Salz, Pfeffer as der Mühle
Zitronensaft

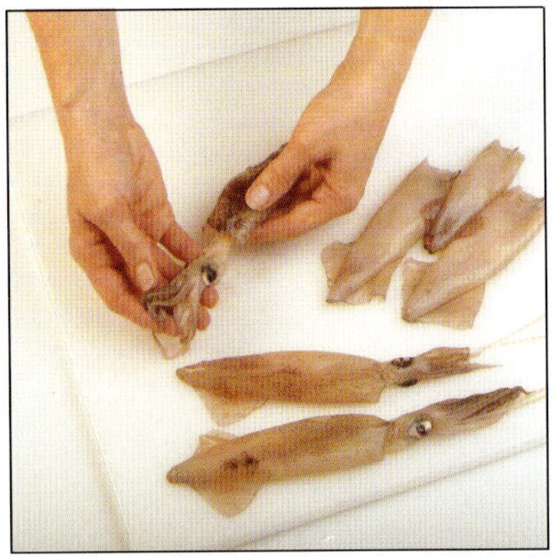

1 Die Köpfe der Tintenfische von den Körpern abziehen, die Fangarme von den Köpfen trennen und in Stücke schneiden, die Körper in fünf Millimeter breite Ringe schneiden.

2 Für die Soße Kapern und Gürkchen mit Knoblauch, Jogurt, Mayonnaise, den gehackten Anschovis und den Kräutern mischen, mit Salz, Pfeffer und Zitronensaft abschmecken.

3 Die Tintenfisch-Ringe in sanft siedendem Salzwasser 1 bis 2 Minuten garen – sie müssen nur eben steif werden –, herausnehmen und abkühlen lassen, Die Nudeln im selben Wasser nach Vorschrift *al dente* garen, abschütten und abtropfen lassen.

4 Tintenfisch und Garnelen mit der Soße anmachen, die Nudeln unterheben. Lauwarm oder kalt servieren.
Dazu rustikales Weißbrot und einen Weißwein aus Sardinien.

Spaghetti Bolognese light

Für 8 Personen

ZUTATEN

1 mittelgroße Zwiebel, fein gehackt
2-3 Knoblauchzehen, durchgepresst
300 ml Fleisch- oder Hühnerbrühe
450 g Beefsteak Tatar oder faschiertes Puten-Filet
800 g Pizza-Tomaten aus der Dose
1 EL gehacktes Basilikum
1 TL getrockneter Oregano
70 g Tomatenmark
500 g Champignons, klein geschnitten
150 ml Rotwein
500 g Spaghetti
Salz, Pfeffer aus der Mühle

1 Knoblauch und Zwiebel in einer beschichteten Kasserolle mit der Hälfte der Brühe aufsetzen und fünf Minuten kochen, bis die Flüssigkeit verdampft ist.

2 Das Hackfleisch dazugeben und fünf Minuten bräunen, dabei mit der Gabel auflockern. Tomaten, Tomatenmark und Kräuter dazugeben, aufkochen und zugedeckt eine Stunde köcheln lassen.

3 Derweil die Pilze mit dem Wein in einer beschichteten Kasserolle aufkochen, kochen lassen, bis der Wein eingedampft ist. Die Pilze zur Fleischsoße geben.

4 Die Spaghetti in reichlich Salzwasser zehn bis zwölf Minuten garen, abschütten, abtropfen lassen; auf gewärmten Tellern anrichten, die Soße darüber schöpfen. Nach Belieben mit Parmesan bestreuen. Dazu einen rustikalen Rotwein, z.B. Sangiovese di Romagana.

Nudelmuscheln gefüllt mit Meeresfrüchten und Spinat

Für dieses Gericht brauchen Sie die größten Muschel-Nudeln – bei kleineren ist das Füllen einfach zu mühsam!

Für 4 Personen

ZUTATEN
1 EL Halbfett-Butter
8 Lauchzwiebeln, fein geschnitten
6 Tomaten
32 große Nudelmuscheln
250 g fettarmer Frischkäse
6 EL Magermilch
Muskatnuss
250 g Shrimps oder Garnelen
200 g Krebsfleisch aus der Dose
100 g gehackter TK-Spinat, aufgetaut und abgetropft
Salz, Pfeffer aus der Mühle

Lauchzwiebeln

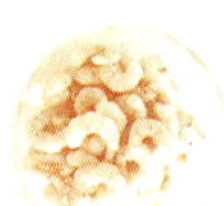

Shrimps

Muschel-Nudeln

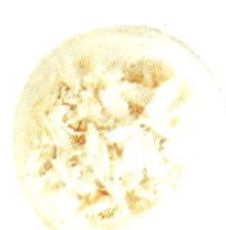

Krebsfleisch

Spinat

Tomaten

1 Die Halbfett-Butter schmelzen und die Lauchzwiebeln darin bei sanfter Hitze 3 bis 4 Minuten garen.

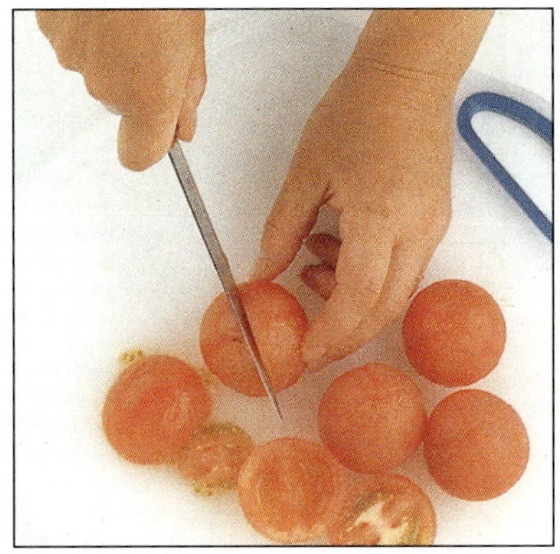

2 Die Tomaten an der Unterseite kreuzweise einritzen, eine Minute in kochendem Wasser blanchieren, in Eiswasser abschrecken, enthäuten, halbieren, entkernen und grob hacken.

3 Die Muschel-Nudeln in Salzwasser ca. zehn Minuten *al dente* garen, herausnehmen, mit kaltem Wasser abschrecken und abtropfen lassen.

4 Frischkäse und Magermilch unter Rühren vorsichtig erhitzen, mit Salz, Pfeffer und Muskatnuss abschmecken. Zwei Esslöffel der Soße in eine Schüssel geben.

5 Lauchzwiebeln, Shrimps, Tomaten und Krebsfleisch zugeben und gut vermischen. Die Nudel-Muscheln mit dieser Masse füllen, nebeneinander in eine flache Auflaufform geben, mit Alufolie abdecken und bei 150 °C 10 Minuten backen.

6 Den Spinat in die restliche Soße rühren, erhitzen und eine Minute unter Rühren köcheln. über die Nudeln geben und das Gericht heiß auf den Tisch bringen.

Schwarze Tagliatelle mit Jakobsmuscheln

Für 4 Personen

ZUTATEN
125 g Crème fraiche light
2 TL körniger Senf
2 Knoblauchzehen, durchgepresst
2-3 EL Limettensaft
4 EL gehackte schlichte Petersilie
2 EL Schnittlauch-Röllchen
350 g schwarze Tagliatelle
12 große ausgelöste Jakobsmuscheln
4 EL trockener Weißwein
150 ml Fischfond (aus dem Glas)
Salz, Pfeffer aus der Mühle
Limettenschnitze und Petersilie zum Garnieren

1 Für die Soße Tartare Crème fraiche, Senf, Knoblauch, Limettensaft und Kräuter verrühren, mit Salz und Pfeffer würzen.

2 Die schwarzen Nudeln nach Anweisung in Salzwasser al *dente* garen, abschütten und abtropfen lassen, mit wenig Öl oder Butter schwenken, auf warmen Tellern anrichten und warm stellen.

3 Die Jakobsmuscheln horizontal halbieren, etwa vorhandenen Rogen ganz lassen. Weißwein und Fischfond erhitzen und die Muscheln darin drei bis vier Minuten vorsichtig gar ziehen, bis sie eben steif geworden sind.

4 Dei Muscheln herausnehmen, den Fond um die Hälfte einkochen. Die grüne Soße einrühren und erhitzen, die Muscheln wieder dazugeben und eine Minute erhitzen. Über die Nudeln geben, mit Limetten und Petersilie garnieren.

Paglia e fieno alle erbette

„Stroh und Heu", weiße und grüne Nudeln mit Kräutern und reichlich Parmesan sind eine Delikatesse aus der schnellen Küche.

Vorspeise für 4 Personen

ZUTATEN

250 g gemischte weiße und grüne Tagliatelle
3 Knoblauchzehen, durchgepresst
2 Anschovis-Filets aus dem Salz, gewässert und fein gehackt
2 EL fein gehackte Kapern
1 TL Dijon-Senf
4 EL Olivenöl
4 EL gehackte Kräuter: Oregano, Petersilie und Schnittlauch
50 g leicht geröstete Pinienkerne
1 EL Ztronensaft
Salz, Pfeffer aus der Mühle
Parmesan, frisch gehobelt oder gerieben

1 Die Tagliatelle nach Packungsvorschrift in reichlich Salzwasser *al dente* garen.

2 Knoblauch und Anschovis im Mörser zu einer Paste zerreiben, mt Kapern und Senf vermischen.

3 Nach und nach das Öl einrühren, Kräuter, Pinienkerne und Zitronensaft dazugeben, das Ganze mit Salz und Pfeffer abschmecken.

4 Die Nudeln abschütten und heiß mit der Soße mischen, auf warmen Tellern anrichten und nach Gusto mit Parmesan bestreuen.

Pappardelle mit Meeresfrüchten und Safran

Für 4 Personen

Zutaten
1-2 Portionspäckchen Safran
4 getrocknete Tomaten, gehackt
1 TL frische Thymianblättchen
12 Riesengarnelen
250 g kleine Sepien, geputzt
250 g Seeteufel-Filet
2-3 Knoblauchzehen, gepresst
2 kleine Zwiebeln, geviertelt
1 kleine Fenchelknolle, geputzt und in Scheiben geschnitten
150 ml Weißwein
Salz, Pfeffer aus der Mühle
2 EL gehackte glatte Petersilie

1 Safran, getrocknete Tomaten und Thymian mit vier Esslöffel heißem Wasser 30 Minuten einweichen.

2 Die Garnelen waschen und vorsichtig ausbrechen, dabei die Köpfe und Schwanzflossen nicht beschädigen. Die Sepien in fünf Millimeter breite Ringe, den Seeteufel in zwei Zentimeter große Würfel schneiden.

3 Knoblauch, Zwiebel und Fenchel mit dem Wein aufkochen und zugedeckt fünf Minuten bei sanfter Hitze garen.

4 Seeteufel und Safran, Thymian und Tomaten samt ihrem Fond dazugeben, zugedeckt drei Minuten garen. Garnelen und Sepien dazugeben und noch eine bis zwei Minuten garen (nicht länger, sie werden sonst zäh!).

5 Parallel dazu die Pappardelle in reichlich Salzwasser *al dente* garen, abschütten und auf warmen Tellern anrichten.

6 Die Meeresfrüchte-Safran-Soße auf die Nudelportionen verteilen, das Ganze mit Petersilie garnieren und heiß auf den Tisch bringen.
Dazu einen reifen Chardonnay trinken, z.B. den „Löwengang" von Lageder in Bozen.

Gerollte Cannelloni mit Puten-Füllung

Für 4 Personen

ZUTATEN
12 Lasagne-Blätter
Basilikum zum Garnieren

FÜLLUNG
2-3 Knoblauchzehen, gepresst
1 kleine Zwiebel, fein gehackt
150 ml Weißwein
500 g gehacktes Putenfleisch
4 EL gehacktes Basilikum
4 EL frische Thymian-Blättchen
1 Scheibe entrindetes Toastbrot, zerbröselt
Salz, Pfeffer aus der Mühle

SOßE
25 g Halbfett-Margarine
25 g Mehl
300 ml Magermilch
4 getrocknete Tomaten, gehackt
1 EL gehackte Kräuter (Basilikum, Petesilie, Majoran)
2 EL geriebener Parmesan

1 Knoblauch, Zwiebel und die Hälfte des Weins aufkochen und zugedeckt fünf Minuten sanft garen. Bei starker Hitze das Fleisch dazugeben, zerbröseln und bräunen.

2 Die Hitze zurück schalten, den restlichen Wein, die Kräuter, Salz und Pfeffer dazugeben, zugedeckt 20 Minuten sanft garen. Vom Herd nehmen, die Brösel einrühren, abkühlen lassen.

3 Die Lasagne in reichlich Salzwasser *al dente* garen – portionsweise, damit sie nicht aneinander kleben. Herausnehmen, in kaltem Wasser abschrecken und nebeneinander auf ein Geschirrtuch legen.

4 Die Nudelblätter an einer Schmalseite mit der Füllung belegen, aufrollen und in Hälften schneiden.

5 Mehl, Margarine und Milch unter ständigem Rühren aufkochen und ausquellen lassen, glatt rühren. Tomaten, Kräuter, Salz und Pfeffer dazugeben.

6 Eine dünne Schicht der Soße in eine flache Auflaufform gießen, die Nudelröllchen darauf legen, mit der übrigen Soße überziehen und bei 200 °C (Umluft 180 °C) im Ofen 15 Minuten überbacken – die Oberfläche soll leicht gebräunt sein. Mit Basilikum garnieren und auftragen.

Makkaroni-Gratin mit Pute

Für 4 Personen

ZUTATEN
300 g faschiertes Putenfleisch
150 g geräucherte Putenbrust, dünn geschnitten und gehackt
1-2 Knoblauchzehen, durchgepresst
1 Zwiebel, fein gehackt
2 Möhren, gewürfelt
2 EL Tomatenmark
300 ml Hühnerbrühe
250 g dicke Makkaroni
frisch geriebener Parmesankäse
Salz, Pfeffer aus der Mühle

1 Das Fleisch in einer beschichteten Kasserolle ohne Fett anbraten, dabei zerbröseln und gut bräunen.

2 Putenbrust, Knoblauch, Zwiebel, Möhren, Tomatenmark, Salz und Pfeffer und Brühe dazugeben und alles zugedeckt eine Stunde sanft schmoren.

3 Die Makkaroni in reichlich Salzwasser *al dente* kochen, abtropfen lassen und mit der Fleischsoße mischen.

4 Das Ganze in eine flache Auflaufform füllen, mit Parmesan bestreuen und im Ofen bei 180 °C (Umluft 160 °C) 20 bis 30 Minuten gratinieren.
Dazu einen großen grünen Salat servieren.

Paprika-Ravioli

Für 4 Personen

ZUTATEN
250 g gekochter Schinken
4 EL Mango Chutney
1 Rezept Nudelteig, mit 1 EL Edelsüß-Paprika zubereitet
1 Eiweiß, leicht verquirlt
Mehl zum Ausrollen
1-2 Knoblauchzehen, durchgepresst
1 Stängel Bleichsellerie, fein gehackt
50 g getrocknete Tomaten
1 rote Chilischote, entkernt und fein gehackt
150 ml Rotwein
400 g Pizza-Tomaten aus der Dose
1 Bund Thymian
Salz, Pfeffer aus der Mühle

1 Den Schinken von allem Fett befreien und mit dem Mango Chutney in der Messermühle fein pürieren.

2 Den Teig dünn ausrollen und mit einem Blatt ein Ravioli-Model auslegen. Die Füllung in die Vertiefungen drücken.

3 Die freie Teigfläche sorgfältig mit dem mit ein wenig Wasser verquirlten Eiweiß bestreichen.

4 Ein zweites Teigblatt darüber legen und mit einem Nudelholz kräftig anrollen, um die Ravioli zugleich zu verschließen und zu trennen.

5 Knoblauch, Sellerie, Wein, Tomaten und einem Teelöffel Thymianblättchen aufkochen und zugedeckt 15 bis 20 Minuten sanft garen. Mit Salz und Pfeffer abschmecken.

6 Die Ravioli in reichlich siedendem Salzwasser vier bis fünf Minuten garen, abtropfen lassen. Etwas Soße auf gewärmte Teller verteilen, die Ravioli darauf legen, mit der restlichen Soße überziehen, mit frisch gezupften Thymianblättchen bestreuen und sofort servieren. Dazu passt ein Rotwein, z.,B. ein Montepulciano d´Abruzzo.

Lasagne mit dicken Bohnen und Schinken

Für 6 Personen

Zutaten
2 EL Olivenöl
350 g fein geschnittener Porree
1 Knoblauchzehe, gepresst
250 g fein geschnittene Champignons
2 Zucchini, in Scheiben
350 g dicke Bohnen aus dem Glas
350 g gekochter Schinken, gewürfelt
5 EL gehackte glatte Petersilie
2 EL Schnittlauch-Röllchen
50 g Halbfett-Butter
50 g Vollkorn-Weizenmehl
600 ml Magermilch
300 ml Gemüsebrühe
200 g fettarmer Schnittkäse
1 TL Senf
250 g vorgegarte Vollkorn-Lasagne
25 g frische Vollkorntoast-Brösel
frisch geriebener Parmesankäse
Salz, Pfeffer aus der Mühle
Frische Kräuter zum Garnieren

1 Lauch und Knoblauch im Öl drei Minuten anschwitzen, Pilze und Zucchini dazugeben und weitere fünf Minuten unter Rühren garen.

2 Vom Herd nehmen, die abgetropften Bohnenkerne, den Schinken und die Kräuter dazugeben. Beiseite stellen.

3 Für die Käsesoße Halbfett-Butter, Mehl, Milch und Brühe unter ständigem Rühren aufkochen und andicken lassen, drei Minuten köcheln. Den Käse reiben.

4 Vom Herd nehmen, Senf und geriebenen Käse einrühren; rühren, bis der Käse geschmolzen ist, abschmecken. Einen halben Liter Soße verwahren, den Rest mit dem Gemüse mischen.

5 Die Hälfte der Schinken-Gemüse-Mischung in eine flache Auflaufform geben, mit der Hälfte der Nudelblätter bedecken. Die übrigen Zutaten hinein schichten, die Käsesoße darüber verteilen.

6 Die Brösel mit geriebenem Parmesan mischen und über die Lasagne streuen. Das Ganze bei 180 °C (Umluft 160 °C) 45 bis 60 Minuten überbacken, bis die Oberfläche goldbraun ist. Mit frischen Kräutern garnieren und sofort auftragen. Wein: Teroldego, der typische Rote aus dem Trentino.

Rigatoni mit Entenbrust

Für 6 Personen

ZUTATEN
2 Barbarie-Entenbrüste
1 TL zerstoßene Korianderkörner
350 g Rigatoni
150 ml frischer Orangensaft
1 EL Zitronensaft
2 TL flüssiger Honig
1 fein gehackte Schalotte
1 Knoblauchzehe, durchgepresst
1 Stängel Bleichsellerie, gehackt
75 g getrocknete Kirschen
3 EL roter Portwein
1 Bund frische Minze
1 Bund Korianderkraut
1 Apfel, in Würfel geschnitten
2 Orangen, die ausgelösten Filets
Salz, Pfeffer aus der Mühle

1 Die Entenbrüste von Haut und Fett befreien, salzen, pfeffern und mit den zerstoßenen Korianderkörnern einreiben; je nach Größe sieben bis zehn Minuten bei starker Hitze grillen. In Folie wickeln und 20 Minuten ruhen lassen.

2 Die Rigatoni in reichlich Salzwasser *al dente* garen, abschütten und mit kaltem Wasser abschrecken, abtropfen lassen.

3 Für das Dressing Orangen- und Zitronensaft, Honig, Schalotte, Knoblauch, Sellerie, Portwein, Dörrkirschen und je einen Esslöffel gehackte Minze und gehacktes Korianderkraut sowie Salz und Pfeffer aufschlagen und 30 Minuten ruhen lassen.

4 Die Entenbrust quer zur Faser dünn aufschneiden (das Fleisch soll innen noch rosa sein).

5 Die Rigatoni mit dem Dressing anmachen, Apfelwürfel und Orangenfilets unterziehen. Auf Tellern anrichten, mit der Entenbrust, Koriander- und Minzeblättchen garnieren.
Wein: ein dunkler Lagrein aus Südtirol.

Pikante Poularde mit Spaghetti

Für 4 Personen

Zutaten

1 Zwiebel, fein gehackt
1 Möhre, gewürfelt
1 Knoblauchzehe, durchgepresst
300 ml Gemüsebrühe
4 kleine Poulardenbrust-Filets
1 Gewürzsträußchen (Petersilie, Thymian und Lorbeerblatt)
125 g Champignons, fein geschnitten
1 EL Weinessig oder Zitronensaft
350 g Spaghetti
1/2 Gurke, in fingerdicke Stäbchen geschnitten
2 Fleischtomaten, abgezogen, entkernt und klein geschnitten
2 EL Crème fraîche
1 EL gehackte Petersilie
1 EL Schnittlauchröllchen
Salz, Pfeffer aus der Mühle

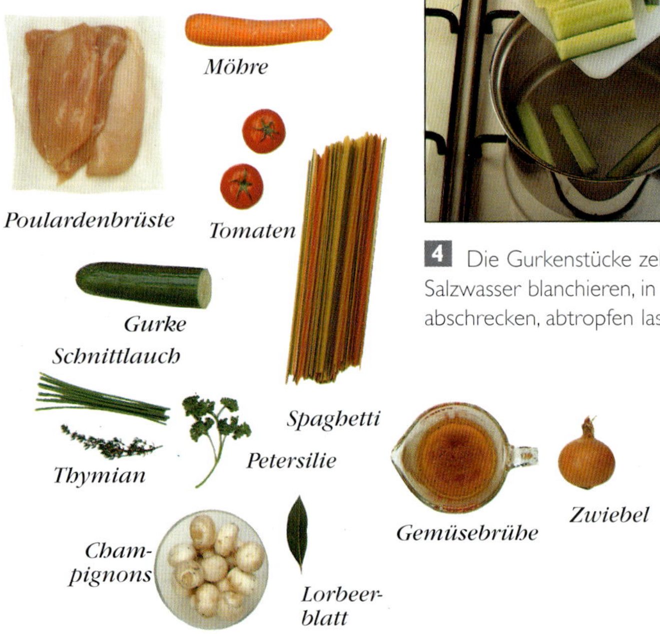

1 Zwiebel, Möhre, Knoblauch und Gewürzsträußchen mit der Brühe und den Poulardenbrüstchen aufkochen und zugedeckt 10 – 15 Minuten köcheln, bis das Fleisch gar ist. Das Fleisch herausnehmen und in Folie wickeln.

2 Die Brühe abseihen und in den Topf zurückgeben, aufkochen, die Pilze und Essig oder Zitronensaft dazugeben und in zwei bis drei Minuten gar köcheln, herausnehmen.

3 Die Spaghetti in Salzwasser *al dente* kochen, abtropfen lassen, in etwas Öl schwenken und warm stellen.

4 Die Gurkenstücke zehn Sekunden in Salzwasser blanchieren, in Eiswasser abschrecken, abtropfen lassen.

5 Das Fleisch in mundgerechte Stücke schneiden. Die Brühe um die Hälfte einkochen, Fleisch, Tomaten, Crème fraîche, Gurke, Pilze und Kräuter dazugeben, erhitzen und abschmecken.

6 Die Spaghetti auf gewärmten Tellern anrichten, das Poularden-Ragout darübergeben. Sofort zu Tisch bringen.

Makkaroni mit Käse

Für 4 Personen

ZUTATEN
1 mittelgroße Zwiebel, fein gehackt
150 ml Gemüse- oder Hühnerbrühe
25 g Halbfett-Margarine
40 g Mehl
300 ml Magermilch
50 g geriebener Cheddar-Käse
1 TL Senf
250 g Hörnchen-Nudeln
4 Scheiben geräucherte Putenbrust
2–3 feste Tomaten, in Scheiben geschnitten
frisch geriebener Parmesankäse
Salz, Pfeffer aus der Mühle

1 Zwiebel und Brühe aufkochen und garen, bis die Flüssigkeit verdampft ist.

2 Margarine, Mehl und Milch mit Salz und Pfeffer unter Rühren aufkochen und ausquellen lassen, glatt rühren. Vom Herd nehmen, Käse, Senf und Zwiebeln einrühren.

3 Die Nudeln in Salzwasser *al dente* garen, abtropfen lassen und mit der Soße mischen. Das Ganze in eine Auflaufform füllen.

4 Die Nudeln überlappend mit Putenbrust- und Tomatenscheiben belegen, Basilikumblätter dazwischen stecken, das Ganze mit Parmesan bestreuen und bei 180 °C (Umluft 160°C) 15 bis 20 Minuten überbacken. Heiß servieren.

Fettucine mit Brokkoli auf sizilianische Art

Für 4 Personen

Zutaten

3–4 Knoblauchzehen, durchgepresst
350 g Brokkoli-Röschen
150 ml Gemüse- oder Hühnerbrühe
4 EL Weißwein
2 EL gehacktes Basilikum
4 EL frisch geriebener Parmesankäse
350 g Fettucine oder Tagliatelle
Salz, Pfeffer aus der Mühle
Basilikum zum Garnieren

1 Knoblauch, Brühe und Brokkoli aufkochen und zugedeckt fünf Minuten garen, gelegentlich umrühren.

2 Den Brokkoli mit einer Gabel oder einem Kartoffelstampfer zerdrücken, Wein, Basilikum und geriebenen Parmesan dazugeben, mit SaLz und Pfeffer abschmecken.

3 Die Fettucine in Salzwasser *al dente* kochen, abschütten und abtropfen lassen, in den Topf zurückgeben.

4 Die Hälfte der Brokkoli-Soße über die Nudeln geben, gut durchmischen, auf gewärmten Tellern anrichten. Die übrige Soße darübergeben, mit Basilikum garnieren.

Nudel-Timbalen

Die ultimative Art, bei einem festlichen Anlass Pasta zu präsentieren: Hörnchen und Fleisch werden hübsch in Salatblätter verpackt, dazu gibt es eine sahnige Basilikum-Soße.

Für 4 Personen

Zutaten
8 Eisbergsalat-Blätter

Füllung
1 EL Olivenöl
1 Knoblauchzehe, zerdrückt
200 g Rinderhack
1 EL Tomatenmark
125 g Hörnchen-Nudeln
Salz, Pfeffer aus der Mühle

Soße
25 g Butter
25 g Mehl
250 g Crème double oder Sahne
2 EL gehacktes Basilikum

1 Das Fleisch im Öl sieben Minuten unter Rühren anbraten und bräunen. Tomatenmark und Knoblauch dazugeben und fünf Minuten garen.

2 Die Hörnchen nach Vorschrift acht bis zehn Minuten in Salzwasser *al dente* garen, abschütten und abtropfen lassen.

3 Die Nudeln mit dem Haschee mischen, nochmals abschmecken.

4 Vier 150 ml-Ragoutförmchen mit Salatblättern auslegen, die Nudelmischung einfüllen.

5 Die Blätter über den Nudeln zusammen falten, die Töpfchen in einen Schmortopf stellen, halbhoch kochendes Wasser angießen und das Ganze zugedeckt auf dem Herd bei mittlerer Hitze zwanzig Minuten garen.

6 Für die Soße die Butter aufschäumen lassen, das Mehl darüber stäuben, mit der Sahne ablöschen, unter Rühren aufkochen und ausquellen lassen, das Basilikum unterziehen, abschmecken. Die Timbalen mit der Soße auf gewärmten Tellern anrichten.

Penne mit Spinat

Für 4 Personen

ZUTATEN
250 g geputzter Spinat
1 Knoblauchzehe, zerdrückt
1 Schalotte oder kleine Zwiebel, fein gehackt
1/2 rote Paprikaschote, entkernt und fein gehackt
1 Peperoncino, entkernt und fein gehackt
150 ml Gemüsebrühe
350 g Penne
150 g geräucherte Putenbrust oder durchwachsener Speck
3 EL Crème fraîche
2 EL frisch geriebener Parmesan
gehobelter Parmesan zum Garnieren

1 Den Spinat waschen, abtropfen lassen und in feine Streifen schneiden..

2 Knoblauch, Zwiebel, Paprika und Peperoncino mit der Brühe aufkochen und zugedeckt fünf Minuten garen. Den Spinat dazugeben und zwei bis drei Minuten garen, bis er zusammen gefallen ist.

3 Die Penne in reichlich Salzwasser garen, abschütten, abtropfen lassen und in den Topf zurückgeben..

4 Die Putenbrust in kleine Streifen schneiden und ohne Fett braten.

5 Crème fraîche und Parmesan mit dem Spinat unter die Nudeln heben, gut durchmischen.

6 Auf gewärmten Tellern anrichten, mit der gebratenen Putenbrust und frisch gehobeltem Parmesan garnieren.
Wein: Soave, der Weiße aus dem Veneto.

Spaghetti mit Muscheln an Safransoße

Spaghetti mit einem Hauch von Haute Cuisine – kostbarer Safran und Muscheln harmonieren aufs Schönste mit den Nudeln in ihrer sahnigen Soße.

Für 4 Personen

Zutaten
1 kg frische Muscheln
150 ml trockener Weißwein
2 Schalotten, fein gehackt
25 g Butter
2 Knoblauchzehen, durchgepresst
2 TL Stärkemehl
4 Portionspäckchen Safranfäden
Salz, weißer Pfeffer aus der Mühle
1/2 Zitrone (Saft)
1 Eigelb
500 g Spaghetti
gehackte Petersilie zum Garnieren

1 Die Muscheln sauber bürsten, von den Byssusfäden befreien und eine halbe Stunde in kaltes Wasser legen, herausnehmen und abtropfen lassen. Exemplare, die sich auf Klopfen an der Schale nicht schließen, aussondern.

2 Den Wein mit den Schalotten in einem großen Topf aufkochen, die Muscheln dazugeben und bei starker Hitze zugedeckt dünsten, bis sie sich geöffnet haben. Geschlossene Exemplare aussondern.

3 Den Fond durch ein feines Sieb passieren. Die Muscheln auslösen, einige für die Garnitur in ihrer Schale belassen. Den Muschelfond auf die Hälfte einkochen.

4 Den Knoblauch in der Butter anschwitzen, das Stärkemehl darüber stäuben, nach und nach unter Rühren mit Muschelfond und Sahne ablöschen. Den Safran einrühren.

5 Mit Zitronensaft, Salz und Pfeffer abschmecken, das Eigelb einrühren. Das Muschelfleisch dazugeben, erhitzen, aber nicht mehr kochen.

6 Die Spaghetti in Salzwasser *al dente* garen, abtropfen lassen und mit den Muscheln in ihrer Soße durchmischen. Auf warmen Tellern anrichten, mit den Muscheln in der Schale garnieren und mit Petersilie bestreuen. Sofort servieren. Wein: ein Pinot bianco.

Spiralnudeln mit Wurst und Tomatensoße

Ein herzhaftes Gericht, ideal für kalte Winterabende. Fast jede Art von Wurst eignet sich dafür. Rohe Würste müssen zu Beginn zusammen mit den Zwiebeln angebraten werden.

Für 4 Personen

ZUTATEN
1 mittelgroße Zwiebel
1 rote Paprikaschote
1 grüne Paprikaschote
natives Olivenöl
800 g Pizza-Tomaten aus der Dose
2 EL Tomatenmark
2 TL Paprikapulver
200 g Chorizo oder eine andere pikante Wurst
Salz, Pfeffer aus der Mühle
500 g Spiralnudeln *(fusilli)*

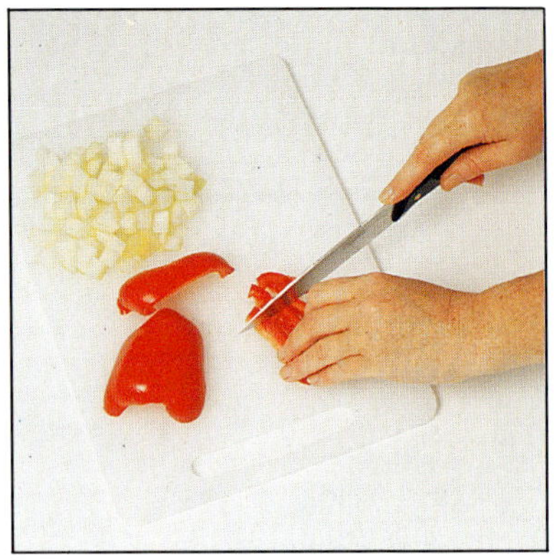

1 Die Zwiebel schälen und fein hacken, die Paprika halbieren, entkernen und in Würfel schneiden.

2 Die Zwiebel in zwei Esslöffel Öl anschwitzen, zwei bis drei Minuten garen. Paprika, Tomaten, Tomatenmark und Paprikapulver dazugeben, aufkochen und offen 15 bis 20 Minuten kochen – die Soße soll dick werden.

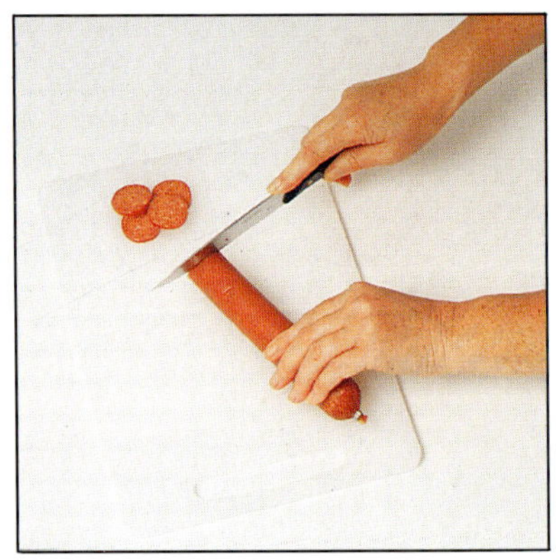

3 Die Wurst in Scheiben schneiden und zusammen mit zwei Esslöffel Petersilie in die Soße geben. Kurz erhitzen und abschmecken.

4 Die Spaghetti in Salzwasser *al dente* garen, abschütten, kurz abtropfen lassen, in den Topf zurückgeben und mit etwas Öl und der restlichen Petersilie schwenken. Die Nudeln auf gewärmten Tellern anrichten, die Soße darüber schöpfen..

Spaghetti alla Marinara – mit Vongole und Tomaten

Die kleinen Venusmuscheln gehören in Italien zu den begehrtesten Meeresfrüchten. Die Spaghetti „nach Seemannsart“ gehören zu den Klassikern der italienischen Küche.

Für 4 Personen

Zutaten
1 kg frische Vongole (Venusmuscheln)
6 EL natives Olivenöl
2 Knoblauchzehen, durchgepresst
600 g geschälte Tomaten a.d. Dose
3 EL gehackte Petersilie
Salz, Pfeffer aus der Mühle
500 g Spaghetti

1 Die Vongole mehrfach in klarem kaltem Wasser spülen, abtropfen lassen.

2 Das Öl in einem Topf erhitzen, die Vongole hineingeben und zugedeckt bei kräftiger Hitze dünsten, bis sie sich geöffnet haben. Die Vongole herausnehmen, ungeöffnete aussondern. Das Fleisch aus den Schalen lösen, einige Vongole für die Garnitur in den Schalen lassen.

3 Den Muschelfond im Topf fast ganz einkochen. Den Knoblauch hineingeben und anschwitzen, die Tomaten dazugeben, aufkochen und drei bis vier Minuten durchkochen. Das Muschelfleisch in die Soße geben.

4 Die Spaghetti in Salzwasser *al dente* garen, abschütten und in einer gewärmten Schüssel anrichten. Die Soße darübergeben, mit Petersilie garnieren. Wein: ein Trebbiano d´Abruzzo, der Weiße aus Mittelitalien.

Rigatoni mit Tunfisch, Kapern und Anschovis

Diese pikante Soße schmeckt auch ohne Tomaten - einfach die Nudeln mit den übrigen Zutaten schwenken, eventuell mit einigen Löffeln Kochwasser oder Weißwein.

Für 4 Personen

ZUTATEN
400 g Tunfisch a. d. Dose, abgetropft
2 Knoblauchzehen, durchgepresst
800 g Pizza-Tomaten aus der Dose
6 Anschovis-Filets aus dem Salz, gewässert und fein gehackt
2 EL gehacktes Basilikum
Salz, Pfeffer aus der Mühle
500 g Rigatoni, Penne oder Garganelle
Basilikum zum Garnieren

1 Das Öl aus den Tunfisch-Dosen abgießen und zusammen mit dem Olivenöl vorsichtig erhitzen.

2 Den Knoblauch darin blond anschwitzen, die Tomaten dazugeben, aufkochen und 25 Minuten offen köcheln.

3 Den Tunfisch hinein bröckeln, Anschovis, Kapern und Basilikum dazugeben, abschmecken.

4 Die Röhren-Nudeln in reichlich Salzwasser *al dente* garen, abschütten und mit der Soße durchmischen. Auf Tellern anrichten, mit Basilikum garnieren.

Farfalle mit Räucherlachs und Frühlingszwiebeln

Nudeln mit Räucherlachs sind in Italien groß in Mode. Schnelle Küche mit einem Hauch von Luxus.

Für 4 Personen

ZUTATEN
6 Frühlingszwiebeln
50 g Butter
6 EL Noilly Pratt (Vermouth) oder trockener Weißwein
1/2 l Crème double oder Sahne
Salz, Pfeffer aus der Mühle
Muskatnuss
250 g Räucherlachs
2 EL abgezupfte Dillspitzen
Zitronensaft
500 g Farfalle (Schmetterlingsnudeln)

1 Die Lauchzwiebeln waschen und in feine Ringe schneiden, in der Butter eine Minute anschwitzen.

2 Wein bzw. Vermouth dazugeben und auf die Menge von zwei Esslöffeln einkochen. Die Sahne dazugeben, mit Salz, Pfeffer und Muskatnuss abschmecken und 2-3 Minuten durchkochen, vom Herd nehmen.

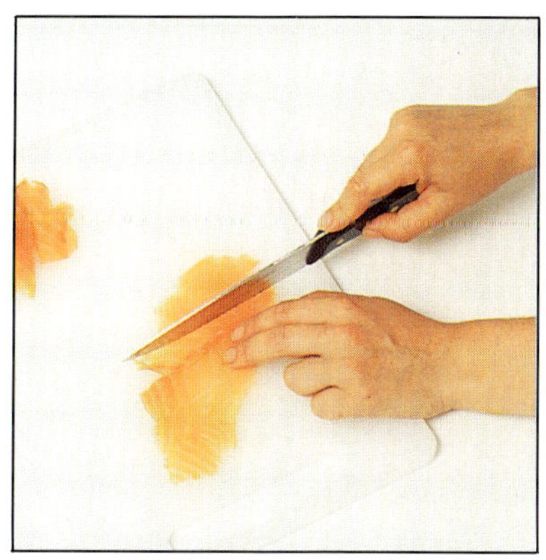

3 Den Räucherlachs in zwei Zentimeter breite Streifen schneiden und mit dem Dill in die Soße geben, mit Zitronensaft abschmecken.

4 Die Farfalle nach Vorschrift in Salzwasser kochen, abgießen, mit der Soße mischen, auf warmen Tellern anrichten und sofort servieren.

Garnelen mit Nudeln und Pesto in der Folie

Ein Gericht, das Eindruck macht, aber ganz leicht zuzubereiten ist. Beim Öffnen verströmt das Päckchen seinen verführerischen Duft.

Für 4 Personen

Zutaten
750 g ungeschälte rohe Garnelen
500 g Tagliatelle oder Linguine
Salz, Pfeffer aus der Mühle
150 g Pesto, selbst gemacht (s.S. 122) oder fertig gekauft
Salz, Pfeffer aus der Mühle
4 TL natives Olivenöl
100 ml trockener Weißwein

1 Von den Garnelen die Köpfe entfernen.

2 Die Tagliatelle in Salzwasser nur zwei Minuten vorkochen, abschütten und mit der Hälfte des Pesto anmachen.

3 Vier 30 cm große Quadrate aus Butterbrot- oder Backpapier schneiden, je einen Teelöffel Öl in die Mitte geben, die Nudeln gleichmäßig auf die Stücke verteilen.

4 Die Garnelen gleichfalls auf die Portionen verteilen, den restlichen Pesto mit dem Knoblauch mischen und darübergeben. Jede Portion mit zwei Esslöffeln Wein beträufeln, mit Pfeffer würzen.

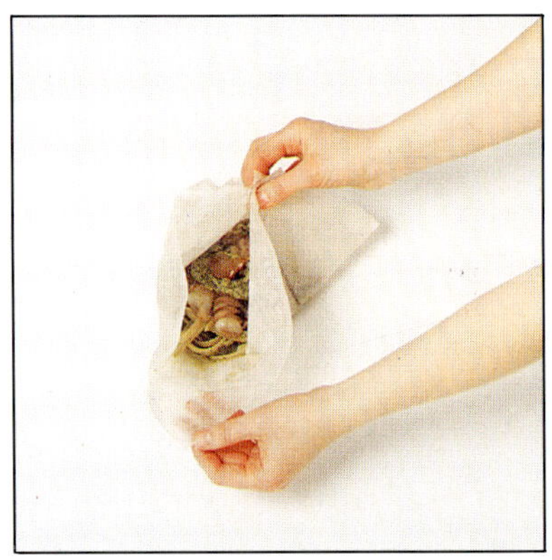

5 Die Ränder des Papiers leicht mit Wasser befeuchten, hochnehmen und in der Mitte zu Beuteln zusammen drehen.

6 Die Beutel auf ein Backblech setzen und im Ofen 10 bis 15 Minuten garen. Die Beutel auf Tellern anrichten und servieren – jeder packt seinen selbst aus. Fingerschalen für die vom Pulen der Garnelen fettigen Finger nicht vergessen!

Rigatoni mit pikanter Bratwurst-Tomaten-Soße

Eine leckere und schnelle bologneser Soße mit Wurstmett aus italienischen Cippolatas – oder auch aus heimischen Bratwürsten.

Für 4 Personen

ZUTATEN
500 g Cippolata oder andere grobe Bratwurst
1 mittelgroße Zwiebel, fein gehackt
450 g passierte Tomaten (Konserve)
150 ml trockener Rotwein
6 getrocknete Tomaten aus dem Öl
Salz, Pfeffer aus der Mühle
500 g Rigatoni oder ähnliche Nudeln
frisch geriebener Parmesan

1 Das Mett aus den Würsten drücken und zerpflücken.

2 Die Zwiebel im Öl fünf Minuten blond anschwitzen. Das Mett dazugeben und unter rühren anbraten und bräunen. Passierte Tomaten und Wein dazugeben, aufkochen.

3 Die abgetropften getrockneten Tomaten in feine Streifen schneiden und dazugeben. Drei Minuten köcheln lassen, gelegentlich umrühren.

4 Die Rigatoni in Salzwasser *al dente* garen, abtropfen lassen und auf Tellern anrichten. Die Soße darüber schöpfen. Frisch geriebenen Parmesan dazu reichen.

Pasta all'Amatriciana

Eine wunderbare Soße für die Sommerzeit, wenn die Tomaten vollreif und voller Aroma sind.

Für 4 Personen

ZUTATEN
1 kg reife Tomaten
6 Scheiben Frühstücksspeck
50 g Butter
1 mittelgroße Zwiebel, fein gehackt
1 EL gehackter frischer Oregano
500 g Pasta asciutta (Hartweizen-Nudeln)
frisch geriebener Parmesan

1 Die Tomaten an der Unterseite kreuzweise einritzen, eine Minute in kochendes Wasser tauchen, kalt abschrecken, enthäuten, entkernen, das Fruchtfleisch klein schneiden.

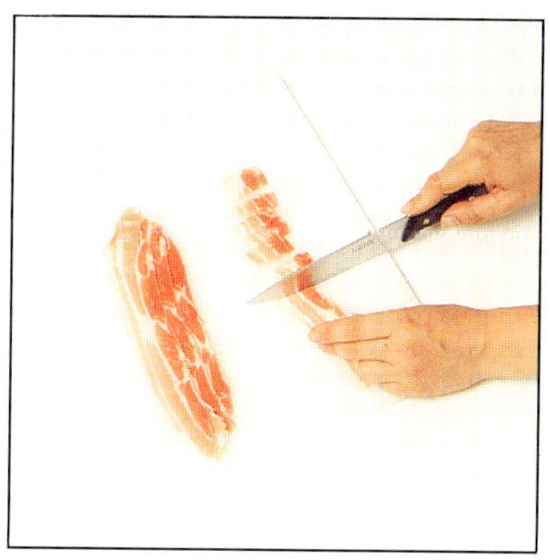

2 Den Speck entschwarten und klein schneiden.

3 Den Speck in der Butter anbraten und leicht bräunen, die Zwiebel dazugeben und fünf Minuten sanft anschwitzen. Die Tomaten dazugeben, mit Salz, Pfeffer und Oregano würzen.

4 Die Pasta in reichlich Salzwasser *al dente* garen, abgießen, abtropfen lassen und mit der Soße anmachen. Mit frisch geriebenem Parmesan servieren.

Pasta mit Garnelen und Ziegenkäse

Das Gericht vereinigt die Meeresfrische von Garnelen mit der sanften Herbheit von Ziegenkäse. Man kann auch Feta verwenden.

Für 4 Personen

ZUTATEN
500 g mittelgroße rohe Garnelen
6 Lauchzwiebeln
50 g Butter
250 g weicher Ziegenkäse
1 kleines Bund Schnittlauch
Salz, Pfeffer aus der Mühle

1 Die Garnelen ausbrechen und den Darm an der Rückenseite des Schwanzes entfernen. Die Lauchzwiebeln in feine Ringe schneiden.

3 Das Garnelenfleisch in der Butter anbraten. Die Lauchzwiebeln dazugeben und eine Minute anschwitzen.

2 Den Ziegenkäse in kleine Stücke schneiden.

4 Den Käse zu den Garnelen und Zwiebeln geben, mit frisch gemahlenem Pfeffer würzen.

5 Den Schnittlauch in zwei Zentimeter lange Stücke schneiden, die Hälfte davon zu den Garnelen geben.

6 Die Nudeln nach Packungsvorschrift in Salzwasser garen, abtropfen lassen und in einer gewärmten Schüssel anrichten. Die Soße darübergeben, mit dem restlichen Schnittlauch bestreuen.

Tagliatelle mit Rohschinken und Parmesan

Ein einfaches Gericht aus den besten Zutaten, in wenigen Minuten zubereitet.

Für 4 Personen

ZUTATEN

100 g Parma-Schinken, dünn geschnitten
500 g Tagliatelle
Salz, Pfeffer aus der Mühle
75 g Butter
50 g frisch geriebener Parmesankäse
frischer Salbei zum Garnieren

Tagliatelle

Salbei

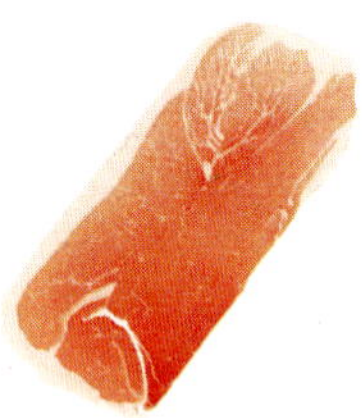

Parma-Schinken

Parmesankäse

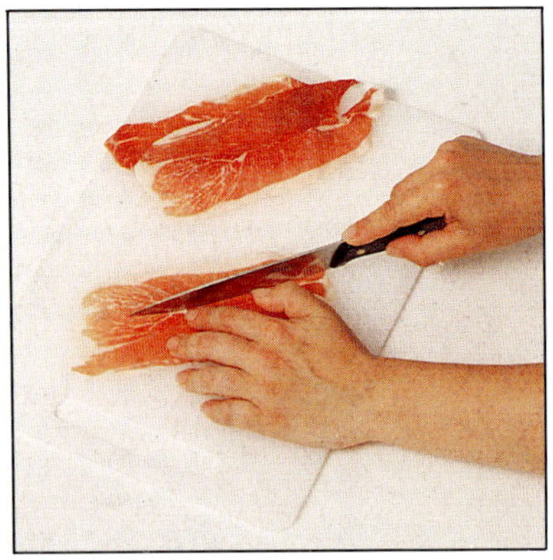

1 Den Schinken in nudelbreite Streifen schneiden. Die Nudeln in reichlich Salzwasser *al dente* garen.

2 Die Butter zerlassen, den Schinken darin erwärmen, aber nicht braten.

3 Die Tagliatelle abschütten, abtropfen lassen und auf vorgewärmten Tellern anrichten.

4 Butter und Schinken darübergeben, mit Parmesan bestreuen. Mit frisch gemahlenem Pfeffer würzen, mit Salbeiblättern garnieren.

Capellini mit Spinat und Anschovis

Wenn Sie noch eine Handvoll Rosinen dazu tun, können Sie die arabische Vergangenheit Siziliens förmlich schmecken!

Für 4 Personen

Zutaten
1 kg frischer Spinat oder 500 g tiefgekühlter Blattspinat
500 g Capellini (Fadennudeln)
4 EL Olivenöl
2 Knoblauchzehen, durchgepresst
3 EL Pinienkerne
6 Anschovisfilets aus dem Salz, gewässert und fein gehackt
Butter zum Schwenken der Nudeln

1 Den Spinat putzen, entstielen und gründlich waschen, tropfnass in einen Topf geben und zugedeckt erhitzen, bis die Blätter zusammengefallen sind. Herausnehmen und auf einem Durchschlag abtropfen lassen.

2 Die Nudeln in reichlich Salzwasser *al dente* garen – die dünnen Capellini haben nur eine sehr kurze Garzeit!

3 Die Pinienkerne im Öl leicht anrösten, herausnehmen, den Knoblauch im selben Öl anschwitzen. Die Anschovis dazugeben.

4 Den Spinat dazugeben und 2 bis 3 Minuten erhitzen, die Pinienkerne dazugeben. Die Nudeln abgießen, in Butter schwenken und in einer gewärmten Schüssel anrichten. Den Spinat darübergeben und mit der Gabel unterheben.

Cannelloni al Forno

Eine leichte Alternative zur klassischen Version mit Rinderhack und Béchamel-Soße. Vegetarier füllen die Röhren mit Ricotta, Zwiebeln und Pilzen.

Für 4 Personen

ZUTATEN
500 g schiere gegarte Hühnerbrust
250 g Champignons
2 Knoblauchzehen, durchgepresst
1 EL gehackter frischer Estragon
1 Ei, verquirlt
Salz, Pfeffer aus der Mühle
frischer Zitronensaft
1 Rezept Tomatensoße für Pasta (s.S. 32)
50 g frisch geriebener Parmesankäse
Petersilie zum Garnieren

1 Das Hühnerfleisch in der Messermühle fein faschieren, in eine Schüssel geben.

2 Pilze, Knoblauch, Zwiebel und Estragon ebenfalls fein pürieren.

3 Die Pilzmischung mit Hühnerfleisch und Ei vermengen, mit Salz, Pfeffer und Zitronensaft abschmecken.

Cannelloni-Röhren

Petersilie

Knoblauch

Ei

Parmesankäse

Huhn

4 Falls erforderlich die Cannelloni in Salzwasser nach Packungsvorschrift garen (vorgegarte brauchen nicht blanchiert zu werden).

5 Die Füllung mit einer Spritztüte mit großer Tülle in die Nudelröhren drücken.

6 Die gefüllten Cannelloni in eine gebutterte Auflaufform legen, mit der Tomatensoße überziehen und mit Parmesan bestreuen. Bei 200 °C (Umluft 180 °C) dreißig Minuten überbacken. Mit Petersilie garnieren und servieren.
Dazu passt grüner Salat.

Nudel-Rolle

Die große Rolle wird zum Pochieren fest in ein Tuch gebunden, anschließend aufgeschnitten und mit Käse- oder Tomatensoße überbacken. Wer den Teig nicht selber machen mag besorgt sich ein großes Blatt aus dem Nudel-Laden.

Für 4 Personen

ZUTATEN
700 g gehackter TK-Spinat, aufgetaut
50 g Butter
1 mittelgroße Zwiebel, fein gehackt
100 g fein gewürfelter Speck oder Schinken
250 g Ricotta oder Hüttenkäse
1 Ei
Salz, Pfeffer aus der Mühle
Muskatnuss
1 Rezept Spinat-Nudelteig (s.S 24)
1 1/4 l warme Béchamel-Soße (Fertigprodukt)
50 g frisch geriebener Parmesankäse

1 Überschüssiges Wasser aus dem Spinat drücken.

2 Die Zwiebel in der Butter blond anschwitzen. Den Schinken dazugeben und leicht anbraten. Vom Herd nehmen, den Spinat unterrühren, leicht abkühlen lassen, dann Ei und Ricotta untermengen, mit Salz, Pfeffer und frisch geriebener Muskatnuss abschmecken.

3 Den Teig zu einem Rechteck von 30 x 40 cm ausrollen. Die Füllung darauf verteilen, einen ein Zentimeter breiten Rand frei lassen.

4 Alles von der Schmalseite her aufrollen und dicht in ein Geschirrtuch einwickeln, die Enden wie eine Wurst zubinden. Das Paket in einem Fischkessel oder einem großen Topf in siedendem Salzwasser ca. 20 Minuten garen, Herausnehmen, abkühlen lassen und auswickeln.

5 Zur Fertigstellung die Rolle in 2 cm dicke Scheiben schneiden. Eine Schicht Béchamel-Soße auf den Boden einer Auflaufform gießen und die Scheiben der Rolle überlappend hinein legen

6 Das Ganze mit der restlichen Soße überziehen, mit Käse bestreuen und im Ofen bei 200 °C (Umluft 180 °C) fünfzehn bis zwanzig Minuten überbacken. Vor dem Servieren ein paar Minuten ruhen lassen.

Tagliatelle mit Mailänder Soße

Für 4 Personen

ZUTATEN

1 Zwiebel, fein gehackt
1Stängel Bleichsellerie, fein gehackt
1 rote Paprika, entkernt und in Würfel geschnitten
150 ml Gemüsebrühe
400 g Pizza-Tomaten aus der Dose
1 EL Tomatenmark
1 TL gemischte trockene Kräuter
350 g Tagliatelle
125 g Champignons, in Scheiben geschnitten
4 EL Weißwein
125 g gewürfelter gekochter Schninken
Salz, Pfeffer aus der Mühle
gehackte Petersilie als Garnitur

1 Zwiebel, Sellerie, Knoblauch und Paprika mit der Brühe aufkochen und fünf Minuten garen.

2 Tomaten, Tomatenmark und Kräuter dazugeben, aufkochen und offen dreißig Minuten köcheln lassen, bis die Soße dick ist.

3 Die Nudeln in Salzwasser *al dente* garen, abschütten und abtropfen lassen.

4 Die Pilze mit dem Weißwein aufkochen und drei bis vier Minuten garen, bis der Wein verdampft ist.

5 Pilze und Schinken in die Tomatensoße geben, vorsichtig erhitzen.

6 Die Nudeln in einer gewärmten Schüssel anrichten, die Soße darüber schöpfen. Mit Petersilie garnieren.

Vegetarische Pasta-Gerichte

Nudeln bilden die Grundlage vieler fleischloser Speisen. Und bei der Fülle des Angebots an Gemüsen, Kräutern und Pilzen auf den Märkten des Landes ist es kein Wunder, dass die italienische Küche mit einigen der leckersten vegetarischen Gerichte aufwartet.

Pasta Primavera

Für 4 Personen

ZUTATEN
250 g grüner Spargel, die Stangen halbiert
125 g Zuckerschoten, geputzt
125 g Baby-Maiskölbchen
250 g kleine Möhren, geputzt,
1 kleine rote Paprika, entkernt und klein geschnitten
1 Bund Lauchzwiebeln, in Ringe geschnitten
250 Torchietti oder andere Pasta
150 g fettarmer Hüttenkäse
150 g fettarmer Jogurt
1 EL Zitronensaft
1 EL gehackte Petersilie
1 EL Schnittlauch-Röllchen
eventuell entrahmte Milch
Salz, Pfeffer aus der Mühle

1 Den Spargel in Salzwasser 3 bis 4 Minuten blanchieren; nach der halben Garzeit die Zuckerschoten dazugeben. In Eiswasser abschrecken, abtropfen lassen.

2 Maiskolben, Möhren, Paprika und Lauchzwiebeln auf die gleiche Weise blanchieren.

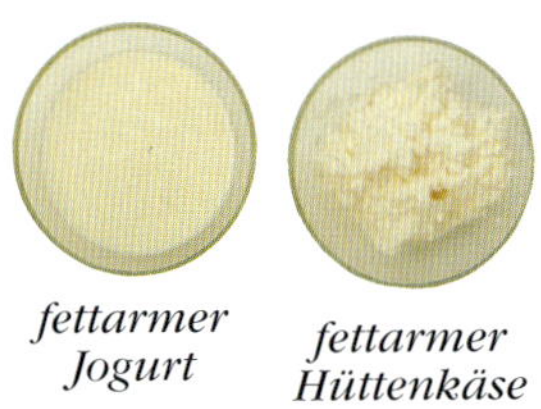

3 Die Nudeln in reichlich Salzwasser *al dente* garen, abtropfen lassen.

4 Hüttenkäse, Jogurt, Zitronensaft, Petersilie und Schnittlauch mit Salz und Pfeffer im Mixer aufschlagen. Die Soße wenn nötig mit Milch verdünnen. Mit den Nudeln und dem Gemüse mischen, vorsichtig erhitzen und auf gewärmten Tellern anrichten.

Tagliatelle mit Waldpilzen

Die Pilz-Soße ist schnell gemacht, und Nudeln haben eine kurze Garzeit. Da kommt es auf das Timing an, damit beides gleichzeitig und heiß auf den Teller kommt.

Für 4 Personen

ZUTATEN
50 g Butter
250–350 g Pfifferlinge, geputzt
1 EL mehl
150 ml Milch
6EL Crème fraîche
1 EL gehackte Petersilie
300 g Tagliatelle
Öl zum Schwenken
Salz, Pfeffer aus der Mühle

1 Die Pfifferlinge in 40 g Butter bei mäßiger Hitze anbraten, bis sie Saft ziehen. Dann die Hitze erhöhen und die Flüssigkeit verdampfen lassen.Die Pilze herausnehmen.

2 Die restliche Butter im Topf aufschäumen lassen, mit dem Mehl bestäuben und nach und nach unter Rühren mit der Milch ablöschen. Aufkochen und ausquellen lassen.

3 Crème fraîche, Pilze und Petersilie dazugeben, würzen und vorsichtig erwärmen, während die Nudeln kochen.

4 Die Nudeln in reichlich Salzwasser *al dente* kochen, abgießen, abtropfen lassen und mit Olivenöl schwenken. Auf gewärmten Tellern anrichten, die Soße darüber schöpfen, mit Petersilie bestreuen.

KOCH-TIPP

Pilze nach Möglichkeit nicht waschen, weil sie sich dann mit Wasser voll saugen, sondern mit einem feuchten Tuch abwischen, Sand zwischen den Lamellen mit einem weichen Pinsel entfernen. Morcheln allerdings müssen unter fließendem Wasser gründlich gespült werden.

VARIATION

Statt Pfifferlingen kann man auch andere Wald- oder Zuchtpilze verwenden.

Penne mit Frühlings-Gemüse

Eine köstliche Kreation, die mittags oder abends gleich lecker schmeckt.

Für 4 Personen

ZUTATEN
125 g Brokkoli
125 g junger Lauch
250 g grüner Spargel
1 kleine Fenchelknolle
125 g TK-Erbsen
40 g Butter
1 Schalotte, fein gehackt
3 EL gehackte Kräuter, z.B. Petersilie, Thymian und Salbei
300 ml Crème double
350 g Penne
Salz, Pfeffer aus der Mühle
Parmesankäse bei Tisch

1 Die Brokkoli-Röschen in kleine Blüten teilen; Spargel und Lauch schräg in drei Zentimeter lange Stücke schneiden. Den Fenchel putzen und in Segmente teilen, deren Schichten an der Wurzel zusammen hängen.

2 Die einzelnen Gemüsesorten getrennt in Salzwasser knapp garen, abtropfen lassen und warm stellen (dasselbe Wasser für alles Gemüse verwenden).

3 In einem zweiten Topf die Schalotte in der Butter glasig anschwitzen. Die Kräuter und die Sahne dazugeben und leicht einkochen lassen. Derweil einen Topf Salzwasser aufsetzen.

4 Die Nudeln *al dente* garen, abtropfen lassen und mit der Soße und dem Gemüse mischen, vorsichtig erhitzen, auf Tellern anrichten, großzügig mit Pfeffer würzen. Heiß servieren, frisch geriebenen Parmesan dazu reichen.

Tagliatelle mit gemischten Pilzen

Für 4 Personen

ZUTATEN
1 kleine Zwiebel, fein gehackt
2 Knoblauchzehen, durchgepresst
150 ml Gemüsebrühe
250 g gemischte Pilze, z.B. Pfifferlinge, Waldchampignons, Steinpilze, Austernilze, Morcheln, geputzt, größere klein geschnitten
4 EL Weiß- oder Rotwein
2 TL Tomatenmark
1 EL Soja-Soße
1 TL frische Thymianblättchen
2 EL gehackte Petersilie
250 g frische Tagliatelle mit getrockneten Tomaten und Kräutern
Salz, Pfeffer aus der Mühle
nach Belieben Parmesankäse zum Garnieren

1 Zwiebel und Knoblauch mit der Brühe aufkochen und fünf Minuten garen.

2 Die Pilze, den Wein, die Soja-Soße und das Tomatenmark dazugeben. Zugedeckt fünf Minuten garen.

3 Offen weiter kochen, bis die Hälfte der Flüssigkeit verdampft ist. Die Kräuter dazugeben und abschmecken.

4 Die Pasta in reichlich Salzwasser *al dente* kochen, abschütten und mit den Pilzen mischen. Auf warmen Tellern anrichten, nach Belieben mit gehobeltem Parmesan garnieren und sofort auf den Tisch bringen.

Vegetarische Lasagne

Für 4 Personen

ZUTATEN
1 kleine Aubergine
1 große Zwiebel, fein gehackt
2 Knoblauchzehen, durchgepresst
150 ml Gemüsebrühe
250 g Champignons, in Scheiben geschnitten
400 g Pizza-Tomaten aus der Dose
2 EL Tomatenmark
150 ml Rotwein
1 TL frisch geriebene Ingwerwurzel
1 TL getrocknete gemischte Kräuter
10-12 Lasagne-Blätter
Salz, Pfeffer aus der Mühle

BÉCHAMEL-SOßE
25 g Halbfett-Maragarine
25 g Mehl
300 ml Magermilch
Muskatnuss
200 g fettarmer Hüttenkäse
1 Ei, verquirlt
15 g frisch geriebener Parmesankäse
25 g geriebener Greyerzer

1 Die Aubergine waschen und in 2 cm große Würfel schneiden. Zwiebel und Knoblauch mit der Gemüsebrühe aufkochen und fünf Minuten zugedeckt köcheln.

2 Wein, Ingwer, Kräuter, Salz und Pfeffer dazugeben, aufkochen und zugedeckt 15 bis 20 Minuten garen, dann offen bei kräftiger Hitze einkochen, um die Hälfte der Flüssigkeit zu verdampfen.

3 Für die Soße Margarine, Mehl, Milch und etwas geriebene Muskatnuss unter Rühren aufkochen, ausquellen lassen; glatt rühren und abschmecken.

4 Den Ofen auf 200 °C vorheizen (Umluft 180 °C). Ein Viertel der Gemüsemischung in eine Auflaufform geben, mit einer Lage Lasagne-Blätter bedecken. Darauf kommt ein Viertel der Soße.

5 Zwei weitere Schichten aufbauen, dann den Hüttenkäse darauf verteilen. Das Ei mit der verbliebenen Soße verrühren und obenauf geben. Mit den geriebenen Käsen bestreuen.

6 25 bis 30 Minuten goldbraun überbacken.
Mit einem grünen Salat servieren.
Wein: Ein Merlot aus dem Friaul.

Halbmonde mit Spinatfüllung

Für 4-6 Personen

ZUTATEN
1 Bund Lauchzwiebeln, fein gehackt
1 Möhre, grob geraspelt
2 Knoblauchzehen, durchgepresst
200 g fettarmer Hüttenkäse
1 EL frische Dillspitzen
2 halbe getrocknete Tomaten, fein gehackt
25 g frisch geriebener Parmesan
1 Rezept Nudelteig mit Spinat (s.S. 24)
1 verquirltes Eiweiß
Mehl zum Ausrollen
Salz, Pfeffer aus der Mühle
2 fein gehackte halbe getrocknete Tomaten und Dill zum Garnieren

1 Lauchzwiebeln, Möhre, Knoblauch, Hüttenkäse, Dill, Tomaten und Parmesan gründlich vermengen und mit Salz und Pfeffer abschmecken.

2 Den Teig dünn ausrollen und acht Zentimeter große Kreise ausstechen.

3 Ein Dessertlöffel Füllung auf jeden Teigkreis geben, die freie Teigfläche mit Eiweiß bestreichen.

4 Die Teigtaler zu Halbmonden zusammen klappen, die Ränder gut festdrücken. Die Halbmonde auf einem bemehlten Tuch vor dem Kochen eine Stunde ruhen lassen.

5 Die Halbmonde in reichlich Salzwasser portionsweise fünf Minuten kochen, herausnehmen und auf gewärmten Tellern anrichten.

6 Mit gehackten getrockneten Tomaten und Dill garnieren, sofort auf den Tisch bringen,

Vegetarische Cannelloni

Für 6-8 Personen

ZUTATEN
1 fein gehackte Zwiebel
2 Knoblauchzehen, durchgepresst
2 Möhren, grob geraspelt
2 Stängel Bleichsellerie, fein gehackt
150 ml Gemüsebrühe
125 g grüne oder rote Linsen
400 g Pizza-Tomaten aus der Dose
2 EL Tomatenmark
$^1/_2$ TL Ingwerpulver
1 TL frische Thymianblättchen
1 TL gehackte frische Rosmarinnadeln

BÉCHAMEL-SOßE
40 g Halbfett-Margarine
40 g Mehl
600 ml Magermilch
1 Lorbeerblatt
frisch geriebene Muskatnuss
16-18 Cannelloni-Röhren
25 g geriebener Greyerzer
25 g geriebener Parmesan
25 g frische Weißbrot-Brösel
Salz, Pfeffer aus der Mühle
schlichte Petersilie zum Garnieren

1 Für die Füllung Zwiebel, Möhren, Knoblauch und Sellerie mit der Hälfte der Brühe aufkochen und zugedeckt fünf Minuten garen.

2 Linsen, Tomaten und -mark, Ingwer und Rosmarin dazugeben, mit Salz und Pfeffer würzen, aufkochen und zugedeckt 20 Minuten garen. Dann zehn Minuten offen kochen, um die Flüssigkeit einzudampfen. Abkühlen lassen.

3 Für die Béchamel-Soße Margarine, Mehl und Magermilch mit dem Lorbeerblatt unter Rühren aufkochen, ausquellen lassen und glatt rühren. Mit Salz, Pfeffer und Muskatnuss abschmecken. Das Lorbeerblatt entfernen.

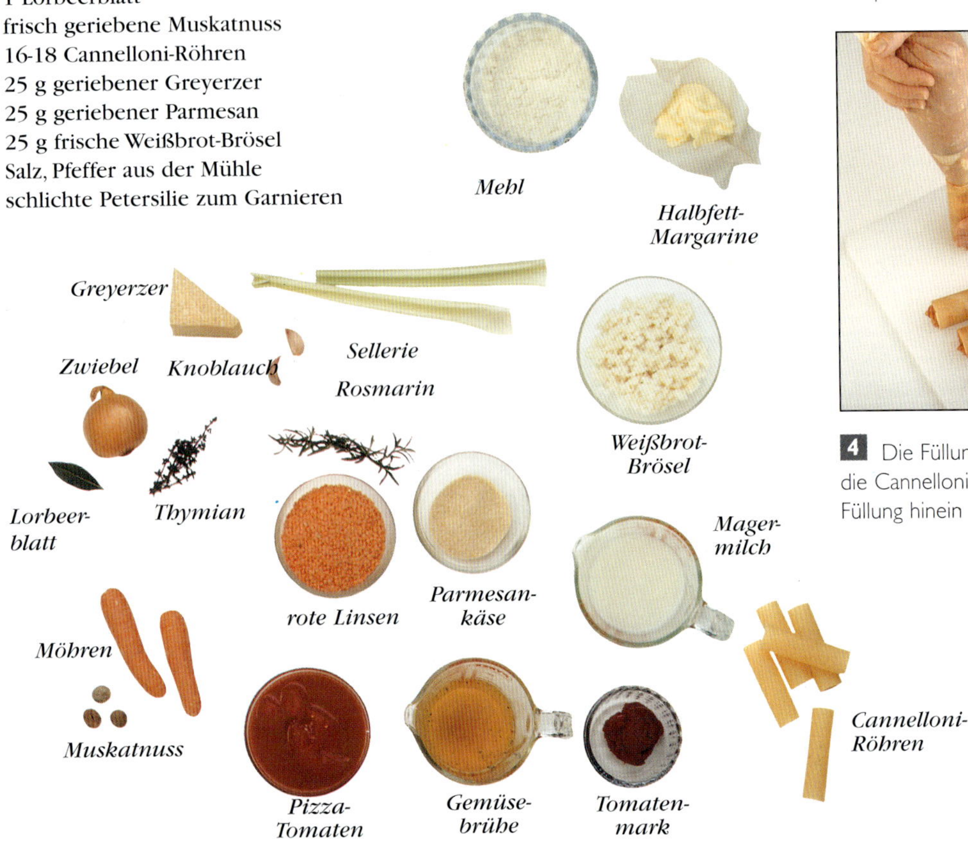

4 Die Füllung in eine Spritztüte geben, die Cannelloni aufrecht stellen und die Füllung hinein drücken.

5 Den Boden einer flachen Auflaufform mit Soße bedecken, die Cannelloni darauf legen und mit der restlichen Soße bedecken.

6 Die Oberfläche mit Bröseln und den geriebenen Käsesorten bestreuen und das Ganze bei 180 °C (Umluft 160 °C) dreißig bis vierzig Minuten überbacken. Eventuell zuletzt zum Bräunen den Grill oder die starke Oberhitze einschalten. Mit Petersilie garnieren.

Ratatouille-Gratin mit Penne

Für 6 Personen

ZUTATEN
1 kleine Aubergine
2 Zucchini, in dicken Scheiben
200 g fester Tofu, in Würfeln
3 EL dunkle Soja-Soße
3 Knoblauchzehen, durchgepresst
2 TL Sesamkörner
1 rote Paprika, entkernt und klein geschnitten
150 ml Gemüsebrühe
3 feste Tomaten, abgezogen, entkernt und geviertelt
1 EL gehackte frische Kräuter
250 g Penne
Salz, Pfeffer aus der Mühle
Knuspriges Brot als Beilage

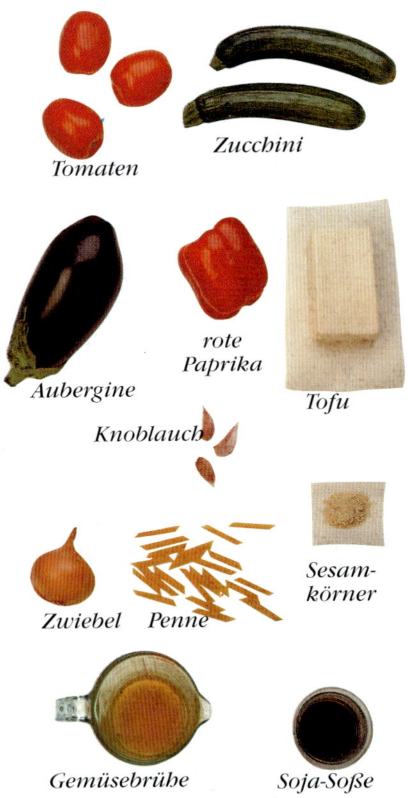

1 Die Aubergine waschen, in Würfel schneiden, mit den Zucchini mischen, kräftig salzen und in einem Durchschlag 30 Minuten „weinen" lassen.

2 Den Tofu mit der Soja-Soße, einer Knoblauchzehe und den Sesamkörnern anmachen und zugedeckt dreißig Minuten ziehen lassen.

3 Paprika, Zwiebel, Aubergine, Zucchini und den restlichen Knoblauch mit der Brühe aufkochen und zugedeckt fünf Minuten garen. Offen weiter kochen, bis die Brühe verdampft ist. Tomaten und Kräuter dazugeben und noch drei Minuten kochen; abschmecken.

4 Derweil die Penne *al dente* kochen, abgießen und abtropfen lassen. Mit Gemüse und Tofu mischen, in eine ofenfeste Form geben, mit Käse bestreuen und unter dem heißen Grlll gratinieren, bis die Oberfläche gebräunt ist. Mit knusprigem rustikalem Weißbrot servieren.

Tagliatelle alla Carbonara mit getrockneten Tomaten

Der Speck dieses klassischen Rezepts wird durch an der Sonne getrocknete Tomaten ersetzt – ein Gedicht, das nicht nur Vegetarier begeistert!

Für 2 Personen

ZUTATEN
200 g Tagliatelle
50 g getrocknete Tomaten aus dem Öl
2 verquirlte Eier
150 g Crème double
1 TL körniger Senf
50 g frisch geriebener Parmesan
12 Basilikumblätter, fein geschnitten
Salz, Pfeffer aus der Mühle
Basilikum zum Garnieren

1 Die Tagliatelle in reichlich Salzwasser nach Packungsvorschrift *al dente* garen.

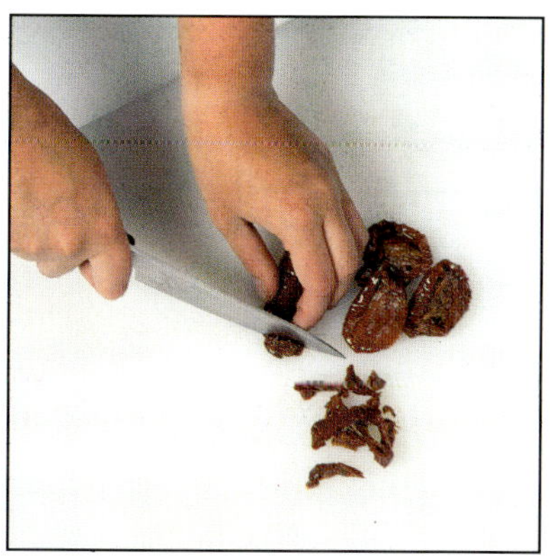

2 Derweil die abgetropften Tomaten in kleine Stücke schneiden.

3 Eier, Doppelrahm und Senf aufschlagen und kräftig würzen.

4 Die Nudeln abschütten, in den Topf zurückgeben, die Eimischung, Parmesan, Tomaten und Basilikum darübergeben, gut durchmischen und das Ganze bei kleinster Hitze erwärmen, bis das Ei leicht gestockt ist. Sofort auf gewärmten Tellern anrichten und mit Basilikumblättern garnieren.
Dazu passt ein gemischter Blattsalat.

Muschel-Nudeln mit Tomaten und gerösteten Paprika

Ein herzhaftes Gericht, das man zusätzlich durch anderes Gemüse wie z.B. Zucchini, Kichererbsen und grüne Bohnen ergänzen kann.

Für 4 Personen

ZUTATEN
2 gelbe Paprikaschoten
2 rote Paprikaschoten
3 EL natives Olivenöl
1 mittelgroße Zwiebel, fein geschnitten
2 Knoblauchzehen, durchgepresst
1/2 TL mildes Chilipulver
400 g geschälte Tomaten a.d. Dose
Salz, Pfeffer aus der Mühle
500 g Muschel-Nudeln
frisch geriebener Parmesan bei Tisch

1 Die Paprika auf ein Backblech oder ein Ofengeschirr legen und bei stärkster Hitze unter öfterem Wenden grillen oder backen, bis die Haut sich schwärzt und Blasen wirft.

2 Die Paprika zum Abkühlen in eine Tüte geben, dann die Haut abziehen. Halbieren, entkernen und klein schneiden.

Paprika

Muschel-Nudeln

Zwiebel

Knoblauch

3 Knoblauch und Zwiebel im Öl blond anschwitzen und welken lassen.

4 Das Chilipulver dazugeben und zwei Minuten rösten, dann Tomaten und Paprika zufügen, aufkochen und offen 10 bis 15 Minuten köcheln lassen – die Soße soll dick sein.

5 Die Nudeln in Salzwasser *al dente* kochen, abschütten und mit der Soße mischen. Auf heißen Tellern anrichten. Frisch geriebenen Parmesan dazu reichen.

Ravioli di Zucca e Ricotta

Zucca, der Kürbis, ist vor allem in Norditalien beliebt und wird auf vielfache Weise zubereitet. Hier wird er mit Ricotta zur Nudelfüllung.

Für 6-8 Personen

ZUTATEN

TEIG:
200 g Mehl Typ 550
2 Eier
Prise Salz
3 EL fein gehacktes Korianderkraut
Koriander zum Garnieren

FÜLLUNG
2 ungeschälte Knoblauchzehen
500 g schieres Kürbisfleisch
125 g frischer Ricotta
4 halbe getrocknete Tomaten mit Öl
Salz, Pfeffer aus der Mühle

1 Mehl, Eier, Salz und Koriander in der Küchenmaschine zusammen kneten.

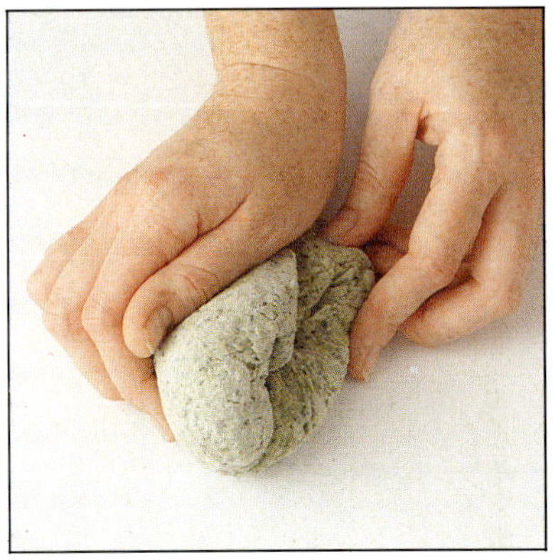

2 Den Teig auf einer leicht bemehlten Fläche mit den Händen fünf Minuten gut durchkneten, bis er glatt und elastisch ist. In Folie wickeln und zwanzig Minuten ruhen lassen.

3 Den Knoblauch auf einem ofenfesten Teller bei 200 °C zehn Minuten backen. Den Kürbis klein schneiden und mit wenig Wasser bei schwacher Hitze 5 bis 8 Minuten weich dünsten. Den Knoblauch schälen und zusammen mit dem Kürbis pürieren, mit dem Ricotta und den fein gehackten getrockneten Tomaten vermengen, mit Pfeffer würzen.

4 Den Teig vierteln, die Stücke leicht flach drücken und mehrfach bis zur dünnsten Einstellung durch die Nudelmaschine drehen. Die Teigblätter auf einem Tuch leicht antrocknen lassen.

5 Mit einem Ausstecher von 8 cm ø 36 Kreise ausstechen.

6 Die Hälfte der Kreise mit je einem Teelöffel Füllung belegen. Den freien Teigrand mit Eiweiß bestreichen und die Ravioli-Unterteile mit Teigkreisen bedecken, die Ränder gut festdrücken. Die Ravioli in Salzwasser 3 bis 4 Minuten kochen, herausnehmen, mit dem Tomatenöl schwenken und auf warmen Tellern anrichten, mit Koriander garnieren.

Spaghetti mit kalter Tomatensoße

Die Salsa fredda, die ungekochte Soße aus Tomaten voller Saft und Geschmack gehört zu den Klassikern der italienischen Sommerküche. Denn an einem heißen Tag ist so eine kühle und zugleich warme Speise ideal.

Für 6-8 Personen

ZUTATEN
4 reife Fleischtomaten
2 fein gehackte Knoblauchzehen
4 EL gehackte frische Kräuter, z.B. Basilikum, Oregano, Petersilie
150 ml Olivenöl
Salz, Pfeffer aus der Mühle
500 g Spaghetti

1 Die Tomaten an der Unterseite kreuzweise einritzen, eine Minute in kochendes Wasser legen.

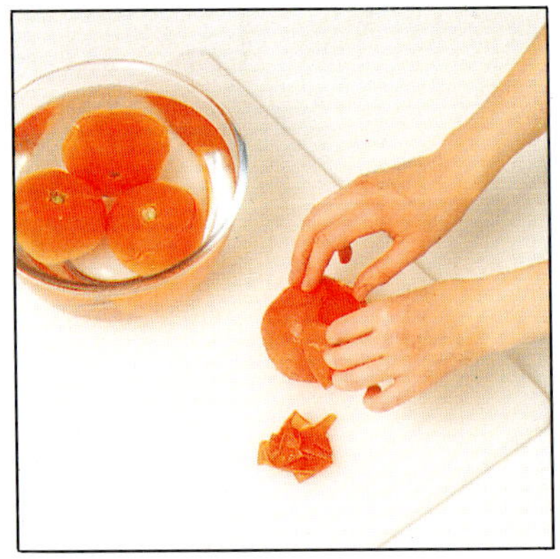

2 Die Tomaten in Eiswasser abschrecken, abtropfen lassen und enthäuten.

3 Die Tomaten vierteln, entkernen und das Fruchtfleisch in halbzentimeter-große Würfel schneiden; mit Kräutern, Knoblauch und Olivenöl verrühren, würzen und mindestens eine halbe Stunde bei Raumtemperatur ziehen lassen.

4 Die Spaghetti in reichlich Salzwasser bissfest garen.

5 Die Nudeln abschütten, in den Topf zurückgeben und mit der Soße mischen. Zugedeckt 2 bis 3 Minuten stehen lassen, nochmals durchmischen, anrichten und sofort servieren.

VARIATION

Unmittelbar vor dem Servieren 100 Gramm entsteinte, gehackte schwarze Oliven untermischen.

Tagliatelle mit Gorgonzola-Soße

Der pikante, cremige Blauschimmelkäse ist ein idealer Begleiter für Nudeln aller Art.

Für 6 Personen

ZUTATEN
75 g Butter
250 g Gorgonzola
150 g Sahne
2 EL trockener weißer Vermouth
1 TL Stärkemehl
1 EL gehackter frischer Salbei
Salz, Pfeffer aus der Mühle
500 g dreifarbige Tagliatelle

1 25 Gramm Butter bei sanfter Hitze zerlassen, den Gorgonzola zerkrümeln und 200 Gramm davon dazugeben.

Tagliatelle

Gorgonzola

Salbei

2 Sahne, Stärkemehl und Vermouth dazugeben, unter ständigem Rühren erhitzen, bis der Käse geschmolzen und die Soße gebunden ist. Den Salbei zugeben, die Soße abschmecken.

3 Die Nudeln in Salzwasser *al dente* garen, abschütten, in den Topf zurückgeben und mit der restlichen Butter schwenken.

4 Die Tagliatelle auf warmen Tellern anrichten, die Soße darüber schöpfen, mit dem restlichen Käse bestreuen und sogleich servieren.

Fusilli mit Tomaten-Sahne-Soße

Soßen mit Sahne anzureichern ist eine Spezialität der italo-deutschen Küche.

Für 4-6 Personen

ZUTATEN

2 EL natives Olivenöl
2 Knoblauchzehen, durchgepresst
400 g Pizza-Tomaten aus der Dose
150 g Sahne
2 EL frische gehackte Kräuter, z.B. Basilikum, Oregano, Petersilie
Salz, Pfeffer aus der Mühle
500 g Hartweizen-Nudeln

1 Den Knoblauch im Öl blond anschwitzen – circa zwei Minuten bei mittlerer Hitze.

2 Die Tomaten dazugeben, aufkochen und offen ca. 20 Minuten köcheln lassen, gelegentlich umrühren. Die Soße ist fertig, wenn man das Öl an der Oberfläche erkennen kann.

3 Die Sahne einrühren, nochmals kurz aufkochen, die Kräuter dazugeben und die Soße abschmecken.

4 Die Nudeln in Salzwasser bissfest kochen, abschütten, in den Topf zurückgeben und mit der Soße mischen. Auf warmen Tellern anrichten und nach Belieben mit Kräutern garnieren.

KOCH-TIPP

Wenn's noch schneller gehen soll: Rühren Sie einfach einen Becher Sahne in eine fertige Tomatensoße aus der Brickpackung.

Tagliatelle mit Erbsensoße, Spargel und dicken Bohnen

Die cemige grüne Soße harmoniert aufs Schönste mit dem knackigen jungen Gemüse.

Für 4 Personen

Zutaten
1 EL Olivenöl
1 Knoblauchzehe, durchgepresst
6 Lauchzwiebeln, fein geschnitten
250 g grüne TK-Erbsen, aufgetaut
350 g grüner Spargel
1 Bund Salbei
abgeriebene Schale von 2 Zitronen
½ l Gemüsebrühe
250 g dicke Bohnen (TK, aufgetaut)
500 g Tagliatelle
4 EL fettarmer Joghurt

1 Zwiebeln und Knoblauch im Öl anschwitzen und welken lassen.

2 Die Erbsen und ein Drittel des Spargels, 3-4 Salbeiblätter, Zitronenschale und Brühe dazugeben, aufkochen und zugedeckt zehn Minuten sanft garen. Im Mixer fein pürieren.

3 Derweil die Bohnenkerne aus ihren Häuten drücken.

4 Vom Spargel die unteren holzigen Enden entfernen, die Stangen in 5 cm lange Stücke schneiden und in Salzwasser zwei Minuten kochen.

5 Die Tagliatelle nach Packungsvorschrift bissfest garen, abschütten und abtropfen lassen.

KOCH-TIPP

Im Rezept sind der Einfachheit halber tiefgekühlte Erbsen und Bohnen angegeben. Mit frischem Gemüse schmeckt's aber noch besser.

6 Das vorbereitete Gemüse in die Soße geben und erhitzen. Den Joghurt einrühren und das Ganze über die Nudeln geben, gut durchmischen, auf warmen Tellern anrichten, mit Salbeiblättern garnieren und heiß auf den Tisch bringen.

Tortellini-Gratin mit Sahne und Käse

Ein herzhaftes, üppiges Hauptgericht, wie es vor allem nördlich der Alpen beliebt ist. Nicht-Vegetarier können noch Schinken oder Wurst dazugeben.

Für 4 Personen

ZUTATEN
500 g frische Tortellini mit Spinat-Ricotta-Füllung
Salz, Pfeffer aus der Mühle
550 g Butter
300 g Sahne oder Crème double
100 g Parmesankäse
Muskatnuss

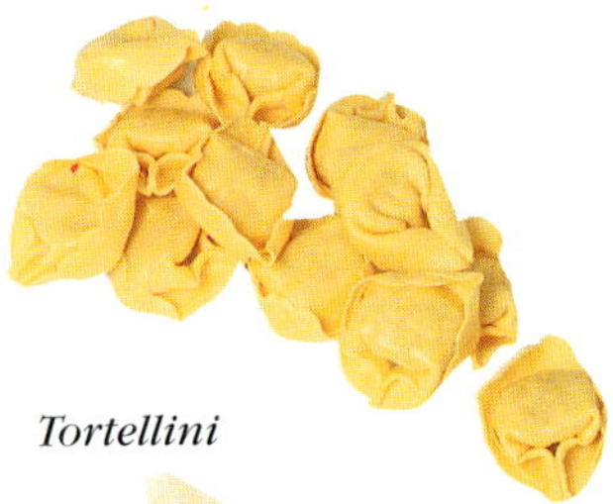

Tortellini

Parmesankäse

Muskatnuss

KOCH-TIPP

Durch die Wahl verschiedener Käse, etwa Gorgonzola, oder auch Käse-Kombinationen kann man das Gericht variieren.

1 Die gefüllten Nudeln nach Packungsvorschrift in Salzwasser kochen, abschütten und abtropfen lassen.

2 Butter und Sahne aufkochen und zwei bis drei Minuten kochen lassen, um sie etwas einzudicken.

3 Den Parmesan raspeln und drei Viertel davon in die Sahne einrühren und schmelzen. Die Soße mit Salz, Pfeffer und Muskatnuss abschmecken.

4 Die Tortellini mit der Soße mischen, das Ganze in eine ofenfeste Form geben, mit dem restlichen Käse bestreuen und unterm heißen Grill goldbraun gratinieren. Umgehend auftragen.

Überbackene Tortellini mit dreierlei Käse

Dieser Auflauf muss aus dem Ofen auf den Tisch kommen, während der Käse noch blubbert. Den besonderen Geschmack verdankt er dem Räucherkäse, z. B. Mozzarella oder Bel Paese.

Für 4-6 Personen

ZUTATEN
500 g frische Tortellini
Salz, Pfeffer aus der Mühle
2 Eier
350 g Ricotta oder Hüttenkäse
25 g Butter
25 g Basilikumblätter
100 g geräucherter Käse
4 EL frisch geriebener Parmesankäse

1 Die Tortellini in Salzwasser nach Vorschrift garen, abschütten und gründlich abtropfen lassen.

2 Die Eier mit dem Ricotta aufschlagen und mit Salz und Pfeffer würzen. Eine ofenfeste Form mit der Butter ausstreichen, die Hälfte der Tortellini hineingeben, die Hälfte der Ricotta-Mischung darübergeben, mit der Hälfte des Basilikums bedecken.

3 Mit dem Räucherkäse und dem restlichen Basilikum bedecken, darüber die verbliebenen Tortellini und die restliche Ricotta-Mischung verteilen.

4 Mit Parmesan bestreuen und im Ofen bei 190 °C (Umluft 170 °C) 35 bis 45 Minuten überbacken.
Dazu grünen Salat und einen Rotwein, z.B. Rosso Piceno aus den Marken – den schon Rossini schätzte.

Nudelschnecken mit Rauke und Tomaten

Dieses bunte Nudelgericht verdankt seine Popularität den modischen Kirschtomaten und der nicht weniger populären Rauke - der in Italien nachgesagt wird, sie mache wilde Träume.

Für 4 Personen

ZUTATEN
500 g Schneckennudeln
Salz, Pfeffer aus der Mühle
500 g Kirschtomaten
3 EL natives Olivenöl
Parmesankäse nach Belieben
75 g Rauke, gewaschen und geputzt

1 Die Nudeln in reichlich Salzwasser bissfest garen, abschütten und abtropfen lassen.

2 Die Tomaten waschen und halbieren.

3 Die Tomaten eine knappe Minute im Öl anbraten – sie sollen gerade eben heiß werden, nicht zerfallen.

4 Vom Parmesan mit einem Sparschäler dünne Späne abhobeln.

5 Die Nudeln und die Rauke dazugeben, vorsichtig mischen und erhitzen, mit Salz und Pfeffer abschmecken. Auf warmen Tellern anrichten, mit Parmesan-spänen garnieren, sogleich servieren.

Bandnudeln mit gegrilltem Gemüse

Ein herzhaftes Gericht der rustikalen Küche, zu dem Bauernbrot und roter Landwein passen. Am besten schmeckt es, wenn das Gemüse gegrillt wird.

Für 6 Personen

ZUTATEN
1 mittelgroße Aubergine
1 mittelgroße Zucchini
1 rote Paprikaschote
8 ungeschälte Knoblauchzehen
ca. 150 ml natives Olivenöl
Salz, Pfeffer aus der Mühle
500 g breite Bandnudeln (Pappardelle)
Thymianzweige zum Garnieren

1 Auberginen und Zucchini längs in zentimeterdicke Scheiben schneiden.

2 Die Paprika halbieren, entkernen und entstielen und längs in Achtel schneiden.

3 Die Fettpfanne des Backofens mit Alufolie auslegen, das Gemüse und den Knoblauch neben einander darauf legen, salzen, pfeffern und mit Öl einpinseln.

4 Unter dem heißen Grill oder bei stärkster Oberhitze garen und bräunen – wenn nötig in zwei Etappen.

5 Den abgekühlten Knoblauch pellen und halbieren. Das Gemüse in Olivenöl schwenken und warm halten.

6 Derweil die Nudeln in Salzwasser *al dente* garen, gut abtropfen lassen und mit etwas Öl mit dem Gemüse schwenken Mit Thymian garnieren und sofort auf den Tisch bringen.

Grüne Nudeln mit Avocado-Soße

Eine ungewöhnliche hellgrüne Soße mit roten Tomaten-Sprenkeln. Sie ist samtig, üppig und reichhaltig – ein Klecks auf der Nudelportion ist das rechte Maß.

Für 6 Personen

ZUTATEN
3 reife Tomaten
2 große reife Avocados
75 g Butter
1 Knoblauchzehe, durchgepresst
500 g Crème double oder Sahne
Salz, Pfeffer aus der Mühle
1 Spritzer Tabasco
500 g grüne Nudeln
frisch geriebener Parmesan
4 EL Sauerrahm

1 Die Tomaten vierteln und entkernen, das Fruchtfleisch in kleine Würfel schneiden.

2 Die Avocados halbieren, entsteinen und schälen, das Fruchtfleisch klein schneiden.

3 Den Knoblauch eine Minute in 25 Gramm Butter anschwitzen, Sahne und Avocados dazugeben, unter Rühren erhitzen, mit dem Mixstab pürieren.

4 Die Tomaten dazugeben, mit Salz, Pfeffer und Tabasco abschmecken. Warm halten.

5 Die Tagliatelle in reichlich Salzwasser bissfest garen, abschütten und abtropfen lassen, in der restlichen Butter schwenken.

6 Die Nudeln auf gewärmten Tellern anrichten, die Soße darüber schöpfen, mit Parmesan bestreuen und mit einem Klecks Sauerrahm garnieren.

Bandnudeln Alfredo

Die Kreation des Römers Alfredo ist so einfach wie unwiderstehlich: Die Fettucine all'Alfredo werden mit viel dicker Sahne, Butter und frisch geriebenem Parmesan geschwenkt.

Für 4 Personen

ZUTATEN
25 g Butter
200 g Crème double
500 g Fettucine
Muskatnuss
Salz, Pfeffer aus der Mühle
frisch geriebener Parmesan

Fettucine

Muskatnuss

Parmesankäse

1 Die Butter mit 150 g Crème double aufkochen, warm halten.

2 Die Fettucine in reichlich Salzwasser nach den Anweisungen auf der Packung kochen, die Garzeit jedoch um zwei Minuten kürzer bemessen. Die Nudeln sollen etwas fester sein als üblich.

3 Die Nudeln abschütten, kurz abtropfen lassen und in den Topf zur Sahnesoße geben.

4 Die Fettucine auf dem Herd heiß mit der Soße durch schwenken.

5 Die restliche Sahne und den Käse dazugeben, mit Salz, Pfeffer und frisch geriebener Muskatnuss abschmecken. Unter Rühren gut erhitzen, auf warmen Tellern anrichten und sogleich servieren. Bei Tisch mit weiterem frisch geriebenem Parmesan bestreuen.

Spaghetti Aglio e Olio

Ein Gericht von zisterziensischer Klarheit aus der *cucina povera,* der Küche der kleinen Leute. In seiner schlichten Zusammensetzung ein Musterbeispiel der gesunden mediterranen Küche.

Für 4 Personen

ZUTATEN
2 Knoblauchzehen
2 EL gehackte schlichte Petersilie
100 ml natives Olivenöl
500 g Spaghetti
Salz, Pfeffer aus der Mühle

1 Den Knoblauch pellen und fein hacken.

2 Die Petersilie fein hacken.

3 Den Knoblauch leicht salzen und im Öl blond anschwitzen. Nicht zu braun werden lassen, der Geschmack würde bitter.

4 Derweil die Spaghetti in Salzwasser *al dente* garen, abgießen und abtropfen lassen, in den Topf zurückgeben.

5 Das warme – nicht siedend heiße – Öl mit dem Knoblauch über die Nudeln geben, Petersilie dazugeben, Pfeffer darüber mahlen und gut durch schwenken.

Tagliatelle mit Erbsen

Grüne und weiße Bandnudeln in einer sahnigen Soße. Verwenden Sie dafür wenn irgend möglich gartenfrische Erbsen – sie machen das einfache Gericht zur Delikatesse.

Für 4 Personen

ZUTATEN
50 g Butter
1 kg frische Erbsen in den Schoten
oder 350 g feine TK-Erbsen
200 g Crème double oder Sahne
500 g weiße und grüne Tagliatelle
frisch geriebener Parmesan
Salz, Pfeffer aus der Mühle
Muskatnuss

Tagliatelle

Erbsen

Parmesankäse

1 Die gepulten Erbsen in der Butter zwei bis drei Minuten anschwitzen, mit 150 Gramm Sahne ablöschen und eine Minute sanft köcheln lassen.

2 Die Tagliatelle in Salzwasser kochen, zwei Minuten kürzer als nach der Packungsvorschrift – sie sollen deutlich *al dente* sein. Abschütten und in den Topf zur Soße geben.

3 Die Nudeln auf dem heißen Herd in der Soße schwenken, die restliche Sahne, 50 Gramm geriebenen Parmesan dazugeben, mit Pfeffer und Muskatnuss würzen. Auf warmen Tellern anrichten, weiteren Parmesan dazu reichen.

VARIATION
Wandeln Sie das Gericht auch mal zusätzlich mit gebratenen Pilzen oder Schinken-Streifen ab.

Pasta Napoletana

Der Klassiker aus dem Süden. Schlicht – und einfach köstlich.

Für 4 Personen

ZUTATEN
1 kg frische reife Tomaten (möglichst San Marzano) oder 800 g Pelati aus der Dose
1 mittelgroße Zwiebel, fein gehackt
1 mittelgroße Möhre, gewürfelt
1 Stängel Bleichsellerie, fein gehackt
150 ml trockener Weißwein
1 Stängel schlichte Petersilie
Salz, Pfeffer aus der Mühle
1 EL frische Oreganoblätter oder 1 TL getrockneter Oregano
500 g beliebige Pasta asciutta
frisch geriebener Parmesan

1 Die Tomaten waschen, grob hacken und in einen Topf geben.

2 Alle Zutaten außer Oregano, Pasta und Käse dazugeben, aufkochen und halb zugedeckt 45 Minuten köcheln lassen, gelegentlich umrühren. Pürieren und durch ein Sieb passieren, um die Tomatenkerne zu entfernen. Nach dem Passieren den Oregano dazugeben und abschmecken.

3 Die Pasta in reichlich Salzwasser bissfest garen, abgießen und kurz abtropfen lassen.

4 Die Nudeln mit der Soße schwenken, auf warmen Tellern anrichten. Frisch geriebenen Parmesan dazu reichen.

Linguine al Pesto

Geizen Sie nicht mit Basilikum bei dieser köstlichsten aller Soßen! An sommerlicher Sonne muss es gewachsen sein, um sein volles Aroma zu entwickeln. Frieren Sie sich dann einen Vorrat für den Winter ein.

Für 4 Personen

ZUTATEN
- 2 Knoblauchzehen
- Salz, Pfeffer aus der Mühle
- 50 g Pinienkerne
- 50 g Basilikumblätter
- 150 ml natives Olivenöl
- 4 EL frisch geriebener alter Pecorino oder Parmesan
- 500 g Linguine oder Bavette

1 Den Knoblauch pellen und mit einer Prise Salz, Basilikum und Pinienkernen in der Messermühle oder im Mixer pürieren.

2 Das Öl dazu gießen und alles zu einer cremigen Paste mixen.

3 Den Käse einmixen, mit Pfeffer würzen (Traditionalisten stellen ihren Pesto in einem Steinmörser her).

4 Den Pesto in ein Glas füllen, mit einer Schicht Öl bedecken und bis zur Verwendung im Kühlschrank lagern.

5 Die Linguine nach Vorschrift in Salzwasser *al dente* kochen, auf einem Durchschlag abgießen, dabei einige Esslöffel Kochwasser verwahren.

Variation

Auch aus Walnüssen und Petersilie kann man einen leckeren Pesto machen. Mit Frischkäse lässt sich die Soße verlängern. Roter Pesto wird aus getrockneten Tomaten, gerösteten Paprika und rotem Basilikum hergestellt.

6 Die Nudeln in den Topf zurückgeben, mit dem Pesto und einigen Esslöffeln Kochwasser anmachen. Auf warmen Tellern anrichten und servieren. Dazu passen ein Tomatensalat und ein leichter Rotwein wie z.B. ein Rossese di Dolceacqua aus Ligurien.

Pizzen

Offiziell wurde die Pizza im vorigen Jahrhundert erfunden, als ein Bäcker in Neapel zu Ehren der Königin und der neu geeinten Nation die Pizza Margherita mit den Nationalfarben Rot, Weiß und Grün als Tomaten, Mozzarella und Basilikum kreierte. Die Vorläufer kommen aus dem Orient: Pita, Pitta und Pide.

Pizza Margherita

Die Ur-Pizza in den Nationalfarben Rot, Weiß und Grün. Sie brauchen dazu Tomaten mit Geschmack, aromatisches Basilikum und nach Möglichkeit Mozzarella aus Büffelmilch.

Für 4 Personen

ZUTATEN
- 1 Pizzaboden von 25-30 cm ø, selbst gebacken oder fertig (s.S. 28)
- 2 EL Olivenöl
- 1 Rezept Tomatensoße (s.S. 32)
- 150 g Mozzarella
- 2 große Tomaten, dünn geschnitten
- 6-8 Basilikumblätter
- 2 EL frisch geriebener Parmesan
- Pfeffer aus der Mühle

Basilikum

Mozzarella

Parmesan

Olivenöl

Tomatensoße

Tomaten

1 Den Boden mit Olivenöl einpinseln und die Tomatensoße darauf verstreichen.

2 Den Mozzarella in dünne Scheiben schneiden.

3 Den vorbereiteten Pizzaboden mit Tomaten- und Mozzarellascheiben belegen.

4 Das Basilikum grob zerreißen und zwischen Tomaten und Mozzarella stecken. Die Pizza mit Parmesan bestreuen, pfeffern, mit Öl beträufeln und bei 220 °C 15-20 Minuten backen. Heiß servieren.

Pizza alla Marinara

Aromatische Tomaten, Knoblauch, Oregano und bestes Olivenöl geben diesem Klassiker den unverwechselbar italienischen Geschmack.

Für 4 Personen

ZUTATEN
- 4 EL natives Olivenöl
- 750 g Eiertomaten, enthäutet, entkernt und gehackt
- 1 Pizzaboden von 25-30 cm ø
- 4 Knoblauchzehen, gepellt und in Stifte geschnitten
- 1 EL frische Oreganoblättchen
- Salz, Pfeffer aus der Mühle

Olivenöl

Oregano

Eiertomaten

Knoblauch

1 Die vorbereiteten Tomaten in zwei Esslöffel Öl fünf Minuten garen, bis sie weich sind.

2 Die Tomaten auf einem Sieb fünf Minuten abtropfen lassen.

3 Die Tomaten in der Messermühle oder im Mixer pürieren. Den Pizzaboden mit Öl einpinseln.

4 Das Püree auf dem Pizzaboden verstreichen, Knoblauch und Oregano darüber streuen, pfeffern und das restliche Öl darüber träufeln. Die Pizza auf einem Blech bei 220 °C 15-20 Minuten im Ofen backen. Heiß auf den Tisch bringen.

Pizza Quattro Stagioni

Die unterschiedlich belegten Viertel symbolisieren die vier Jahreszeiten: Artischocken den Frühling, Tomaten den Sommer, Pilze den Herbst, Oliven und Schinken den Winter.

Für 4 Personen

ZUTATEN
3 EL natives Olivenöl
50 g dünn geschnittene Champignons
1 Pizzaboden von 25-30 cm ø
1 Rezept Tomatensoße (s.S. 32)
50 g Parmaschinken, dünn geschnitten
6 schwarze Oliven, entsteint und gehackt
4 Artischocken-Herzen (Konserve)
3 Anschovis-Filets aus dem Salz, gewässert.
50 g Mozzarella, in Scheiben
8 Basilikumblätter
Pfeffer aus der Mühle

Artischockenherzen
Mozzarella
Olivenöl
Tomatensoße
Parmaschinken
Basilikum
Champignons
schwarze Oliven
Anschovis-Filets

1 Die Champignons in einem Esslöffel Öl anschwitzen und garen, bis der ausgetretene Saft verdampft ist.

2 Den Pizzaboden auf ein Backblech legen und mit Öl einpinseln. Die Tomatensoße auf dem Boden verteilen und mit dem Messer vier Viertel markieren.

3 Ein Viertel der Pizza mit den Champignons belegen.

4 Den Schinken in Streifen schneiden und das nächste Viertel damit belegen, die Oliven darüber streuen.

5 Die Artischockenherzen dünn aufschneiden und das dritte Viertel damit belegen; Mozzarella und Anschovis kommen auf das letzte Viertel.

6 Die ganze Pizza mit Basilikum bestreuen, pfeffern und mit Öl beträufeln und 15-20 Minuten bei 220 °C (Umluft 200 °C) im Ofen backen. Sofort auf den Tisch bringen.
Dazu passt ein leichter Roter wie der Bardolino vom Gardasee.

Pizza Napoletana

Die klassische Pizza aus Neapel mit Tomaten, Mozzarella und Anschovis ist eine der leckersten – und ganz einfach zuzubereiten.

Füer 2-3 Personen

ZUTATEN
1 Pizzaboden von 25-30 cm ø
2 EL natives Olivenöl
6 San Marzano- (Eier-) Tomaten
2 Knoblauchzehen, fein gehackt
125 g Mozzarella, geraspelt
50 g Anschovis-Filets aus dem Salz, gewässert und gehackt
1 EL frische Oreganoblätter
2 EL frisch geriebener Parmesan
Pfeffer aus der Mühle

1 Den Pizzaboden aufs Backblech legen und mit einem Esslöffel Öl einpinseln. Die Tomaten dreißig Sekunden mit kochendem Wasser überbrühen, dann in Eiswasser abschrecken.

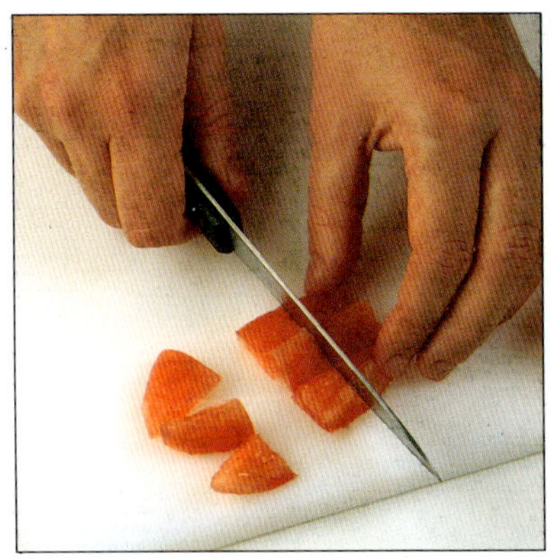

2 Die Tomaten enthäuten, entkernen und klein hacken, das Tomatenfleisch auf dem Pizzaboden verteilen, den Knoblauch darüber streuen.

3 Mozzarella und Anschovis mischen und auf die Pizza streuen. Den Backofen auf 220 °C (Umluft 200 °C) vorheizen.

4 Die Pizza mit Oregano und Parmesan bestreuen, mit dem restlichen Öl beträufeln, pfeffern und 15-20 Minuten goldbraun und knusprig backen. Sofort servieren.

Pizza Quattro Formaggi

Die üppig mit Käse belegten kleinen Portionspizzen sind schnell vorbereitet, und der Duft aus dem Backofen ist einfach unwiderstehlich.

Für 4 Personen

ZUTATEN

1 Rezept Pizzateig (s.S 28) oder Teig aus der Backmischung
1 EL Knoblauchöl
1 kleine rote Zwiebel, dünn geschnitten
50 g Gorgonzola
50 g Mozzarella
50 g geriebener Greyerzer
2 EL frisch geriebener Parmesan
1 EL frische Thymianblättchen
Pfeffer aus der Mühle

Mozzarella

rote Zwiebel

Parmesan

Knoblauchöl

Gorgonzola

Greyerzer

Thymian

1 Den Teig in vier Teile schneiden und auf der bemehlten Arbeitsfläche zu Kreisen von 13 cm ø ausrollen, die Platten mit ausreichendem Abstand auf geölte Backbleche legen. Die Ränder etwas stauchen, so dass ein Wulst entsteht. Die Böden mit Knoblauchöl bestreichen, die Zwiebelringe darauf verteilen.

2 Gorgonzola und Mozzarella in kleine Würfel schneiden und auf die Pizzen streuen.

3 Den Ofen auf 220 °C (Umluft 200 °C) anheizen. Greyerzer, Parmesan und Thymian mischen und auf die Pizzen streuen.

4 Die Pizzen pfeffern und 15-20 Minuten goldbraun und knusprig backen (bei Umluftheizung kann man auf zwei Ebenen gleichzeitig backen).

Pizza Fiorentina

Wenn eine Speise „Florentiner Art“ heißt, ist Spinat mit im Spiel. Eine ordentliche Prise frisch geriebene Muskatnuss gibt ihr die besondere Note.

Für 2-3 Personen

ZUTATEN
200 g frische Spinatblätter
3 EL natives Olivenöl
1 kleine rote Zwiebel, dünn geschnitten
1 Pizzaboden von 25-30 cm ø
1 Rezept Tomatensoße (s.S. 32)
Muskatnuss
150 g Mozzarella
1 Ei Größe 3
25 g geriebener Greyerzer

1 Den Spinat putzen, waschen, abtropfen lassen und trocken tupfen.

2 Die Zwiebel in einem Esslöffel Öl anschwitzen und welken lassen. Den Spinat zugeben und welken lassen. Den ausgetretenen Saft abtropfen lassen.

3 Den Pizzaboden mit Öl einpinseln, die Tomatensoße darauf verteilen, darauf den Spinat. Eine Prise Muskatnuss darüber reiben.

4 Den dünn geschnittenen Mozzarella auf der Pizza verteilen; das restliche Öl darüber träufeln. Bei 220 °C (Umluft 200 °C) zehn Minuten backen, dann aus dem Ofen nehmen.

5 Das aufgeschlagene Ei in die Mitte geben.

6 Die Pizza mit dem Greyerzer bestreuen und weitere fünf bis zehn Minuten knusprig und goldbraun backen. Heiß aus dem Ofen auf den Tisch bringen.

Pizza mit Chili und Salami

Eine scharfe Scheibe mit würziger Wurst und grünen Pfefferschoten.

Für 2-3 Personen

ZUTATEN
1 Pizzaboden von 25-30 cm ø
1 EL natives Olivenöl
125 g mittelscharfe grüne Pfefferschoten, frisch oder aus dem Glas
1 Rezept Tomatensoße (s.S. 32)
75 g Salami
6 entsteinte schwarze Oliven
1 EL gehackte frische Oreganoblättchen
125 g geraspelter Mozzarella
Oregano zum Garnieren

Mozzarella

Oregano

Tomatensoße

Salami

Olivenöl

Pfefferschoten

schwarze Oliven

1 Den Pizzaboden auf ein Backblech legen und mit Öl bestreichen.

2 Die Pfefferschoten fein hacken und mit der Tomatensoße mischen.

3 Die Soße auf dem Boden verteilen, die Salamischeiben darauf legen.

4 Die Oliven längs halbieren und zusammen mit dem Oregano auf den Pizzaboden streuen.

5 Die Pizza mit dem Mozzarella bestreuen und bei 220 °C (Umluft 200 °C) 15-20 Minuten goldbraun backen.

VARIATION

Sie können diese Pizza so scharf machen, wie Sie mögen. Für eine wirklich feurige Ausführung nimmt man die kleinen Peperoncini (in der Regel gilt: je kleiner, um so schärfer).

6 Mit Oreganoblättchen garnieren und sofort servieren.

Pizza mit Tiroler Speck und Artischocken

Eine Pizza reizvoller geschmacklicher Kontraste. Probieren Sie sie auch mal mit Shiitake-Pilze.

Für 2-3 Personen

ZUTATEN
- 1 Bund Lauchzwiebeln
- 4 EL Olivenöl
- 250 g Champignons
- 2 fein gehackte Knoblauchzehen
- 1 Pizzaboden von 25-30 cm ø
- 4 eingelegte Artischocken-Herzen, dünn geschnitten
- 4 EL frisch geriebener Parmesan
- Salz, Pfeffer aus der Mühle
- Thymianzweige zum Garnieren

Parmesan

Lauchzwiebeln

Champignons

Tiroler Speck

Olivenöl

Artischocken-Herzen

1 Die Lauchzwiebeln putzen, waschen und das Weiße und ein Teil des Grüns in feine Ringe schneiden.

2 Zwiebeln, Pilze und Knoblauch in zwei Esslöffel Öl bei mäßiger Hitze braten, bis der ausgetretene Saft verdampft ist. Würzen und abkühlen lassen.

3 Den Pizzaboden mit Öl bestreichen, den Speck, die Pilzmischung und die Artischocken-Herzen darauf garnieren.

4 Mit dem Parmesan bestreuen und das restliche Öl darüber träufeln. Bei 220 °C (Umluft 200 °C) fünfzehn bis zwanzig Minuten backen. Sofort servieren.

Pizza auf spanische Art

Die ungewöhnliche Kombination von pikanter Chorizo, zartem Zuckermais und Petersilie macht den Reiz dieser Pizza aus. Als Variation kann man Basilikum an Stelle der Petersilie verwenden.

Für 2-3 Personen

Zutaten
1 Pizzaboden von 25-30 cm ø
1 EL Knoblauchöl
1 Rezept Tomatensoße (s.S. 32)
200 g Chorizo (spanische Dauerwurst)
200 g Zuckermais-Körner
2 EL gehackte schlichte Petersilie
50 g geraspelter Mozzarella
2 EL frisch geriebener Parmesan

Tomatensoße

Mozzarella

Petersilie

Knoblauchöl

Chorizo

Parmesan

Zuckermais

1 Den Pizzaboden auf ein Backblech legen und mit Knoblauchöl einpinseln, die Tomatensoße darauf verteilen.

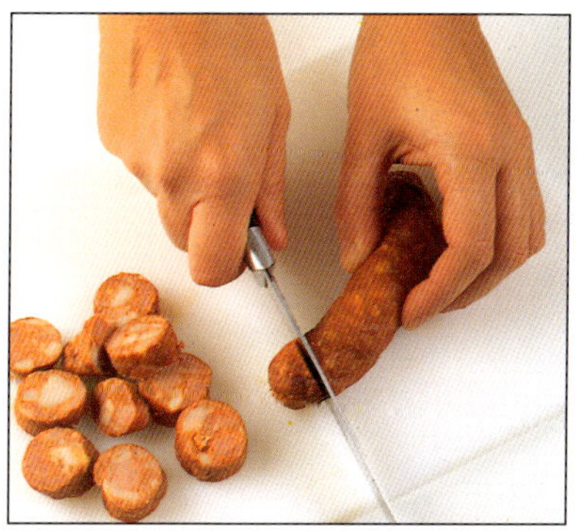

2 Die Chorizo pellen und in dickere Scheiben schneiden, auf der Pizza verteilen. Zehn Minuten bei 220 °C (Umluft 200 °C) backen, dann herausnehmen.

3 Petersilie und Maiskörner auf die Pizza streuen.

4 Mozzarella und Parmesan mischen und über die Pizza streuen. Die Pizza weitere fünf bis zehn Minuten goldbraun und knusprig backen.

Calzone mit Haschee

Die Pizza, die es in sich hat. Nämlich herzhaftes Hackfleisch mit Spinat und würziger Käsesoße - verpackt in einer Tasche.

Für 4 Personen

ZUTATEN
FÜR DEN TEIG
500 g Mehl
1 Päckchen Backpulver
125 g Butter
300 ml Milch

FÜR DIE FÜLLUNG
1 EL Olivenöl
200 g faschiertes Rindfleisch
1 EL gehacktes Basilikum
1 fein geschnittene Zwiebel
25 g Mehl
150 ml Fleischbrühe
125 g gehackter Spinat
1 verquirltes Ei zum Bestreichen
Salz, Pfeffer aus der Mühle

FÜR DIE SOSSE
1 EL Butter
1 EL Mehl
150 ml Milch
25 g frisch geriebener Parmesan
1 TL Senf

1 Für den Teig Mehl und Backpulver in eine Schüssel sieben und mit der Butter krümelig zerreiben.

2 Die Milch dazugeben und das Ganze zu einem Teig verkneten. Zur Kugel formen, vierteln und zu Kreisen von 15 cm ø ausrollen.

3 Für die Füllung das Hackfleisch im Öl anbraten und bräunen, dabei zerkrümeln. Basilikum und Zwiebel dazugeben, würzen und mit Mehl bestäuben. Nach einer Minute mit der Brühe ablöschen. Zehn Minuten kochen.

4 Den Spinat in Salzwasser eine Minute blanchieren, gut abtropfen lassen. Die Teigböden auf leicht geölte Backbleche legen und jeweils zur Hälfte mit Spinat bedecken. Das Haschee auf den Spinat geben.

5 Für die Soße die Butter aufschäumen lassen, mit Mehl bestäuben und nach und nach unter Rühren mit der Milch ablöschen, aufkochen und ausquellen lassen. Käse und Senf einrühren.

6 Die Soße über das Haschee verteilen. Die Ränder der Teigböden mit Wasser befeuchten. Die freien Teighälften über die Füllung falten und die Ränder gut fest drücken. Die Taschen mit Ei bestreichen und bei 200 °C (Umluft) 20 Minuten backen.

Pizza mit Huhn, Shiitake-Pilzen und Koriander

Die Pilze geben dieser bunten Pizza eine erdige Geschmacksnote, frische rote Chilischoten steuern ein wenig Pep dazu.

Für 3-4 Personen

ZUTATEN
3 EL natives Olivenöl
350 g Hühnerbrust-Filet, in feine Streifen geschnitten.
1 Bund Lauchzwiebeln, fein geschnitten
1 frische rote Chilischote, entkernt und fein gehackt
1 rote Paprikaschote, entkernt und in feine Streifen geschnitten
75 g Shiitake-Pilze, geputzt und in Scheiben geschnitten
3-4 EL gehacktes Korianderkraut
1 Pizzaboden von 25-30 cm ø
1 EL Chili-Öl
150 g Mozzarella
Salz, Pfeffer aus der Mühle

1 Huhn, Lauchzwiebeln, Chili, Paprika und Pilze in zwei Esslöffel Öl im Wok oder in einer großen Bratpfanne bei starker Hitze unter Rühren zwei bis drei Minuten braten; mit Salz und Pfeffer würzen.

2 Überschüssiges Öl abgießen, die Mischung abkühlen lassen.

3 Das Korianderkraut unter die Huhn-Gemüse-Mischung heben.

4 Den Pizzaboden auf ein Backblech legen und mit Chili-Öl einpinseln.

5 Die Mischung aus dem Wok auf dem Teigboden verteilen, und mit dem restlichen Olivenöl beträufeln.

6 Den Mozzarella raspeln und über die Pizza streuen. Bei 220 °C (Umluft 200 °C) fünfzehn bis zwanzig Minuten backen. Sofort servieren.

Pizza Pancetta mit Lauch und Räucher-Mozzarella

Das Raucharoma des Käses in Verbindung mit würzigem Pancetta und frischem Lauch bestimmen den Charakter dieser Mini-Pizzen.

Für 4 Personen

ZUTATEN
- 2 EL frisch geriebener Parmesan
- 1 Rezept Pizzateig (s.S. 28)
- 2 mittelgroße Porreestangen
- 8-12 Scheiben Pancetta oder Frühstücksspeck
- 150 g geräucherter Mozzarella
- Pfeffer aus der Mühle

Pancetta

Lauch

Räucher-Mozzarella

Olivenöl

Parmesan

1 Den Parmesan auf die Arbeitsfläche streuen, den Teig darauf legen und den Käse in den Teig kneten. Den Teig vierteln und zu Kreisen von 13 cm ø ausrollen, die Böden auf zwei geölte Backbleche legen und mit Öl einpinseln.

2 Den Lauch putzen, waschen und in dünne Ringe schneiden.

3 Pancetta und Lauch auf die Teigböden verteilen.

4 Den Räucherkäse raspeln und auf die Pizzen streuen. Die Pizzen pfeffern und mit Öl beträufeln. 15 bis 20 Minuten bei 200 °C Umluft auf zwei Ebenen backen. Sofort heiß servieren.

Schinken-Mozzarella Tasche

Die Calzone ist eine Art von Pizza verkehrt: der Teig außen, der Belag innen. Für eine vegetarische Version ersetzt man den Schinken durch gebratene Pilze oder gewürzten Blattspinat.

Für 4 Personen

Zutaten

1 Rezept Pizzateig (s.S. 28)
125 g frischer Ricotta
2 EL frisch geriebener Parmesan
1 Eigelb
2 EL gehacktes Basilikum
75 g gekochter Schinken, fein gehackt
75 g Mozzarella, in kleinen Würfeln
Olivenöl zum Bestreichen
Salz, Pfeffer aus der Mühle

Basilikum

Ricotta

Ei

Parmesan

Mozzarella

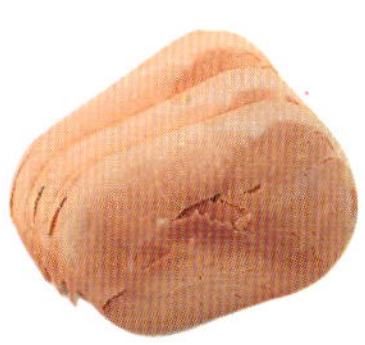

gekochter Schinken

1 Den Teig halbieren und auf der leicht bemehlten Arbeitsfläche zu zwei Platten von 18 cm ø ausrollen.

2 Ricotta mit Parmesan, Eigelb und Basilikum mischen, mit Salz und Pfeffer würzen.

3 Die Mischung auf je eine Hälfte der beiden Teigplatten verteilen, einen 2 cm breiten Rand frei lassen. Mozzarella und Schinken auf die Käsemischung geben, die Teigränder mit Wasser befeuchten, die Platten zu halbmond-förmigen Taschen zusammen klappen, die Ränder gut fest drücken.

4 Jeweils ein Loch als Dampfabzug in den Teig stechen, die Taschen auf ein geöltes Backblech legen und bei 220 °C (Umluft 200 °C) fünfzehn bis zwanzig Minuten goldbraun backen. Heiß aus dem Ofen servieren.

Pizzentte mit geräuchertem Huhn, gelber Paprika und getrockneten Tomaten

Die ideale Mini-Pizza für den Mittagsimbiss – oder geviertelt als Häppchen bei der Cocktailparty.

Für 4 Personen

ZUTATEN
- 1 Rezept Pizzateig (s.S. 28)
- 3 EL Olivenöl
- 4 EL Püree von getrockneten Tomaten
- 2 gelbe Paprika, entkernt und in schmale Streifen geschnitten
- 200 g geräuchertes Huhn oder Pute, gehackt
- 150 g Mozzarella, in Würfeln
- 2 EL gehacktes Basilikum

Basilikum

Mozzarella

gelbe Paprika

Olivenöl

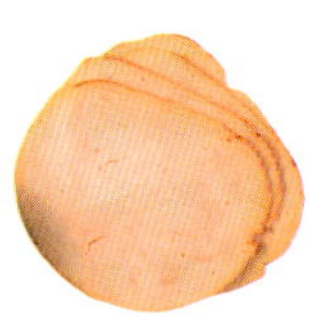

Räucher-Huhn

Püree von getrockneten Tomaten

1 Den Teig vierteln und auf der bemehlten Arbeitsfläche zu Kreisen von 13 cm ø ausrollen und mit ausreichendem Abstand auf zwei geölte Backbleche legen. Durch Stauchen der Ränder einen Wulst formen. Die Böden mit Öl bestreichen.

2 Das Püree von getrockneten Tomaten auf die Böden streichen.

3 Die Paprika in 2 EL Öl bei kräftiger Hitze 2 Minuten unter rühren anbraten.

4 Huhn und Paprika auf die Pizzen verteilen. Den Backofen auf 220 °C (Umluft 200 °C) anheizen.

5 Die Pizzentte mit Mozzarella und Basilikum bestreuen, mit Salz und Pfeffer würzen.

VARIATION

Eine vegetarische Version mit Rauchgeschmack bekommen Sie, indem Sie das Huhn weg lassen, die Paprika rösten und enthäuten und den Mozzarella durch bayerischen Räucherkäse ersetzen.

6 Die Pizzentte mit dem restlichen Öl beträufeln und fünfzehn bis zwanzig Minuten goldbraun backen. Sofort servieren.

Pizza mit Paprikawürstchen

Eine leckere, leicht deftige Pizza, für die Sie nach Gusto auch scharfe Würstchen vom italienischen Spezialitäten-Laden nehmen können.

Für 3-4 Personen

Zutaten

250 g Schweinswürstchen, z. B. Nürnberger Art, oder Thüringer Mett
1 TL Chilipulver
Pfeffer aus der Mühle
2 EL Olivenöl
2-3 Knoblauchzehen
1 Pizzaboden von 25-30 cm ø
1 Rezept Tomatensoße (s.S. 32)
1 rote Zwiebel, fein geschnitten
1 EL frische Oreganoblättchen
50 g geraspelter Mozzarella
50 g frisch geriebener Parmesan

1 Die Würstchen enthäuten und das Mett mit Chilipulver und Pfeffer würzen, zu Walnuss-großen Klößchen formen.

2 Die Klößchen in einem Esslöffel Öl 2 bis 3 Minuten anbraten und bräunen.

3 Die Klößchen herausnehmen und auf Küchenkrepp abtropfen lassen.

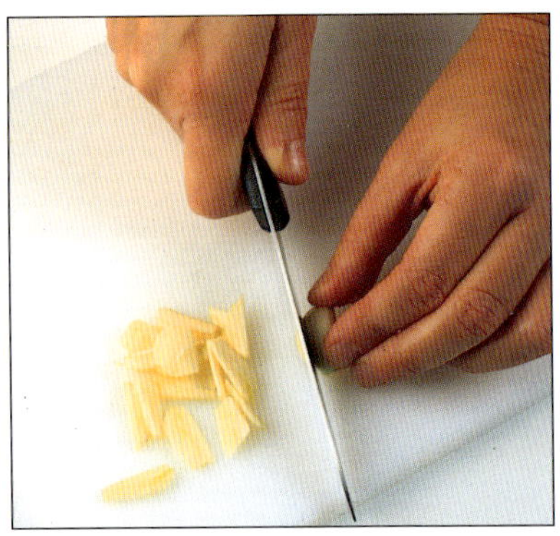

4 Den Knoblauch pellen und in feine Stifte schneiden.

5 Den Pizzaboden mit Öl bestreichen und die Tomatensoße darauf verteilen. Wurstklößchen, Zwiebel, Knoblauch und Kräuter daraufgeben.

6 Die Pizza mit Mozzarella und Parmesan bestreuen und bei 220 °C (Umluft 200 °C) fünfzehn bis zwanzig Minuten goldbraun backen. Sofort heiß servieren.

Pizza mit Röstzwiebeln, Salami und Oliven

Der Geschmack der karamelisierten Zwiebeln bildet mit den Kräutern und den salzigen Oliven im Teigboden einen interessanten Dreiklang.

Für 4 Personen

ZUTATEN
700 g rote Zwiebeln
4 EL Olivenöl
12 entsteinte schwarze Oliven
1 Rezept Pizzateig (s.S. 28)
1 TL getrocknete gemischte Kräuter
6-8 Scheiben italienische Salami, in Viertel geschnitten
2-3 EL frisch geriebener Parmesan
Pfeffer aus der Mühle

italienische Salami

Olivenöl

rote Zwiebeln

Parmesan

schwarze Oliven

Trockenkräuter

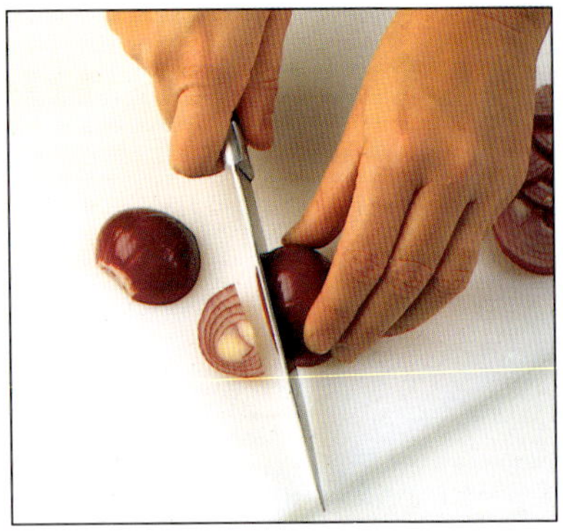

1 Die Zwiebeln schälen und in dünne Ringe schneiden.

2 Die Zwiebeln in zwei Esslöffel Öl bei mäßiger Hitze unter öfterem Rühren 15 bis 20 Minuten braten und dabei leicht bräunen.

3 Die Oliven fein hacken. Den Ofen auf 220 °C (Umluft 200 °C) anheizen.

4 Den Teig auf einer leicht bemehlten Fläche durchkneten, dabei die Oliven und die Kräuter einarbeiten. Den Teig ausrollen und ein 20 mal 30 cm großes geöltes Backblech damit auslegen.

5 Die Hälfte der Zwiebeln auf den Teigboden verteilen, mit der Salami und den restlichen Zwiebeln bedecken.

6 Die Pizza kräftig mit Pfeffer würzen und mit Olivenöl beträufeln. 15 bis 20 Minuten goldbraun backen. Vor dem Servieren mit Parmesan bestreuen. Heiß auf den Tisch bringen.

Vollkorn-Pizza mit Zucchini, Zuckermais und Tomaten

Diese leckere Vollkorn-Pizza schmeckt kalt ebenso gut wie warm - zum Beispiel mit einem gemischten Bohnensalat. Und auch beim Picknick sind Sie mit diesem Mitbringsel ein gern gesehener Gast.

Für 6 Personen

ZUTATEN
250 g Weizen-Vollkornmehl
Salz
2 TL Backpulver
50 g Sonnenblumen-Margarine
150 ml Magermilch
2 EL Tomatenpüree
2 TL getrocknete Provence-Kräuter
2 EL Olivenöl
1 Zwiebel, fein geschnitten
1 Knoblauchzehe, durchgepresst
2 kleine Zucchini, gescheibelt
125 g Champignons
125 g Zuckermais-Körner (Dosen- oder TK- Produkt)
2 Eiertomaten, in Scheiben geschnitten
50 g geriebener Greyerzer
50 Mozzarella, geraspelt
Salz, Pfeffer aus der Mühle
Basilikum zum Garnieren

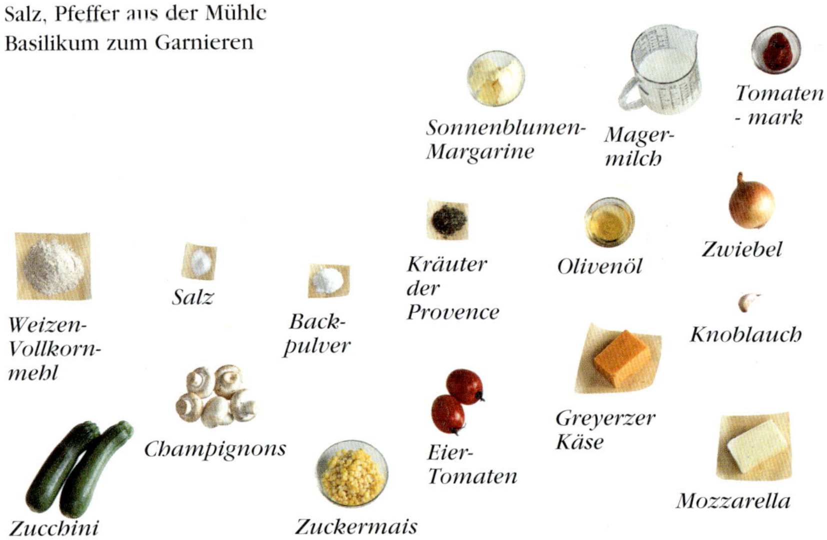

1 Ein Backblech leicht ölen oder mit Backpapier auslegen. Mehl, Salz und Backpulver mit der Margarine krümelig verreiben.

2 Ausreichend Milch dazugeben, um einen weichen Teig herzustellen. Auf einer bemehlten Fläche zu einer Platte von 25 Zentimeter Durchmesser ausrollen.

3 Den Teig aufs Blech legen, den Rand stauchen, um einen Wulst zu formen. Mit Tomatenmark bestreichen und mit den Kräutern der Provence bestreuen.

4 Zwiebel, Knoblauch, Zucchini und Pilze im Öl bei sanfter Hitze zehn Minuten anbraten, dabei gelegentlich umrühren.

5 Das Gemüse auf der Pizza verteilen, den Mais darüber streuen, salzen und pfeffern, mit den Tomatenscheiben belegen.

6 Die Käsesorten mischen und auf die Pizza streuen. Die Pizza zwanzig Minuten bei 220 °C (Umluft 200 °C) backen. Heiß oder kalt als Tortenstücke servieren, mit Basilikum garnieren.

KOCH-TIPP
Die fertige Pizza lässt sich leicht portionsweise einfrieren. In Folie eingepackt hält sie sich bis zu drei Monate.

Pizza aus der Pfanne

Diese Pizza für Ungeduldige wird mit schnellem Pizzateig hergestellt, der keine Ruhe- oder Gärzeit braucht. Den Belag können Sie nach Gusto zusammen stellen. Zum Beispiel mit Garnelen oder Schinken statt der Wurst.

Für 2-3 Personen

ZUTATEN
- 1 EL gehackte frische Kräuter.
- 1 Rezept schneller Pizzateig (s.S. 30)
- EL Tomatenmark
- 400 g Pizza-Tomaten aus der Dose, gut abgetropft
- 50 g Champignons, dünn geschnitten
- 75 g italienische Paprika-Salami o.ä.
- 6 entsteinte schwarze Oliven, gehackt
- 50 g geriebener Edamer
- 50 g geriebener reifer Greyerzer
- 1 EL gehacktes Basilikum zum Garnieren

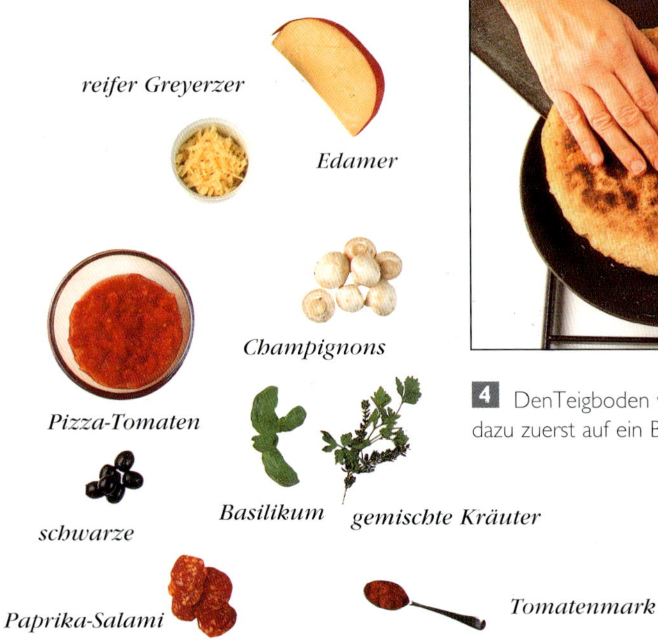

1 DenTeig nach Rezept zubereiten, dabei die Kräuter am Anfang zum Mehl geben.

2 Den Teig auf einer leicht bemehlten Fläche glatt kneten, zu einem Kreis von 22 cm ø ausrollen und eine gut geölte Pfanne damit auslegen.

3 Bei mäßiger Hitze ca. fünf Minuten backen, bis die Unterseite des Bodens goldbraun ist - zur Kontrolle mit einem Palettenmesser anheben.

4 DenTeigboden wenden, eventuell dazu zuerst auf ein Backblech stürzen.

5 Tomaten und Tomatenmark mischen und auf die Pizza verteilen, mit Pilzen, Wurst, Oliven und Käse belegen. Fünf Minuten in der Pfanne weiter backen, um auch die Unterseite leicht zu bräunen.

6 Die Pizza fünf Miuten unter den Backofen-Grill oder die stärkste Oberhitze stellen, um den Käse zu schmelzen. Mit Basilikum garniert servieren.

Pizza con Frutti di Mare

Die Meeresfrüchte für den Belag können Sie ganz nach Wunsch zusammen stellen.

Für 3-4 Personen

ZUTATEN
1 Pizzaboden von 25-30 cm ø
2 EL natives Olivenöl
1 Rezept Tomatensoße (s.S. 32)
400 g tiefgekühlte Meeresfrüchte, aufgetaut und abgetropft
3 Knoblauchzehen
2 EL gehackte schlichte Petersilie
2 EL frisch geriebener Parmesan

Meeresfrüchte

Olivenöl

Knoblauch

Petersilie

Tomatensoße

Parmesan

1 Den Boden auf ein Backblech legen und mit Öl einpinseln. Den Backofen auf 220 °C (Umluft 200 °C) anheizen.

2 Den Boden mit Tomatensoße bestreichen und 10 Minuten backen, herausnehmen.

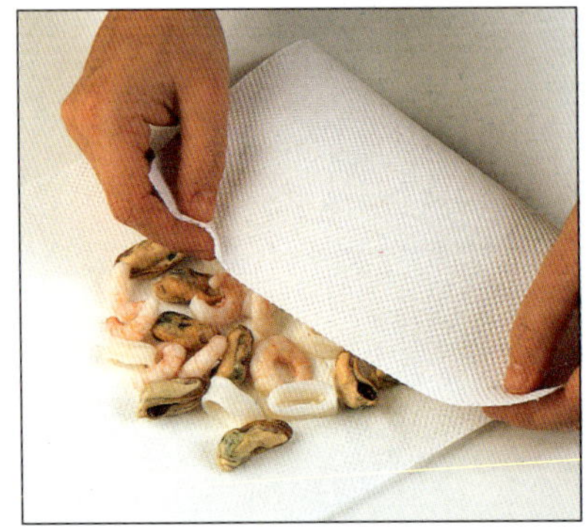

3 Dei Meeresfrücht mit Küchenkrepp trocken tupfen und auf die Pizza legen.

4 Den Knoblauch fein hacken und auf die Pizza streuen.

5 Die Pizza mit Petersilie bestreuen und mit Olivenöl beträufeln.

VARIATION

Noch besser schmeckt es mit frischen Zutaten: Nehmen Sie nach Belieben Vongole, Muscheln, Garnelen, Tintenfisch oder eine beliebige Kombination daraus.

6 Weitere 6 bis 10 Minuten backen, bis die Meeresfrüchte heiß sind und der Boden knusprig ist. Mit Parmesan bestreuen und sofort auf den Tisch bringen.

Pizza mit Lachs und Avocado

Frischer und geräucherter Lachs ergeben im Verein mit Avocadostücken einen delikaten Belag für eine Pizza. Vom Lachs braucht man dafür keine großen perfekten Filetstücke.

Für 3-4 Personen

ZUTATEN

150 g frisches Lachsfilet
1/8 l trockener Weißwein
1 Pizzaboden von 25-30 cm ø
1 EL natives Olivenöl
400 g Pizza-Tomaten aus der Dose, gut abgetropft
125 g geraspelter Mozzarella
1 Avocado
2 TL Zitronensaft
2 EL Crème fraîche
75 g Räucherlachs, in feine Streifen geschnitten
1 EL Kapern
2 EL Schnittlauchröllchen
Pfeffer aus der Mühle

1 Den Backofen auf 220 °C (Umluft 200 °C) anheizen. Das Lachsfilet mit dem Wein aufkochen, von der Hitze nehmen und abkühlen lassen. Das Filet in mundgerechte Stücke zerpflücken.

2 Den Pizzaboden mit Öl einpinseln und mit den Tomaten belegen. 50 g Mozzarella darüber streuen. Zehn Minuten backen, herausnehmen.

3 Derweil die Avocado halbieren, entsteinen, schälen und in Würfel schneiden. Das Fruchtfleisch mit Zitronensaft beträufeln.

4 Die Crème fraîche klecksweise auf die Pizza verteilen.

5 Die beiden Lachssorten, Avocado, Kapern und den restlichen Käse auf die Pizza verteilen, mit Pfeffer würzen und weitere 5 bis 10 Minuten backen.

6 Die Pizza mit Schnittlauch bestreuen und sofort servieren.

Pizzette mit Garnelen und getrockneten Tomaten

In der Sonne getrocknete Tomaten bringen ihr konzentriertes Aroma mit Basilikum und Garnelen aufs Schönste zur Geltung.

Für 4 Personen

ZUTATEN
1 Rezept Pizzateig oder Teig aus einer Fertigmischung
2 EL Chili-Öl
75 g geraspelter Mozzarella
1 fein gehackte Knoblauchzehe
½ kleine rote Zwiebel, in dünne Ringe geschnitten
4-6 fein gehackte getrocknete Tomaten
2 EL gehacktes Basilikum
Salz, Pfeffer aus der Mühle
Basilikum zum Garnieren

1 Ofen auf 220 °C (Umluft 200 °C) anheizen. Teig in 8 Teile schneiden.

2 Die Teigstücke auf der bemehlten Arbeitsfläche zu Ovalen von einem halben Zentimeter Dicke ausrollen., auf ein geöltes Backblech legen und mit der Gabel mehrfach einstechen.

3 Die Böden mit Chili-Öl bestreichen, den Mozzarella darauf verteilen, einen schmalen Rand frei lassen.

4 Die übrigen Zutaten für den Belag auf die Pizzette verteilen, würzen und mit dem restlichen Öl beträufeln. Acht bis zehn Minuten goldbraun backen, sofort servieren.

Calzonelli mit Krebsfleisch und Parmesan

Die gefüllten Teigtäschchen sind eine Attraktion auf jeder Party. Die Füllung lässt sich beliebig variieren, z. B. mit Crevetten.

Für 10-12 Stück

ZUTATEN
1 Rezept Pizzateig (s.S. 28) oder Teig aus einer Backmischung
FÜLLUNG
125 g Taschenkrebs-Fleisch aus der Dose oder tiefgekühlt, abgetropft
1 EL Crème double
2 EL frisch geriebener Parmesan
2 EL gehackte schlichte Petersilie
Salz, Pfeffer aus der Mühle
Petersilie zum Garnieren

Parmesan

Crème double

Krebsfleisch

Petersilie

Knoblauch

1 Den Ofen auf 200 °C (Umluft 180 °C) anheizen. Den Teig drei Millimeter dick ausrollen, zehn bis zwölf Kreise von 8 cm ø ausstechen.

2 Die Zutaten für die Füllung mischen, mit Salz und Pfeffer abschmecken.

3 Die Füllung auf die Teigstücke verteilen, jeweils die halbe Fläche frei lassen. Die Ränder mit Wasser befeuchten, die Teigstücke zusammen klappen

4 Die Taschen durch Drücken mit einer Gabel verschließen. Auf einem geölten Backblech 10 bis 15 Minuten backen. Mit Petersilie garnieren.

Pizzette mit Muscheln und Lauch

Mit einem grünen Salat ergeben die Mini-Pizzen ein ideales leichtes Mittagessen.

Für 4 Personen

ZUTATEN
- 500 g frische Muscheln
- 1/8 l trockener Weißwein
- 1 Rezept Pizzateig (s.S. 28, oder Backmischung)
- 1 EL Olivenöl
- 50 g Greyerzer
- 50 g Mozzarella
- Salz, Pfeffer aus der Mühle

Olivenöl

trockener Weißwein

Mozzarella

Muscheln

Greyerzer

Lauch

1 Die Muscheln in kaltem Waser gründlich spülen, die Byssusfäden abschneiden. Beschädigte Exemplare und solche, die sich nach Klopfen an der Schale nicht schließen, aussondern.

2 Die Muscheln mit dem Wein zugedeckt aufkochen und geschlossen circa fünf Minuten dämpfen, bis sie sich geöffnet haben

3 Die Muscheln abtropfen lassen, das Fleisch auslösen. Geschlossene Exemplare aussondern.

4 Den Teig in vier Teile teilen und zu Kreisen von 13 cm ø ausrollen und auf ein gefettetes Backblech legen. Die Ränder stauchen, um einen Wulst zu formen. Die Böden mit Öl einpinseln. Beide Käse reiben, die Hälfte auf die Pizzette verteilen.

5 Den Lauch putzen, waschen und in dünne Ringe schneiden. Die Pizzette damit belegen und 10 Minuten bei 220 °C (Umluft 200 °C) backen.

VARIATION

Tiefgekühlte Muscheln lassen sich ebenfalls verwenden. Zuvor auftauen und gut abtropfen lassen.

6 Die Muscheln auf die Pizzette verteilen, mit dem restlichen Käse bestreuen und nochmals 5-10 Minuten backen. Sofort heiß servieren.

Pizza mit Anschovis, Paprika und Tomaten

Eine sommerliche Pizza, einfach aber absolut lecker. Es lohnt sich, die Paprika vorher zu grillen und zu enthäuten.

Für 2-3 Personen

ZUTATEN
6 Eiertomaten
3 EL Olivenöl
Salz
je 1 große gelbe und rote Paprika
1 Pizzaboden von 25-30 cm ø
2 Knoblauchzehen, fein gehackt
50 g Anschovis-Filets aus dem Salz, gewässert
Pfeffer aus der Mühle
Basilikum zum Garnieren

Olivenöl

rote und gelbe Paprika

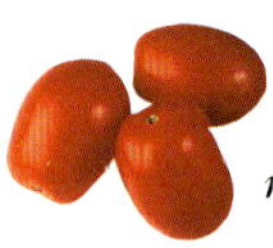

Eiertomaten

Knoblauch

Anschovis-Filets

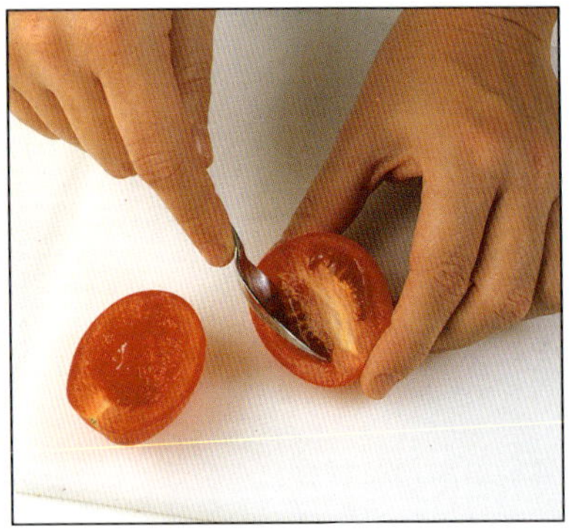

1 Die Tomaten halbieren und mit einem Löffel entkernen.

2 Das Tomatenfleisch klein schneiden, leicht salzen und mit einem Esslöffel Öl anmachen, 30 Minuten ziehen lassen.

3 Den Ofen auf 220 °C anheizen. Die Paprikaschoten halbieren und entkernen, die Hälften mit der Hautseite oben unter den Grill legen, bis sie Blasen werfen und sich zu schwärzen beginnen.

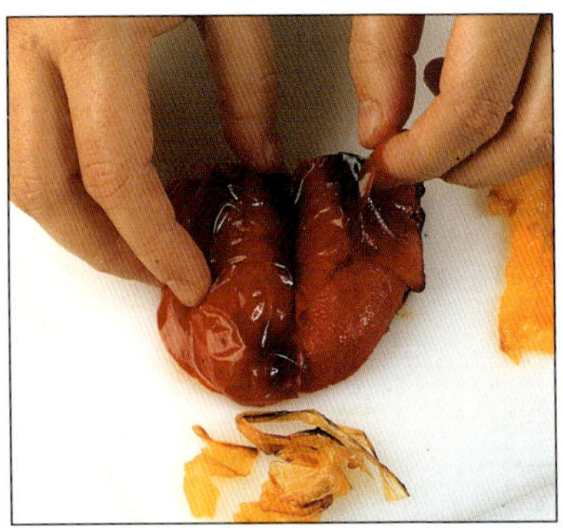

4 Die Paprika in eine Schüssel legen und zudecken, zehn Minuten ruhen lassen, dann die Haut abziehen, das Fruchtfleisch in Streifen schneiden.

5 Den Teigboden mit Öl einpinseln. Die Tomaten abtropfen lassen und auf die Pizza verteilen. Paprika und Knoblauch darüber streuen.

6 Die Anschovis mit der Schere klein schnippeln und auf die Pizza streuen. Das restliche Öl darüber träufeln und die Pizza 15 bis 20 Minuten goldbraun und knusprig backen. Mit Basilikum garnieren und heiß servieren.

Pizza mit Tunfisch, Anschovis und Tomaten

Eine herzhafte klassische Pizza. Reichen Sie dazu einen einfachen Salat, und Sie haben ein schönes Abendessen für zwei bis drei.

Für 2-3 Personen

ZUTATEN

1 Rezept schneller Pizzateig (s.S. 30)
2 EL natives Olivenöl
1 Rezept Tomatensoße (s.S. 32)
1 kleine rote Zwiebel
200 g Tunfisch aus der Dose
1 EL Kapern
12 entsteinte schwarze Oliven
3 EL frisch geriebener Parmesan
50 g Anschovis-Filets aus dem Salz, gewässert
Pfeffer aus der Mühle

1 Den Teig auf der bemehlten Arbeitsfläche zu einem Kreis von 25 cm ø ausrollen, den Rand zu eihnem Wulst stauchen. Den Boden auf ein geöltes Backblech legen, mit Öl einpinseln, die Tomatensoße darauf verteilen.

2 Den Backofen auf 220 °C anheizen. Die Zwiebel in feine Streifen schneiden und auf die Pizza geben.

3 Den Tunfisch abtropfen lassen, zerpflücken und auf die Pizza geben.

Tomatensoße

Olivenöl

Parmesan

4 Kapern, Oliven und Parmesan auf die Pizza streuen.

5 Die Anschovis als Gittermuster auf die Pizza legen.

6 Die Pizza mit dem restlichen Öl beträufeln, mit Pfeffer würzen und 15 bis 20 Minuten knusprig und goldbraun backen. Sofort heiß auf denm Tisch bringen.

schwarze Oliven

Tunfisch

rote Zwiebel

Kapern

Pizza mit Röstgemüse und Ziegenkäse

Hier verbinden sich die köstlichen Aromen von geröstetem Gemüse mit dem von gereiftem Ziegenkäse.

Für 2-3 Personen

ZUTATEN

1 Aubergine, in Stücke geschnitten
2 kleine Zucchini, längs geviertelt
je 1 rote und gelbe Paprikaschote, entkernt und geviertelt
1 kleine rote Zwiebel, in Spalten geschnitten
1 Pizzaboden von 25-30 cm ø
6 EL Knoblauchöl
400 g Pizza-Tomaten aus der Dose, abgetropft
125 g Ziegen-Camembert oder ähnlicher Ziegenkäse
1 EL frische Thymianblättchen
Pfeffer aus der Mühle
grüne Olivenpaste bei Tisch

1 Den Backofen auf 220 °C (Umluft 200 °C) anheizen. Das Gemüse auf die Backofenpfanne legen, die Paprika zuoberst, und mit 4 Esslöffel Knoblauchöl bepinseln. 30 Minuten backen – die Paprika sollten geschwärzt sein

2 Die Paprika in einer Tüte oder zugedeckt in einer Schüssel abkühlen lassen, dann die Haut abziehen, das Fruchtfleisch in Streifen schneiden.

3 Den Pizzaboden mit Knoblauchöl einpinseln, die Tomaten darauf verteilen.

4 Das geröstete Gemüse auf der Pizza gefällig arrangieren.

5 Den Käse in Würfel schneiden und über das Gemüse streuen.

KOCH-TIPP

Paprikaschoten lassen sich am leichtesten enthäuten, wenn sie mit einer Lötlampe geflämmt wurden.

6 Die Pizza mit dem restlichen Öl beträufeln und 15 bis 20 Minuten goldbraun und knusprig backen. Das Olivenpüree dazu reichen.

Pizza mit neuen Kartoffeln, Rosmarin und Knoblauch

Eine herzhafte Pizza mit den Aromen des Sommers. Als ebenso leckere Variation können Sie den Rosmarin durch Salbei ersetzen.

Für 2-3 Personen

ZUTATEN
350 g neue Kartoffeln
3 EL natives Olivenöl
2 Knoblauchzehen, durchgepresst
1 Pizzaboden von 25-30 cm ø
1 rote Zwiebel, dünn geschnitten
150 g geräucherter Mozzarella
2 EL gehackte frische Rosmarinnadeln
Salz, Pfeffer aus der Mühle
2 EL frisch geriebener Parmesan

Olivenöl

Parmesan

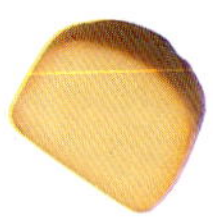

Räucher-Mozzarella

neue Kartoffeln

Rosmarin

rote Zwiebel

Knoblauch

1 Dei Kartoffeln in Salzwasser fünf Minuten kochen, abkühlen lassen und pellen, in Scheiben schneiden.

2 Kartoffeln und Knoblauch in zwei Esslöffel Öl 5 bis 8 Minuten anschwitzen.

3 Den Pizzaboden mit dem restlichen Öl bepinseln, mit den Zwiebeln belegen. Darauf kommen die Kartoffeln. Den Ofen auf 220 °C (Umluft 200 °C) anheizen.

4 Die Pizza mit Mozzarella und Rosmarin bestreuen, mit Pfeffer würzen und 15 bis 20 Minuten knusprig und goldbraun backen. Mit Parmesan bestreuen und heiß servieren.

Pizzette mit Waldpilzen

Köstlich als Zwischengericht oder, geviertelt, als Finger Food beim Cocktail. Nehmen Sie nach Möglichkeit aromatische Pilze wie Pfifferlinge, Steinpilze oder Birkenröhrlinge. Auch mit Zuchtpilzen wie Shiitake sind die Pizzette lecker.

Für 4 Stück

ZUTATEN
3 EL Olivenöl
350 g geputzte Waldpilze, größere Exemplare klein geschnitten
2 Schalotten, fein gehackt
2 EL gehackte Kräuter (Thymian und Petersilie)
1 Rezept Pizzateig (s.S. 28)
40 g geriebener Greyerzer Käse
2 EL frisch geriebener Parmesan
Salz, Pfeffer aus der Mühle

1 Pilze, Schalotten und Knoblauch in zwei Esslöffel Öl anschwitzen, bis aller ausgetretener Saft verdunstet ist.

2 Die Hälfte der Kräuter dazugeben, mit Salz und Pfeffer würzen. Den Ofen auf 220 °C (Umluft 200 °C) anheizen.

3 Den Teig vierteln und auf der bemehlten Arbeitsfläche zu Kreisen von 13 cm ø ausrollen. Auf ein geöltes Blech legen und die Ränder zu einem kleinen Wulst stauchen. Die Böden mit dem restlichen Öl einpinseln und mit den Pilzen belegen.

4 Den Käse mischen und darüber streuen, die Pizzette 15 bis 20 Minuten goldbraun und knusprig backen, aus dem Ofen nehmen, mit den restlichen Kräutern bestreuen und servieren.

Pizza mit Spinat, Tomaten und Peperoni

Ein bunter, peppiger Belag für die, die's ein wenig schärfer mögen.

Für 3 Personen

Zutaten

1-2 frische mittelscharfe Peperoni
3 EL Tomatenöl (von eingelegten getrockneten Tomaten)
1 fein gehackte Zwiebel
2 fein gehackte Knoblauchzehen
50 g getrocknete Tomaten aus dem Öl
400 g Pizza-Tomaten aus der Dose
1 EL Tomatenmark
200 g frischer Spinat
1 Pizzaboden von 25-30 cm ø
75 g geräucherter Käse
75 g reifer Greyerzer
Salz, Pfeffer aus der Mühle

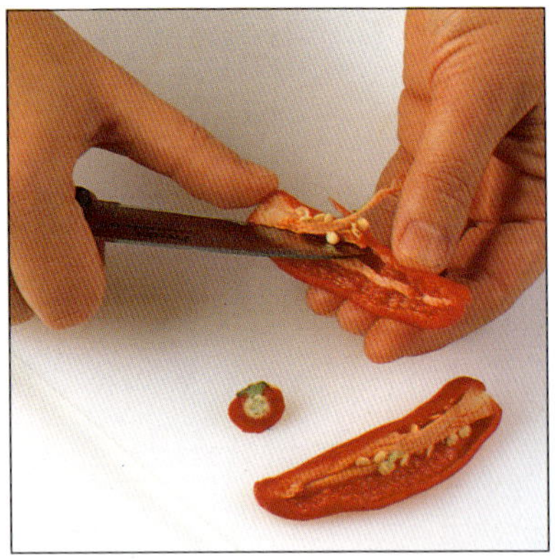

1 Die Peperoni entkernen und fein hacken.

2 Zwiebel, Knoblauch und Peperoni in zwei Esslöffel Tomatenöl bei milder Hitze fünf Minuten anschwitzen.

3 Die getrockneten Tomaten grob hacken und zusammen mit Pizza-Tomaten und Tomatenmark in den Topf geben, würzen und 15 Minuten offen köcheln lassen.

4 Den Spinat entstielen, waschen und abtropfen lassen, trocken tupfen und grob hacken.

5 Den Spinat in die Tomatensoße geben und noch fünf Minuten unter Rühren köcheln. Abkühlen lassen.

6 Den Ofen auf 220 °C anheizen. Den Teigboden auf ein Blech legen, mit dem restlichen Öl einpinseln und mit der Soße belegen. Den Käse darüber streuen und die Pizza 15 bis 20 Minuten goldbraun und knusprig backen. Sofort servieren.

Pizza mit Pesto und schwarzen Oliven

Leckere Portions-Pizzen aus der schnellen Küche. Das Anmachen der Tomaten mit Knoblauch und Olivenöl bringt zusätzliches Aroma.

Für 4 Personen

ZUTATEN
2 Eiertomaten
1 Knoblauchzehe, durchgepresst
4 EL Olivenöl
1 Rezept Pizzateig oder Teig aus einer Backmischung
2 EL roter Pesto
150 g Mozzarella, in dünnen Scheiben
4 entsteinte schwarze Oliven, gehackt
1 EL frische Oregano-Blättchen
Salz, Pfeffer aus der Mühle
Oregano zum Garnieren

roter Pesto

Mozzarella

Oregano

Eiertomaten

schwarze Oliven

1 Die Tomaten halbieren, die Hälften in Scheiben schneiden, leicht salzen und mit Knoblauch und 2 EL Öl anmachen. 15 Minuten stehen lassen.

2 Den Ofen auf 220 °C (Umluft 200 °C) anheizen. Den Teig vierteln und zu Kreisen von 13 cm ø ausrollen, auf ein geöltes Backblech legen. Die Ränder zu einem Wulst stauchen, die Böden mit Öl einpinseln und mit dem Pesto bestreichen.

3 Die Tomaten abtropfen lassen und mit dem Mozzarella auf den Teigböden zu einem Wirbelmuster legen.

4 Die Pizzette mit Oliven und Oregano bestreuen, mit dem restlichen Öl beträufeln und 15 bis 20 Minuten goldbraun und knusprig backen. Mit Oregano garnieren und sofort auftragen.

Pizza mit Kräutern

Sie wird in kleine Stücke geschnitten und als Teil einer gemischten Antipasti-Platte gereicht.

Für 8 Personen

ZUTATEN
125 g gemischte Kräuter, z.B. Petersilie,
Basilikum, Oregano
3 Knoblauchzehen, durchgepresst
125 g Crème double
1 Pizzaboden von 25-30 cm ø
1 EL Knoblauchöl
125 geriebener alter Pecorino

1 Die Kräuter waschen, trocken schleudern und fein hacken – das kann in der Messermühle geschehen.

2 Die Kräuter mit Knoblauch, Crème double, Salz und Pfeffer anmachen.

3 Den Pizzaboden mit Knoblauchöl einpinseln, dann die Kräutermischung darauf verteilen. Den Ofen auf 220 °C (Umluft 200 °C) anheizen.

4 Den Pecorino darüber streuen, die Pizza 15 bis 20 Minuten goldbraun und knusprig backen. In Stücke schneiden und heiß oder kalt servieren.

Calzone mit Auberginen und getrockneten Tomaten

Eine ungewöhnliche vegetarische Füllung, zu der Schalotten und Knoblauch zusätzliches Aroma beisteuern. Würzen sie nach Gusto mit Chili.

Für 4 Personen

ZUTATEN
3 EL Olivenöl
3 fein gehackte Schalotten
4 Mini-Auberginen
1 durchgepresste Knoblauchzehe
50 g getrocknete Tomaten aus dem Öl
¼ TL Chiliflocken (oder mehr)
2 TL frische Thymianblättchen
1 Rezept Pizzateig (s. S. 28)
75 g Mozzarella, in Würfel geschnitten
Salz, Pfeffer aus der Mühle
frisch geriebener Parmesan

Parmesan

Thymian

Mozzarella

Olivenöl

Mini-Auberginen

Schalotten

Chili-Flocken

1 Die Auberginen waschen, putzen und in Würfel schneiden. Den Backofen auf 220 °C (Umluft 200 °C) anheizen.

2 Die Schalotten in 2 EL Öl blond anschwitzen. Knoblauch, Auberginen, getrocknete Tomaten, Thymian, Chiliflocken, Salz und Pfeffer dazugeben und noch 4-5 Minuten garen, bis die Auberginen anfangen, weich zu werden.

3 Den Teig halbieren und zu Kreisen von 18 cm ø ausrollen.

4 Die Platten je zur Hälfte mit der Füllung belegen (einen Rand frei lassen), den Mozzarella darüber streuen.

5 Die Teigränder mit Wasser befeuchten, die Platten zu Taschen zusammen klappen, Die Ränder durch Zusammendrücken gut verschließen. Die Taschen auf ein geöltes Backblech legen.

6 In die Mitte jeder Tasche ein Loch als Dampfabzug stechen. Die Teigoberfläche mit Öl einpinseln, die Calzoni 15 bis 20 Minuten knusprig und goldbraun backen. Nochmals mit Öl einpinseln, mit Parmesan bestreuen und sofort servieren.

Pizza mit Fenchel und Parmesan

Fenchel gehört zu den beliebtesten Gemüsen in Italien. Dass er allerdings auf der Pizza auftaucht, ist eher ungewöhnlich.

Für 2-3 Personen

ZUTATEN

1 Knolle Fenchel
3 EL Knoblauchöl
1 Pizzaboden von 25-30 cm ø
1 Rezept Tomatensoße (s.S. 32)
2 EL gehackte schlichte Petersilie
50 g frisch geriebener Parmesan
Salz, Pfeffer aus der Mühle

Mozzarella

schlichte Petersilie

Parmesan

Tomatensoße

Fenchelknolle

Knoblauchöl

1 Den Fenchel putzen, waschen, vierteln und in dünne Scheiben schneiden. Den Backofen auf 220 °C (Umluft 200 °C) anheizen.

2 Den Fenchel in zwei Esslöffel Knoblauchöl vier bis fünf Minuten blond anschwitzen.

3 Den Pizzaboden mit dem restlichen Öl einpinseln und die Tomatensoße darauf verteilen. Fenchel und Petersilie darauf streuen.

4 Mozzarella und Parmesan mischen und auf die Pizza streuen. Die Pizza 15 bis 20 Minuten knusprig und goldbraun backen. Heiß auf den Tisch bringen.

Pizzette mit roten Zwiebeln und Gorgonzola

Pikanter Käse geht mit milden Zweibeln und Salbei eine glückliche Verbindung ein.

Für 4 Personen

ZUTATEN

1 Rezept Pizzateig (s.S. 28)
2 EL Knoblauchöl
2 kleine rote Zwiebeln
150 g pikanter Gorgonzola
2 Knoblauchzehen
2 TL gehackter frischer Salbei
Pfeffer aus der Mühle

Salbei

Knoblauch

Gorgonzola

Knoblauchöl

rote Zwiebeln

1 Den Teig in acht Stücke teilen und auf der bemehlten Arbeitsfläche zu fünf Millimeter dünnen Ovalen ausrollen, auf geölte Bleche legen und mit der Gabel mehrfach einstechen. Die Teigböden mit Knoblauchöl einpinseln. Den Backofen auf 200 °C Umluft einschalten.

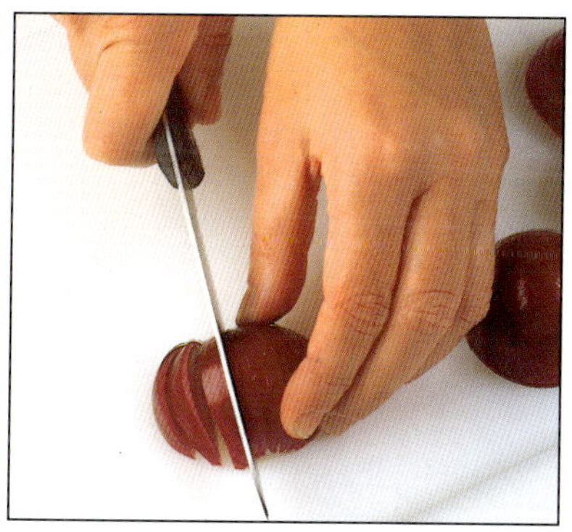

2 Die Zwiebeln halbieren und dann in schmale Spalten schneiden, auf die Pizzette verteilen. Den Knoblauch schälen und in Stifte schneiden.

3 Den Gorgonzola entrinden, in Würfel schneiden und über die Zwiebeln streuen.

4 Die Pizzette mit Knoblauch und Salbei bestreuen, mit dem restliche Öl beträufeln und auf zwei Ebenen circa 15 Minuten goldbraun und knusprig backen. Heiß unter die hungrigen Gäste verteilen.

Pizza mit Zwiebel und Käse

Drei Sorten Käse kommen auf diese Pizza. Kombinieren Sie nach Gusto, zum Beispiel Mozzarella, Gorgonzola und Cheddar.

Für 2-3 Personen

ZUTATEN

3 EL Olivenöl
3 mittelgroße Zwiebeln, fein geschnitten
1 Pizzaboden von 25-30 cm ø
4 kleine Tomaten, enthäutet, entkernt und in schmale Streifen geschnitten
2 EL gehacktes Basilikum
125 g milder Gorgonzola (Dolcelatte)
150 g Mozzarella
125 g Cheddar
Pfeffer aus der Mühle
Basilikum zum Garnieren

Tomaten

Mozzarella

Basilikum

Gorgonzola

Cheddar

Olivenöl

Zwiebeln

1 Die Zwiebeln in zwei Esslöffeln Öl bei mittlerer Hitze ca. 10 Minuten blond anschwitzen. Den Backofen auf 220 °C (Umluft 200 °C) anheizen.

2 Den Pizzaboden auf ein Blech legen und mit dem übrigen Öl einpinseln, mit Zwiebeln und Tomaten belegen und das Basilikum darüber streuen.

3 Die drei Käsesorten in dünne Scheiben schneiden und auf der Pizza verteilen.

4 Kräftig mit Pfeffer würzen und die Pizza 15 bis 20 Minuten goldbraun und knusprig backen. Mit Basilikum garnieren und subito auf den Tisch bringen.

Pizza mit ganzen Knoblauchzehen und Oregano

Die ultimative Pizza für Knoblauch-Fans! Die in der Schale gegarten Zehen verlieren ihre Schärfe – drücken Sie sie einfach aus der Pelle.

Für 2-3 Personen

ZUTATEN

1 Knolle Knoblauch
3 ERL Olivenöl
je 1 mittelgroße gelbe und rote Paprika, entkernt und geviertelt
2 Eiertomaten
1 Rezept Pizzateig (s.S. 28)
200 g Fetakäse, zerkrümelt
Pfeffer aus der Mühle
2 EL frische Oreganoblättchen zum Garnieren

Oregano

Feta

Eiertomaten

Olivenöl

Paprika

Knoblauchknolle

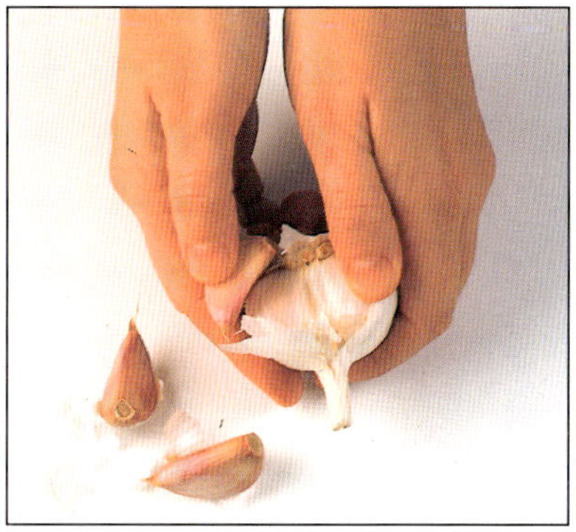

1 Den Knoblauch in Zehen trennen, die äußeren Häute entfernen, die Zehen ungeschält in einem Esslöffel Öl schwenken. Ofen auf 200 °C Umluft anheizen.

2 Die Paprika mit der Hautseite oben auf ein Backblech legen und im Ofen rösten, bis sie schwarz werden und die Haut Blasen wirft. Zum Abkühlen zehn Minuten in eine zugedeckte Schale legen, dann die Haut abziehen und das Fleisch in Streifen schneiden.

3 Die Tomaten an der Unterseite kreuzweise einritzen, 30 Sekunden mit kochendem Wasser überbrühen, in Eiswasser abschrecken und enthäuten. Den Teig vierteln und auf der bemehlten Arbeitsfläche zu Kreisen von 13 cm ø ausrollen.

4 Die Teigplatten mit ausreichendem Abstand auf zwei geölte Bleche legen, die Ränder durch Stauchen zum Wulst formen, die Böden mit Öl bepinseln und mit den Tomaten belegen; darauf Paprika, Feta und Knoblauch. Mit dem restlichen Öl beträufeln, pfeffern und 15-20 Minu-ten goldbraun und knusprig backen. Mit Oregano garnieren und sofort auftragen.

Pizza mit Frühlingsgemüse und Pinienkernen

Sie braucht ein bisschen Zeit bei der Zubereitung - aber die Mühe lohnt sich. Mischen Sie das Gemüse nach dem Angebot des Markts.

Für 2-3 Personen

ZUTATEN
1 Pizzaboden von 25-30 cm ø
3 EL Knoblauchöl
1 Rezept Tomatensoße (s. S. 32)
4 Lauchzwiebeln
2 Zucchini
1 Stange Porree
125 g Spargelspitzen
1 EL Pinienkerne
50 g geraspelter Mozzarella
2 EL frisch geriebener Parmesan
Pfeffer aus der Mühle

1 Den Ofen auf 220 °C anheizen. Den Pizzaboden auf ein Blech legen und mit Knoblauchöl einpinseln; die Tomatensoße darauf verteilen.

2 Lauchzwiebeln, Zucchini, Spargel und Lauch putzen, waschen und klein schneiden.

3 Das Gemüse in einem Esslöffel Knoblauchöl unter Rühren 2 bis 3 Minuten anbraten.

4 Die vorbereitete Pizza mit dem Gemüse belegen.

5 Mit Oregano und Pinienkernen bestreuen.

6 Das Ganze mit Mozzarella und Parmesan bestreuen, mit dem verbliebenen Öl beträufeln und pfeffern; 15-20 Minuten knusprig und goldbraun backen. Heiß servieren.

Panzerotti mit Spinat und Ricotta

Fritierte Pizzatäschchen – ideal als Finger Food für die Stehparty oder als Appetizer bei Tisch.

Für 20-24 Stück

ZUTATEN

125 g gehackter TK-Spinat, aufgetaut und gut ausgedrückt
50 g frischer Ricotta
50 g frisch geriebener Parmesan
Muskatnuss
1 doppeltes Rezept Pizzateig (s.S. 28)
1 Eiweiß, leicht verquirlt
Öl zum Fritieren
Salz, Pfeffer aus der Mühle

1 Spinat, Ricotta und Parmesan gründlich mischen, mit Salz, Pfeffer und Muskatnuss würzen.

2 Den Teig drei Millimeter dick ausrollen und Kreise von 8 cm ø ausstechen.

3 Jeweils auf eine Hälfte eines Teigtalers einen Teelöffel Füllung geben.

4 Die Ränder der Teigtaler mit Eiweiß bestreichen.

5 Die freien Teighälften über die Füllung klappen und die Ränder gut zusammen drücken.

KOCH-TIPP

Servieren Sie die fritierten Panzerotti ganz frisch aus der Pfanne – nach einer halben Stunde sind sie längst nicht mehr so lecker

6 Die Panzerotti in der Friteuse oder in einem Topf mit einem Liter Öl bei 180 °C zwei bis drei Minuten ausbacken, jeweils 2-3 Stück auf ein Mal, damit das Öl nicht zu kühl wird. Auf Küchenkrepp abtropfen und im Backofen warm halten, bis alle Panzerotti gebacken sind. Heiß servieren.

Pizzette mit Feta, Peperoni und Pinienkernen

Pikante Appetithappen oder mit Salat ein leichtes Mittagsmahl. Auch mit Ziegenkäse statt Feta.

Für 24 Stück

ZUTATEN
1 Doppelrezept Pizzateig (s.S. 28)
4 EL natives Olivenöl
2 EL Tapenade (schwarze Olivenpaste)
200 g Fetakäse
1 große eingelegte milde Paprika
2 EL frische Thymianblättchen
Pfeffer aus der Mühle
Thymianzweige zum Garnieren

eingelegte Paprika

Thymian

Feta-Käse

Tapenade

Pinienkerne

1 Den Ofen auf 200 °C Umluft anheizen. Den Teig in 24 Stücke teilen und drei Millimeter dick zu Ovalen ausrollen, mit ausreichend Abstand auf geölte Backbleche legen und mit der Gabel mehrfach einstechen, mit Olivenöl bepinseln.

2 Die Teigböden dünn mit Tapenade bestreichen und den Käse draufkrümeln.

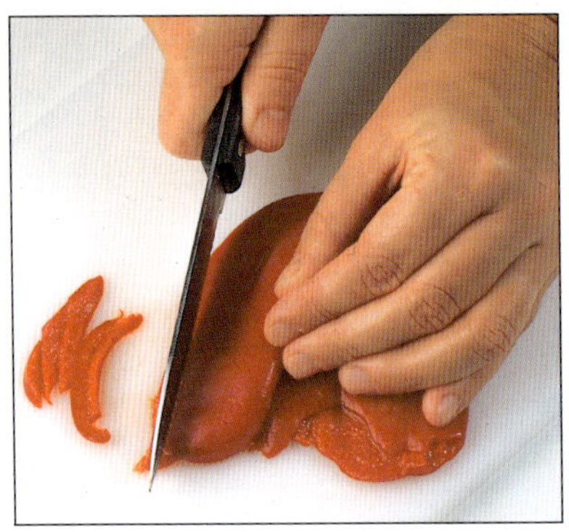

3 Die Paprika in feine Streifen schneiden und auf die Pizzette legen.

4 Die Pizzette mit Thymian und Pinienkernen bestreuen, mit dem restlichen Öl beträufeln und mit Pfeffer würzen. Ca. 15 Minuten auf mehreren Ebenen backen. Mit Thymian garnieren und sofort auftragen.

Pizzahappen mit Basilikum, Oliven und Tomaten

Ein schnelles Rezept mit schnellem Pizzateig und viel frischem Basilikum.

Für 24 Stück

ZUTATEN
1 Bund Basilikum
1 Rezept schneller Pizzateig (s.S. 30)
2 EL Tomatenöl
1 Rezept Tomatensoße (s.S. 32)
125 g getrocknete Tomaten aus dem Öl, fein gehackt
10 entsteinte schwarze Oliven, gehackt
50 g geraspelter Mozzarella
2 EL frisch geriebener Parmesan

1 Den Ofen auf 220 C anheizen. Die Basilikumblätter grob hacken, einige als Garnitur verwahren. Die Hälfte des Basilikums am Anfang des Teigmachens dazugeben.

2 Den Teig auf der bemehlten Arbeitsfläche glatt kneten und ein geöltes 20x30 cm Blech damit auslegen, die Ränder leicht hoch ziehen.

3 Den Teigboden mit Tomatenöl bepinseln, die Tomatensoße darauf streichen. Getrocknete Tomaten, Basilikum und Oliven darauf streuen.

4 Mozzarella und Parmesan auf die Pizza streuen, das restliche Öl darauf träufeln. 20 Minuten backen. In 24 rechteckige Stücke schneiden, mit Basilikum garnieren und heiß auftragen.

Bauern-Pizza

Der ultimative Party-Fladen. In fingerbreite Stücke geschnitten ist er im Nu verputzt.

Für 8 Personen

ZUTATEN

6 EL natives Olivenöl
250 g fein geschnittene Champignons
1 Doppelrezept Pizzateig (s.S. 28)
1 Rezept Tomatensoße (s.S. 32)
125 g sehr dünn geschnittener gekochter Schinken
6 Artischockenherzen aus der Dose
50 g Anschovisfilets aus dem Salz, gewässert und gehackt
10 entsteinte schwarze Oliven
2 EL frische Oreganoblätter
3 EL frisch geriebener Parmesan
Pfeffer aus der Mühle

1 Die Pilze in zwei Esslöffel Öl fünf Minuten braten, bis der ausgetretene Saft verdunstet ist. Abkühlen lassen.

2 DenTeig mit etwas Mehl zu einem Rechteck von 25 x 30 cm ausrollen, ein passendes geöltes Blech damit auslegen, die Ränder etwas hoch ziehen. Den Teigboden mit Öl einpinseln.

3 Die Tomatensoße auf dem Teig verteilen. Den Backofen auf 220 °C (Umluft 200 °C) anheizen.

4 DieTomatensoße mit den Mozzarellascheiben bedecken. Die Artischockenherzen in Scheiben schneiden.

5 Schinken, Artischocken, Pilze und Anschovis auf den Käse legen.

6 Die Oliven verteilen, alles mit Oregano bestreuen und mit Öl beträufeln und mit Pfeffer würzen. Ca. 25 Minuten knusprig und goldbraun backen. In Stücke schneiden und servieren.

Anschovis-Filets

Mozzarella

gekochter Schinken

Artischocken

Olivenöl

Tomatensoße

schwarze Oliven

Champignons

Schnelle Pizza mit Sardellen

Aus dem Hefeteig zaubern Sie vier Mini-Pizzen oder eine große. Das dauert vierzig Minuten. Wenn die Zeit noch knapper ist, nehmen Sie einfach einen fertigen Pizza-Boden oder Teig aus der Gefriertruhe.

Für 4 Personen

ZUTATEN
Für den Teigboden:
1 Päckchen Trockenhefe
1 EL Zucker
2 EL natives Olivenöl
1 TL Meersalz
500 g Mehl Typ 550

Für den Belag
1 EL Olivenöl
1 fein gehackte Zwiebel
800 g gehackte Tomaten, frisch oder aus der Dose
Salz, Pfeffer aus der Mühle
1 EL frische Thymianblättchen
12 frische Anschovis oder Anschovis aus der Dose
frische ausgelöste Garnelen
100 g Kirschtomaten, halbiert
Thymianzweige zum Garnieren

Anschovis

Eiertomaten

Garnelen

Kirschtomaten

1 Hefe, Zucker und Salz mit dem Mehl mischen.

2 325 ml lauwarmes Wasser und das Olivenöl dazugeben und einen festen Teig herstellen.

3 Den Teig 10 Minuten kneten, zur Kugel formen und in einer abgedeckten Schüssel an einem warmen Ort zur doppelten Größe aufgehen lassen.

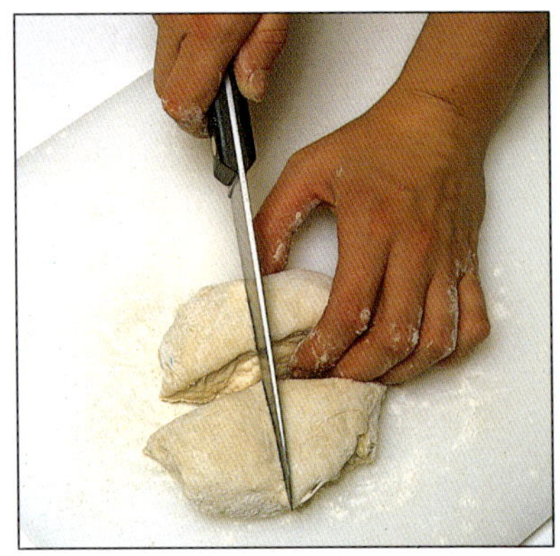

4 Den Teig wieder 5 Minuten kneten und in vier Teile schneiden und zu 13 cm großen Kreisen ausrollen. Den Ofen auf 220 °C (Umluft 200 °C) anheizen.

5 Die Zwiebeln in wenig Öl blond anschwitzen. Tomaten und Thymian dazugeben, aufkochen und 15 Minuten köcheln lassen. Die Teigböden auf ein geöltes Blech legen.

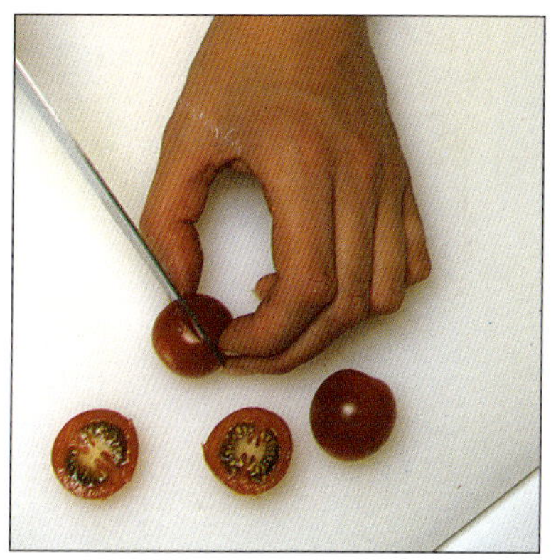

6 Die Pizzen mit Soße bestreichen, mit Sardellen, Garnelen und Kirschtomaten belegen. Zwanzig Minuten goldbraun und knusprig backen. Mit Thymian garnieren und heiß auf den Tisch bringen.

VARIATION

Nehmen Sie als Belag Ihre Lieblings-Meeresfrüchte - z.B. Muscheln.

Pizza vom Grill mit Ziegenkäse

Pizzen vom Holzkohlen-Grill haben einen wunderbar knusprigen, goldbraunen Boden.

Koch-Tipp

Wenn die Pizza zu rasch bräunt, stellt man den Grillrost höher oder legt eine Alufolie unter die Pizza.

Für 4 Personen

Zutaten

1 Backmischung Pizzateig (150 g)
Olivenöl
150 g passierte Tomaten
2 EL roter Pesto
1 kleine rote Zwiebel, dünn geschnitten
8 Kirschtomaten, halbiert
125 g fester Ziegenkäse, in dünnen Scheiben
1 Bund Basilikum
Salz, Pfeffer aus der Mühle

1 Den Teig nach Anweisung auf der Packung zubereiten und zu einem Kreis (25 cm ø) ausrollen, mit Öl bestreichen.

2 Den Teig mit der geölten Seite unten auf einen gut vorgeheizten mittelheißen Grill legen, ca. 6 bis 8 Minuten garen, bis die Unterseite fest und leicht gebräunt ist.

3 Die obere Seite ebenfalls ölen ujnd den Boden wenden.

4 Passierte Tomaten und Pesto mischen und auf die gegarte Seite des Bodens streichen, einen Rand frei lassen.

5 Zwiebel, Kirschtomaten und Käse auf der Pizza verteilen, mit Salz und Pfeffer würzen.

6 Die Pizza weitere 8 bis 10 Minuten garen, bis der Boden goldbraun und knusprig ist. Mit gehacktem Basilikum bestreuen und servieren.

Vegetarische Gerichte und Beilagen

Gemüse spielt seit jeher eine wichtige Rolle in der italienischen Küche, besonders im Süden, wo Fleisch auch heute noch oft ein Luxus ist. Die echte mediterrane Kochkunst zeigt sich in Gerichten wie der Frittata mit getrockneten Tomaten oder gegrilltem Gemüse mit marmoriertem Joghurt-Pesto.

Kartoffel-Gnocchi mit Haselnuss-Soße

Die Nuss-Soße zu den kleinen zarten Klößchen ist eine ligurische Spezialität.

Für 4 Personen

ZUTATEN
750 g mehlige Kartoffeln
125 g Mehl
50 g Butter zum Schwenken

FÜR DIE SOSSE
125 g geröstete Haselnüsse
1 Knoblauchzehe, grob gehackt
½ TL abgeriebene Zitronenschale
½ TL Zitronensaft
2 EL natives Olivenöl
150 g magerer Frischkäse
Salz, Pfeffer aus der Mühle

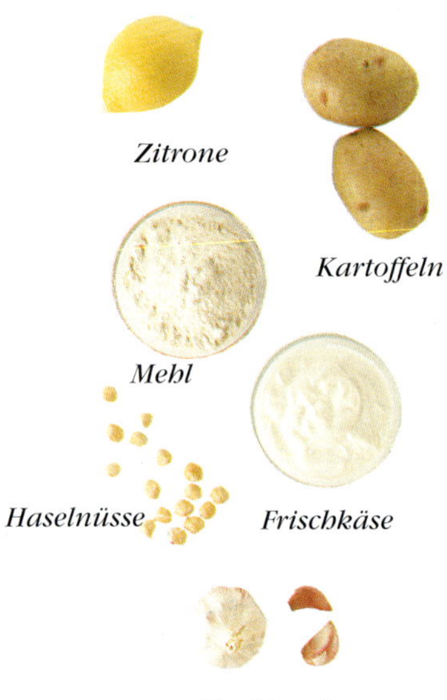

1 Die Hälfte der Haselnüsse mit Knoblauch, Zitronenschale und -saft in der Messermühle grob hacken. Das Öl dazugeben und alles fein pürieren. Herausnehmen und mit dem Frischkäse vermischen. Die übrigen Nüsse grob hacken.

2 Die Kartoffeln in der Schale in Salzwasser garen, noch warm pellen und durch die Gemüse-Mouli drehen oder durch eine Kartoffel-Presse in eine Schüssel drücken.

3 Nach und nach das Mehl einarbeiten (ob alles gebraucht wird, hängt von den Kartoffeln ab), bis die Masse glatt und leicht klebrig ist. Mit Salz abschmecken.

4 Den Kartoffelteig auf einem bemehlten Brett mit den Händen zu einem 1 cm dicken Strang ausrollen und in 2 cm lange Stücke schneiden.

5 Die Stücke einzeln über die bemehlten Zinken einer Gabel rollen, um ihnen ein Rillenmuster aufzudrücken. Auf ein bemehltes oder mit Grieß bestreutes Tablett legen.

KOCH-TIPP

Gnocchi gelingen nur mit leichter Hand - die Masse darf nicht mehr als unbedingt nötig geknetet werden, sie wird sonst zäh.

6 Die Gnocchi in sanft siedendem Salzwasser portionsweise gar ziehen – sie sind gar, wenn sie an die Oberfläche steigen. Herausheben und in einer gewärmten Schüssel mit der zerlassenen Butter schwenken. Die Soße vorsichtig im Wasserbad erwärmen, damit sie nicht gerinnt.
Die Gnocchi in gewärmten tiefen Tellern anrichten, die Soße darübergeben, mit den gehackten Haselnüssen bestreuen.

Zucchini und Spargel en Papillote

Heiße Überraschungspäckchen, die der Gast auf dem Teller findet, die beim Öffnen ihr köstliches Aroma verströmen. Ideal als Zwischengericht.

Für 4 Personen

ZUTATEN
2 mittelgroße Zucchini
1 mittelgroße Stange Lauch
250 g grüner Spargel
4 Stängel Estragon
4 ungeschälte Knoblauchzehen
Salz, Pfeffer aus der Mühle
1 Ei, verquirlt

1 Mit einem Sparschäler die Zucchini längs in dünne Streifen hobeln. Den Backofen auf 200 °C (Umluft 180 °C) anheizen.

2 Den Lauch waschen, längs halbieren und in Julienne schneiden, d.h. streichholzdünne, 5 cm lange Streifen. Den Spargel schräg in 5 cm lange Stücke schneiden.

3 4 Stücke Butterbrot- oder Backpapier von 30 x 40 cm Größe zuschneiden und doppelt falten. Eine große Kurve an eine Seite zeichnen und ausschneiden, so dass beim Aufklappen eine Herzform entsteht.

4 Die Gemüsesorten gleichmäßig auf die vorbereiteten Herzblätter verteilen, jeweils auf die eine Hälfte der Herzform, jede Portion mit einem Estragonzweig und einer Knoblauchzehe garnieren. Mit Salz und Pfeffer würzen.

VARIATION

Probieren Sie auch mal andere Kombinationen von Gemüsen und Kräutern, z.B. Zuckerschoten, Möhren und Rosmarin.

5 Die Ränder des Papiers mit Ei bestreichen, die Herzen zusammen klappen.

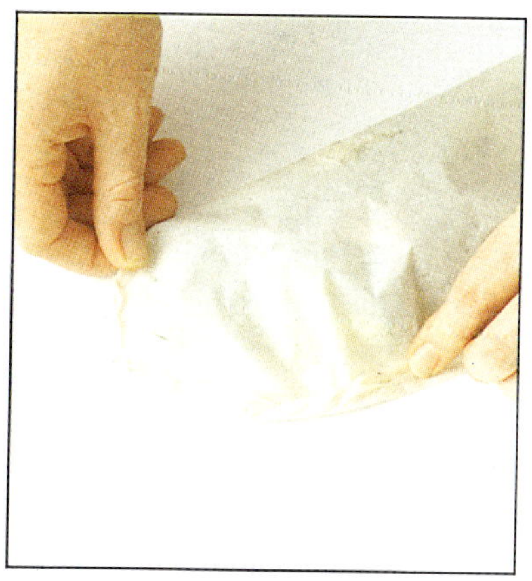

6 Die Ränder durch Falzen sicher verschließen, die Päckchen auf ein Backblech legen und zehn Minuten im Backofen garen. Auf Tellern anrichten und sofort servieren.

Risotto mit Kürbis und Pistazien

Vornehm blass oder kräftig gelb kommt dieses cremige Reisgericht daher - je nachdem, wieviel Safran Sie verwenden

Für 4 Personen

ZUTATEN
1,2 l Gemüsebrühe
1-4 Portionspäckchen Safranfäden
2 EL natives Olivenöl
500 g Rundkornreis, z.B.Arborio
1 mittelgroße Zwiebel, fein gehackt
2 durchgepresste Knoblauchzehen
1 kg Kürbis, geschält, entkernt und in 2 cm große Würfel geschnitten
1!4 l trockener Weißwen
20 g fein geriebener Parmesan
1 Bund frischer Oregano- oder Majoran
Muskatnuss, Salz, Pfeffer aus der Mühle

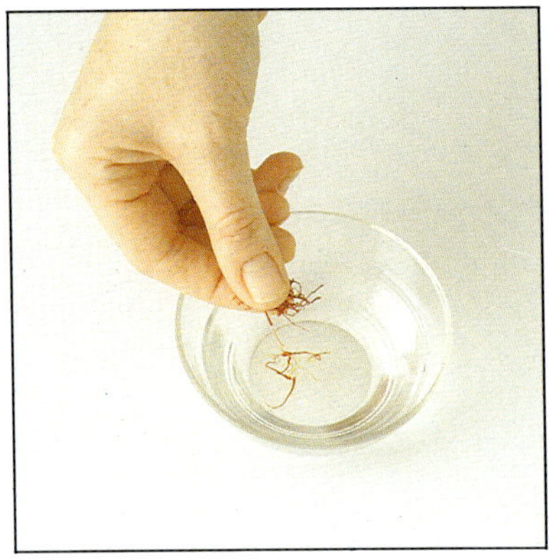

1 Die Brühe knapp bis zum Siedepunkt erhitzen und den Safran in einigen Esslöffeln davon einweichen.

2 Zwiebel und Knoblauch im Öl bei sanfter Hitze 5 Minuten blond anschwitzen. Reis und Kürbis dazugeben und weiter garen, bis der Reis glasig ist.

3 Mit dem Wein ablöschen und unter Rühren kochen, bis er vom Reis aufgesogen ist. Den gelösten Safran und ein Viertel der Brühe zugeben und unter Rühren ausquellen lassen.

4 Nach und nach bei mittlerer Hitze die restliche Brühe dazugeben und unter gelegentlichem Rühren ausquellen lassen. Nach 20 bis 25 Minuten ist der goldgelbe Risotto cremig, der Reis *al dente*.

5 Den Parmesan einrühren, den Topf vom Herd nehmen und zugedeckt fünf Minuten ruhen lassen

6 Zuletzt die Pistazien und 3 Esslöffel Oregano- oder Majoranblättchen einrühren, mit Salz und weißem Pfeffer abschmecken. Mit Kräutern garnieren und im Topf auf den Tisch bringen.

KOCH-TIPP

Für einen echten Risotto braucht man unbedingt italienischen Rundkornreis. Weitere Sorten sind Carnaroli und Vialone.

Caponata

Das würzige Schmorgericht mit Auberginen, Tomaten, Kapern und Sellerie ist ein unverzichtbarer Bestandteil der sizilianischen Antipasti.

Für 4 Personen

Zutaten
4 EL natives Olivenöl
1 große Zwiebel, fein gehackt
2 Stängel Bleichsellerie, gescheibelt
500 g Auberginen, in Würfeln
5 reife Tomaten, grob gehackt
1 Knoblauchzehe, durchgepresst
3 EL Rotweinessig
2 EL Kapern
12 schwarze Oliven
4 EL gehackte schlichte Petersilie zum Garnieren
als Beilage Brot und Oiven

1 In einem großen Schmortopf Zwiebel und Sellerie in zwei Esslöffel Öl blond anschwitzen.

2 Das restliche Öl und die Auberginen dazugeben und unter Rühren anbraten, bis sie zu bräunen beginnen, dann Tomaten, Knoblauch und Essig dazugeben.

3 Das Gemüse mit einem Blatt Butterbrotpapier oder Alufolie abdecken und zehn Minuten köcheln lassen.

4 Kapern und Oliven dazugeben und abschmecken. In einer Schüssel anrichten, mit Petersilie garnieren und bei Raumtemperatur servieren. Dazu knuspriges Brot und sizilianischen Rotwein.

Cannellini-Bohnen-Püree mit gegrilltem Radicchio

Die leicht bitteren Aromen von Chicoree und Radicchio passen ausgezeichnet zum cremigen Bohnenpüree mit Zitrus.

Für 4 Personen

ZUTATEN

400 g Cannellini-Bohnen aus der Dose
3 EL fettarmer Frischkäse
1 große unbehandelte Orange (Schale in Streifen und gerieben, Saft)
1 EL gehacke frische Rosmarinnadeln
4 Stangen Chicoree
2 mittelgroße Köpfe Radicchio
1 EL Walnussöl

1 Die Bohnen mit der Hälfte ihres Fonds fein pürieren, Orangensaft und – geriebene Schale und den Rosmarin dazugeben.

2 Den Chicoree waschen und die Stangen längs halbieren.

3 Den Radicchio waschen und jeden Kopf in acht Spalten teilen.

4 Chicoree und Radicchio auf ein Backblech legen, mit Öl einpinseln und unterm Grill im Backofen 10 Min. rösten, mit dem Püree anrichten, mit Orangenschale garnieren.

VARIATION

Statt der Cannellini-Bohnen eignen sich auch andere Hülsenfrüchte.

Cannelini-Bohnen-Toast mit grünem Spargel

Cremige Bohnen und knackiger Spargel bilden hier einen reizvollen Kontrast

Für 2 Personen

ZUTATEN

10 g Butter
1 kleine Zwiebel, fein gehackt
1 kleine Möhre, fein gerieben
1 TL frische Thymianblättchen
400 g abgetropfte Cannellini-Bohnen aus der Dose
150 g Sahne
125 g grüner Spargel
2 Scheiben Grahambrot

1 Zwiebel und Möhre in der Butter vier Minuten blond anschwitzen. Den Thymian dazugeben.

2 Die Bohnen kalt abspülen, abtropfen lassen und zu Zwiebel und Möhre geben.

3 Mit der Sahne ablöschen und vorsichtig erhitzen. Vom Herd nehmen und abschmecken. Den Grill vorheizen.

4 Den geputzten Spargel in Salzwasser drei bis vier Minuten blanchieren, die Stangen halbieren.

5 Derweil das Brot auf dem Grill goldbraun rösten (oder im Toaster).

6 Die Toastscheiben auf Tellern anrichten, den Spargel darauf anrichten und die Bohnen darübergeben.

Variation

Nehmen Sie für dieses Gericht Ihre Lieblingsbohnen: z.B. Wachtel-, Borlotti- oder dicke Bohnen.

Kartoffel-Gratin mit Spinat und Pinienkernen

Die Pinienkerne sind das Tüpfelchen auf dem i bei diesem köstlichen Auflauf von dünnen Kartoffelscheiben mit Spinat.

Für 2 Personen

ZUTATEN
500 g Kartoffeln
1 durchgepresste Knoblauchzehe
3 Lauchzwiebeln, fein geschnitten
150 g Sahne
¼ l Milch
250 g gehackter TK-Spinat, aufgetaut
125 g Greyerzer Käse
25 g Pinienkerne
Salz, Pfeffer aus der Mühle

1 Die Kartoffeln schälen und in dünne Scheiben hobeln und die Scheiben in eine beschichtete Bratpfanne legen.

2 Knoblauch und Lauchzwiebeln gleichmäßig über die Kartoffeln streuen.

3 Sahne und Milch darübergeben, das Ganze erhitzen und acht Minuten köcheln lassen, bis die Kartoffeln gar sind.

4 Mit den Händen so viel Wasser wie möglich aus dem Spinat pressen. Den Spinat zu den Kartoffeln geben und leicht vermischen. Zugedeckt weitere zwei Minuten garen.

5 Mit Salz und Pfeffer abschmecken und das Ganze in eine Auflaufform geben. Den Grill vorheizen.

6 Den Käse und die Pinienkerne über den Auflauf streuen und das Ganze unter dem Grill oder Salamander 2-3 Minuten goldbraun gratinieren. Dazu einen schlichten grünen Salat reichen.

Gegrilltes mediterranes Gemüse mit marmoriertem Joghurt-Pesto

Gemüse vom Holzkohlen-Grill ist ein köstliches Sommergericht - on solo oder als Beilage zu Fisch oder Fleisch

Koch-Tipp

Mini-Gemüse machen sich auf dem Grill ausgezeichnet. Suchen Sie nach Baby-Ausgaben von Auberginen und Paprikaschoten. Mini-Auberginen brauchen zum Grillen nicht gesalzen zu werden.

Für 4 Personen

2 kleine Auberginen
2 große Zucchini
1 gelbe Paprikaschote
1 rote Paprikaschote
1 Knolle Fenchel
1 rote Zwiebel
Olivenöl zum Einpinseln

FÜR DIE SOßE
150 g griechischer Joghurt
3 EL Pesto (s.S. 238)
Salz, Pfeffer aus der Mühle

1 Die Auberginen in zentimeterdicke Scheiben schneiden, salzen und 30 Minuten „weinen" lassen, trocken tupfen.

2 Die Zucchini längs halbieren. Die Paprika halbieren, aber Kerne und Stiele belassen.

3 Fenchel und Zwiebel in dicke Spalten schneiden.

4 Joghurt und Pesto in eine Schüssel geben und mit einem Löffelstiel oder Ess- Stäbchen leicht marmorieren.

5 Die Gemüse mit Öl einpinseln, salzen und pfeffern und auf den heißen Grill legen,

6 Das Gemüse unter gelegentlichem Wenden goldbraun garen. Auberginen brauchen 6-8, Zucchini, Fenchel und Zwiebel 2-5 Minuten. Den marmorierten Joghurt-Pesto dazu reichen.

Auberginen-Rouladen mit Feta und Basilikum

Gegrillte Auberginenscheiben mit einer Füllung aus würzigem Schafskäse, Sonnen-getrockneten Tomaten und Basilikum.

Für 4 Personen

2 große Auberginen
Salz, Pfeffer aus der Mühle
natives Olivenöl
10-12 getrocknete Tomaten aus dem Öl, abgetropft
1 Bund Basilikum
150 g Feta-Käse

VARIATION

Veganer ersetzen den Feta einfach durch Tofu und marinieren die Stücke zuvor in Soja-Soße mit frisch geriebenem Ingwer.

1 Die Auberginen längs in halbzentimeterdicke Scheiben schneiden, salzen und auf einem Durchschlag 30 Minuten „weinen" lassen.

2 Die Auberginen kalt abspülen und gründlich trocken tupfen, beidseitig mit Olivenöl einpinseln und auf dem heißen Grill 2-3 Minuten goldbraun rösten.

3 Jeweils ein Ende einer Auberginenscheibe mit getrockneten Tomaten belegen, denm Käse in Stäbchen schneiden und darauf legen. Mit Salz und Pfeffer würzen.

4 Das Ganze zusammen rollen, mit hölzernen Zahnstochern sichern und 2 bis 3 Minuten grillen. Heiß servieren, dazu Ciabatta-Brot.

Weiße Bohnen mit Salbei

Bohnen jeder Art, ob frisch oder getrocknet, haben besonders in der toskanischen Küche einen hohen Stellenwert und werden auf vielerlei Art fantasievoll zubereitet.

Für 6-8 Personen

ZUTATEN

500 g trockene weiße Bohnen, z.B. Cannellini
4 EL Olivenöl
2 Knoblauchzehen, durchgepresst
3 frische Salbeiblätter
1 Stange Lauch, fein geschnitten
400 g geschälte Tomaten aus der Dose mit ihrem Saft
Salz, Pfeffer aus der Mühle

1 Die Bohnen sorgfältig verlesen, in kaltem Wasser abspülen und dann in frischem Wasser mindestens sechs Stunden einweichen. Abtropfen lassen.

2 Salbei und Knoblauch im Öl 3-4 Minuten anschwitzen, vom Herd nehmen.

3 In einem großen Schmortopf Bohnen, Lauch und Tomaten mit Knoblauch und Salbei samt ihrem Öl mischen. So viel Wasser dazugeben, dass es zwei Zentimeter über den Bohnen steht. Zudecken und im Backofen bei 160 °C Umluft (konventionell 180 °C) 1 ¾ Stunden garen.

4 Den Topf aus dem Ofen nehmen, die Bohnen abschmecken und noch 15 Minuten ohne Deckel in den Ofen stellen, bis die Bohnen gar sind. Herausnehmen und vor dem Servieren 7-8 Minuten ruhen lassen. Oder abgekühlt bei Raumtemperatur servieren.

KOCH-TIPP

Statt frischen Salbei kann man auch getrockneten nehmen, er bewahrt sein Aroma recht gut .

Malfatti mit roter Soße

Wenn Ihnen Knödel bisher zu schwer vorkamen, müssen Sie unbedingt diese leichten Malfatti kennen lernen. Sie können zur Leidenschaft werden.

Für 4-6 Personen

ZUTATEN

500 g frischer Spinat, geputzt und entstielt
1 kleine Zwiebel, fein gehackt
1 Knoblauchzehe, durchgepresst
1 EL Olivenöl
400 g frischer Ricotta
75 g Paniermehl
50 g Mehl
Parmesankäse
Muskatnuss
3 verquirlte Eier
25 g zerlassene Butter
Salz, Pfeffer aus der Mühle

FÜR DIE SOSSE

1 große rote Paprika, entkernt und gehackt
2 EL Olivenöl
400 g Pizza-Tomaten aus der Dose
getrockneter Oregano
2 EL Sahne

1 Den Spinat waschen und tropfnass in einem geschlossenen Topf erhitzen, bis er zusammen gefallen ist. Abtropfen lassen und grob hacken.

2 Zwiebel und Knoblauch im Öl blond anschwitzen und dann mit Spinat, Ricotta, Eier, Butter, Paniermehl, 50 g geriebenem Parmesan und Mehl vermengen, mit Salz, Pfeffer und Muskatnuss abschmecken.

3 Mit zwei Löffeln aus der Masse 12 längliche Quenelles formen (s. Koch-Tipp).

4 Für die Soße Paprika und Zwiebel fünf Minuten im Öl anschwitzen. Pizza-Tomaten zugeben, mit Salz, Pfeffer und Oregano würzen, aufkochen und fünf Minuten köcheln lassen.

5 Vom Herd nehmen und im Mixer oder mit dem Mixstab pürieren. In den Topf zurückgeben, die Sahne einrühren und abschmecken. Falls die Soße zu dick ist, gibt ‚man etwas Wasser dazu.

KOCH-TIPP

Das französische Wort Quenelles stammt vom deutschen Begriff Knödel ab. Berühmt sind die *Quenelles de Brochet,* die Hechtklößchen der klassischen Küche. Zum Formen nimmt man einen gehäuften Löffel Masse und glättet diese, indem man mit einem zweiten nassen Löffel drehend darüber fährt, so dass ein eiförmiges Gebilde entsteht. Den Vorgang zwei bis drei Mal wiederholen, so dass ein Nockerl mit glatter Oberfläche entsteht.

6 Die Malfatti in einem breiten Topf portionsweise in sanft siedendem Salzwasser 5 Minuten pochieren; herausnehmen und im Backofen warm halten.

7 Die Klößchen auf warmen Tellern anrichten, mit der Soße überziehen und mit gehobeltem Parmesan garnieren. Subito auf den Tisch bringen.

Risotto mit Tomaten

Neben dem Risotto Milanese mit Safran ist dieser einer der Klassiker unter den Risotti. Wichtig ist die Reissorte. Hier wird Vialone nano verwendet. Der kleinkörnige Reis gilt als Nonplusultra unter den Rundkorn-Sorten für Risotto.

Für 4 Personen

ZUTATEN

750 feste Tomaten, am besten Eiertomaten
50 g Butter
1 fein gehackte Zwiebel
ca. 1 l Gemüsebrühe
300 g Vialone nano Rundkornreis
400 g Cannellini-Bohnen aus der Dose, abgetropft
50 g fein geriebener Parmesan
Salz, Pfeffer aus der Mühle
Basilikum und Parmesan zum Garnieren

1 Den Grill vorheizen. Die Tomaten halbieren und entkernen, die Kerne in einm Sieb auffangen und auspressen, um möglichst viel Saft zu gewinnen.

3 In einem großen Topf die Zwiebel in der Butter anschwitzen. Die Tomaten und den aufgefangenen Saft dazugeben. Circa zehn Minuten köcheln. In einem anderen Topf die Brühe erhitzen.

2 Die Tomaten mit der Hautseite oben unter den Backofen-Grill legen, bis die Haut anfängt schwarz zu werden. Abkühlen lassen, die Haut abrubbeln. Das Fruchtfleisch in kleine Würfel schneiden.

4 Den Reis zu den Tomaten geben und glasig anlaufen lassen. Mit einer Kelle Brühe ablöschen und unter Rühren ausquellen lassen. Nach und nach weitere Brühe zugeben, bis der Risotto cremig ist und die Körner noch *al dente* sind.

5 Die Cannellini-Bohnen und den Parmesan einrühren und einige Minuten vorsichtig erhitzen.

6 Den Risotto auf tiefen Tellern anrichten und mit Basilikum und gehobeltem Parmesan garnieren. Sofort auf den Tisch bringen – die Gäste sollen auf den Riisotto warten, nicht umgekehrt!

Polenta mit Pilzen

Ein köstliches Gericht aus der einfachen Küche des Volkes in Norditalien.

Für 4 Personen

ZUTATEN
10 g getrocknete Steinpilze
4 EL Olivenöl
1 kleine Zwiebel, fein gehackt
750 g Pilze, wildwachsene oder Zuchtpilze oder eine Mischung daraus, geputzt und in Scheiben geschnitten
2 fein gehackte Knoblauchzehen
3 EL gehackte schlichte Petersilie
1 Lorbeerblatt
3 mittelgroße Tomaten, enthäutet und grob gehackt
1 EL Tomatenmark
1/2 TL frische Thymianblättchen
350 g Polenta
Salz, Pfeffer aus der Mühle
Petersilie zum Garnieren

1 Die Steinpilze zwanzig Minuten in heißem Wasser einweichen, herausnehmen, abtropfen lassen. Das Einweichwasser durch eine Filtertüte seihen..

2 Die Zwiebel in einer großen Pfanne im Öl blond anschwitzen.

3 Die Pilze zu den Zwiebeln geben und bei starker Mittelhitze garen, bis der ausgetretene Saft verdampft ist. Knoblauch, Petersilie und Tomaten dazugeben, vier bis fünf Minuten köcheln.

4 Das Tomatenmark mit dem Einweichwasser der Pilze verrühren und mit den Steinpilzen zur Pilz-Tomatenmischung geben. 10 bis 15 Minuten sanft köcheln lassen.

5 1,4 Liter Wasser mit einem Esslöffel Salz und der Polenta langsam unter Rühren aufkochen, dann zugedeckt bei schwacher Hitze ausquellen lassen, gelegentlich rühren. (Die Garzeit hängt von der Körnigkeit und der Art der Polenta ab.)

KOCH-TIPP

Getrocknete Pilze, besonders Steinpilze, bringen eine Menge Geschmack in jedes Pilzgericht – ihr Aroma ist durch das Trocknen konzentriert und damit stärker als bei frischen Pilzen.

6 Jetzt einen großen Holzlöffel nehmen und die Polenta bei geringer bis mittlerer Hitze rühren, bis die Masse dick wird und sich gut vom Topfrand löst Dafür brauchen Sie ungefähr 25-50 Minuten. Es hängt davon ab, welche Sorte Polenta Sie gewählt haben. Das beste Ergebnis erreichen Sie bei ständigem Rühren bis Sie die Polenta vom Herd nehmen. Wenn die Polenta fertig ist, noch einmal die Pilzsoße erwärmen.

7 Die Polenta in einer großen flachen Schüssel anrichten, eine Mulde in die Mitte drücken und einen Teil des Pilzragouts hineingeben. M it Petersilie garnieren. Das übrige Ragout getrennt reichen.
Die Polenta nach Belieben mit Parmesan bestreuen.

Frittata mit getrockneten Tomaten

Ein paar in der Sonne getrocknete Tomaten geben diesem Omelett den mediterranen Geschmack.

Für 3-4 Personen

ZUTATEN
- 6 getrocknete Tomaten, trocken oder abgetropfte aus dem Öl
- 4 EL Olivenöl
- 1 kleine Zwiebel, fein gehackt
- 1 Prise frische Thymianblättchen
- 6 Eier
- 50 g frisch geriebener Parmesan
- Salz, Pfeffer aus der Mühle

getrocknete Tomaten

Parmesankäse

Eier

Thymian

Zwiebel

Olivenöl

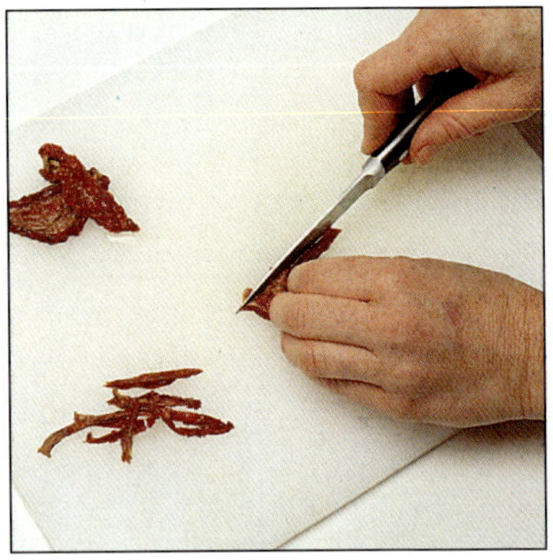

1 Die Tomaten in wenig heißem Wasser 15 Minuten einweichen. Herausnehmen und in feine Streifen schneiden. Das Einweichwasser aufheben.

2 Die Zwiebel in der Omelettpfanne im Öl blond anschwitzen. Tomaten und Thymian dazugeben, 2 bis 3 Minuten sanft garen.

3 Die Eier in eine Schüssel schlagen und leicht vequirlen, so dass sie noch meliert sind. 3 bis 4 Esslöffel Tomaten-wasser und den Parmesan dazugeben. Die Hitze unter der Pfanne herauf schalten.

VARIATION

Nehmen Sie statt der getrockneten Tomaten 50 Gramm gewürfelten Schinken oder Speck und eine Handvoll grob gehackten blanchierten Spinat. Beim Anschwitzen der Zwiebel kann man Knoblauch dazugeben.

4 Wenn das Öl richtig heiß ist, die Eier in die Pfanne geben und mit den anderen Zutaten vermengen. Die Hitze verringern und nicht mehr rühren, bis die Eimasse gestockt ist.

5 Das Omelett zum Wenden auf einen Teller oder einen großen Topfdeckel gleiten lassen , die Pfanne darüber stülpen und das Ganze drehen. Oder die Frittata mit gekonntem Salto in der Luft wenden. Noch kurz auf der anderen Seite garen. Heiß servieren oder kalt in Stücke geschnitten bei den Antipasti.

Kräuter- Polenta mit gegrillten Tomaten

Mais mit frischen Sommerkräutern und vollreif süßen Tomaten vom Grill

VARIATION

Sie können die Kräutermischung beliebig variieren, oder auch nur ein einziges Kraut wie Rosmarin oder Salbei verwenden.

Für 4 Personen

ZUTATEN
0,8 l Gemüsebrühe
Salz
200 g Polenta (Maisgrieß)
25 g Butter
5 EL gemischte gehackte Kräuter,. z.B. Schnittl,.auch, Basilikum und Petersilie, weitere zum Garnieren
Olivenöl
4 große Fleischtomaten, halbiert
Salz, Pfeffer aus der Mühle

1 Die Polenta im voraus zubereiten: Den Maisgrieß mit der Brühe und dem Salz unter Rühren aufkochen...

2 ... dann zugedeckt bei schwacher Hitze ausquellen lassen, gelegentlich rühren.

3 Vom Herd nehmen, die Butter und die Kräuter einrühren.

4 Den Brei auf ein kalt abgespültes Backblech, auf eine Steinplatte oder ein nasses Brett stürzen und zwei Zentimeter dick ausstreichen. Völlig erkalten lassen.

5 Die Polenta in Stücke schneiden oder Taler ausstechen, Beidseitig mit Olivenöl bestreichen.

6 Die Tomaten salzen und pfeffern und mit Öl einpinseln. Polenta und Tomaten auf dem mittelheißen Grill ca. fünf Minuten rösten, dabei ein Mal wenden. Mit frischen Kräutern garnieren.

Zwiebeln aus dem Ofen mit getrockneten Tomaten

Schlicht und umwerfend lecker bringt dieses Gericht südliche Sommerstimmung auf Ihren Tisch

Für 4 Personen

ZUTATEN
500 g kleine Zwiebeln, geschält
2 TL gehackte frische Rosmarinnadeln
125 g getrocknete Tomaten aus dem Öl, abgetropft und gehackt
6 EL Olivenöl
1 EL Weißweinessig
Salz, Pfeffer aus der Mühle

1 Die Zwiebeln in Salzwasser fünf Minuten blanchieren, danach gut abtropfen lassen.

2 Die Zwiebeln in eine leicht geölte ofenfeste Form legen.

3 Rosmarin, Knoblauch, Petersilie, Salz und Pfeffer mischen und gleichmäßig über die Zwiebeln streuen.

4 Die getrockneten Tomaten gleichmäßig über die Zwiebeln verteilen, das Ganze mit Essig und Öl beträufeln.

5 Das Geschirr mit Alufolie abdecken und mit Umlufthitze bei 150 °C (sonst 170 °C) 45 Minuten garen. Die letzten 15 Minuten die Folie entfernen und zum Bräunen der Zwiebeln eventuell Grill oder Oberhitze einschalten. In der Form sogleich auf den Tisch bringen.

VARIATION

Statt Rosmarin und Petersilie lassen sich auch andere Kräuter bei diesem Gericht verwenden. Zu den Tomaten passt besonders gut Basilikum, zu den Zwiebeln Thymian oder Salbei. Probieren Sie auch einmal Schalotten oder rote Zwiebeln für diese Zubereitung, wenn Sie kleine auftreiben können. Oder mischen Sie einfach die Farben.

Gegrillte Auberginen-Päckchen

Eine echt italienische Sendung voller Tomaten, Mozzarella und Basilikum, in Auberginen gewickelt.

Für 4 Personen

ZUTATEN
2 große, längliche Auberginen
250 g Mozzarella
1 Bund Basilikum
2 EL Olivenöl
Salz, Pfeffer aus der Mühle

FÜR DIE VINAIGRETTE
4 EL Olivenöl
1 EL Balsamessig
1 EL Püree von getrockneten Tomaten
1 EL Zitronensaft

ZUM GARNIEREN
2 EL geröstete Pinienkerne
Basilikum

1 Die Zutaten für die Vinaigrette verrühren oder in einem Schraubdeckel-Glas zur Emulsion schütteln.

2 Die Auberginen entstielen und in 5 Millimeter dicke Scheiben schneiden (geht am besten mit der Aufschnittmaschine) Sie brauchen 16 Scheiben.

3 Die Auberginen in kräftig gesalzenem Wasser zwei Minuten blanchieren, gut abtropfen lassen und trocken tupfen.

4 Den Mozzarella in Scheiben schneiden, die Tomaten ebenfalls – Sie brauchen acht Scheiben, ohne Endstücke!

5 Je zwei Auberginenscheiben zu einem Kreuz legen. Eine Tomatenscheibe in die Mitte geben, darauf ein Basilikumblatt, darauf Mozzarella, darauf wieder Basilikum nochmals Tomate und Basilikum. Jede Schicht mit Salz und Pfeffer würzen.

6 Die Enden der Auberginenblätter zur Mitte falten und mit hölzernen Zahnstochern fest stecken. Die Päckchen dreißig Minuten kühlen.

7 Die Päckchen mit Öl einpinseln und auf dem vorgeheizten Grill auf jeder Seite ca. fünf Minuten garen. Heiß servieren, mit Pinienkernen und Basilikum garniert. Die Vinaigrette dazu reichen.

Zucchini mit Zwiebel und Knoblauch

Hier wird eine Mischung aus Olivenöl und Sonnenblumenöl verwendet – das gibt einen milderen Geschmack als Olivenöl pur.

Für 4 Personen

Zutaten

- 1 EL Olivenöl
- 1 EL Sonnenblumenöl
- 1 große Zwiebel, fein gehackt
- 1 Knoblauchzehe, durchgepresst
- 4-5 mittelgroße Zucchini, in zentimeterdicke Scheiben geschnitten
- 150 ml Gemüse- oder Hühnerbrühe
- 1 TL frische Oreganoblätter
- Salz, Pfeffer aus der Mühle
- gehackte Petersilie zum Garnieren

1 Knoblauch und Zwiebel im Öl bei milder Hitze blond bis hellbraun anschwitzen.

2 Die Zuchini dazugeben und unter Rühren braten, bis sie gerade eben zu bräunen beginnen..

3 Brühe und Oregano dazugeben, mit Salz und Pfeffer würzen. Acht bis zehn Minuten kochen, bis die Flüssigkeit nahezu verdampft ist.

4 Die Zucchini in einer gewärmten Schüssel anrichten, mit Petersilie garnieren und servieren.

Markt-Tipp

Zucchini gehören auch bei uns inzwischen zu den beliebtesten Gemüsen, man kann sie leicht selbst im Garten ziehen. Bevorzugen Sie beim Einkauf kleine, junge Exemplare – sie sind wesentlich zarter als die großen.

Peperoni ripieni

Gefüllte Paprika italienisch. Bei der Füllung sind der Fantasie keine Grenzen gesetzt. Bratenreste oder Huhn, Pilze und Kräuter geben Aroma; Reis, Nudeln oder Brot die Substanz.

Für 6 Personen

Koch-Tipp

Wählen Sie zum Füllen Paprikaschoten mit einer möglichst breiten, flachen Unterseite – die sind leichter zu backen und zu servieren.

Zutaten

6 mittlere bis große Paprikaschoten, die Farben gemischt
200 g Reis
4 EL Olivenöl
1 große Zwiebel, fein gehackt
3 Anschovis-Filets aus dem Salz, gewässert und fein gehackt
2 Knoblauchzehen, fein gehackt
3 mittelgroße Tomaten, enthäutet und in kleine Würfel geschnitten
4 EL Weißwein
3 EL gehackte schlichte Petersilie
135 g Mozzarella, in kleine Würfel geschnitten
6 EL frisch geriebener Parmesan
Salz, Pfeffer aus der Mühle
Eventuell Tomatensoße als Beilage

1 Die Paprika oben aufschneiden, die Kerne heraus holen und die Fruchtkörper in Salzwasser kurz blanchieren (wer's knackig mag, verzichtet aufs Blanchieren). Die Paprika kopfüber abtropfen lassen.

2 Den Reis mit 300 Milliliter Wasser und einer Prise Salz aufkochen und zugedeckt bei schwacher Hitze ausquellen lassen, gelegentlich umrühren. Offen abkühlen lassen.

3 Die Zwiebel in zwei Esslöffel Öl blond anschwitzen. Knoblauch und Anschovis dazugeben und zerdrücken. Tomaten und Wein dazugeben und alles fünf Minuten durchkochen. Vom Herd nehmen.

4 Reis, Petersilie, Mozzarella und fünf Esslöffel geriebenen Parmesan in die Tomatenmischung rühren, das Ganze mit Salz und Pfeffer abschmecken.

5 Die Mischung in die Paprikaschoten füllen, leicht hinein drücken. Den Backofen auf 170 °C Umluft anheizen (sonst 190 °C).

6 Die gefüllten Peperoni in eine flache ofenfeste Schale setzen, mit Parmesan bestreuen und mit dem restlichen Öl beträufeln. Etwas Wasser, Brühe oder Wein angießen und die gefüllten Paprika im Ofen 25 bis 30 Minuten backen. Nach Belieben mit Tomatensoße servieren. Die Peperoni schmecken auch kalt sehr gut.

Italienisches Brot und Mehr

Das tägliche Brot ist den Italienern heilig. Brot kommt bei jeder Mahlzeit auf den Tisch. Oft wird es sogar mehrmals täglich frisch gekauft. Ciabatta und Foccaccia, Brot mit getrockneten Tomaten oder Safran haben auch bei uns in dem letzten Jahren Karriere gemacht. Und das Panino hat sich seinen festen Platz an der Seite von Stulle und Sandwich erobert.

Ciabatta mit getrockneten Tomaten

Dieses aromatische Brot schmeckt solo köstlich. aber es ist auch als Sandwich ausgezeichnet.

Ergibt einen Laib

ZUTATEN
375 g Mehl Typ 550
1 TL Salz
2 TL Trockenhefe
175 ml lauwarmes Wasser
50 g abgetropfte getrocknete Tomaten aus dem Öl, fein gehackt
Olivenöl
Mehl zum Verarbeiten

1 Das Mehl und das Salz in eine große Schüssel sieben.

2 Die Hefe und die getrockneten Tomaten untermischen.

3 Eine Mulde in die Mitte drücken, das Wasser und fünf Esslöffel dazugeben, alles zu einem weichen Teig verarbeiten.

4 Den Teig auf der bemehlten Arbeitsfläche zehn Minuten kräftig durchkneten, bis er glänzt und elastisch ist.

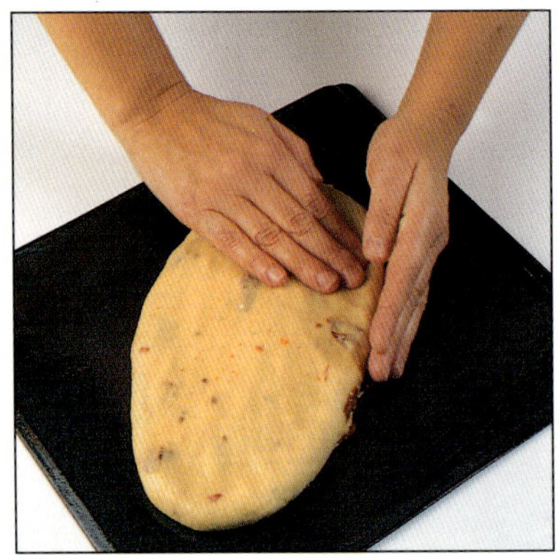

5 Den Teig zu einem ovalen Laib formen, auf ein geöltes Backblech legen, mit einem sauberen Tuch bedecken und an einem warmen Ort etwa eine Stunde gären lassen.

6 Den Ofen auf 220 °C anheizen. Das Tuch vom Teig abnehmen und den Laib leicht mit Mehl bestäuben. Dreißig bis vierzig Minuten backen. Das Brot ist fertig, wenn es sich beim Klopfen an der Unterseite hohl anhört.. Warm schmeckt es am besten.

Foccaccia mit Rosmarin und Meersalz

Focaccia heißt das ligurische Fladenbrot, das mit Olivenöl gebacken wird. Hier kommen noch Meersalz und Rosmarin dazu.

Ergibt einen Fladen

ZUTATEN
350 g Mehl Typ 550
1/2 TL Salz
2 TL Trockenhefe
ca. 1/4 l lauwarmes Wasser
3 EL natives Olivenöl
1 kleine rote Zwiebel
1 Zweig Rosmarin
1 EL grobes Meersalz

1 Mehl und Salz in eine große Rührschüssel geben, die Hefe untermischen. Eine Mulde in die Mitte drücken. das Wasser und zwei Esslöffel Öl hineingeben und alles gut vermischen. Falls nötig weiteres Wasser zugeben.

2 Den Teig auf der bemehlten Arbeitsfläche zehn Minuten kräftig durchkneten, bis er glatt und elastisch ist.

3 Den Teig in eine leicht geölte Schüssel geben, mit einem Tuch bedecken und an einem warmen Platz zur doppelten Größe aufgehen lassen. Nochmals 2-3 Minuten kneten.

4 Den Ofen auf 220 °C anheizen. Den Teig circa einen Zentimeter dick ausrollen, auf ein geöltes Blech legen und mit dem restlichen Öl bestreichen.

5 Die Zwiebel halbieren und in dünne Ringe schneiden, auf das Brot streuen. Rosmarinnadeln und Meersalz ebenfalls aufs Brot streuen, leicht andrücken.

6 Mit dem Finger die Oberfläche mehrfach eindrücken. Mit einer gefetteten Folie bedecken und nochmals 320 Minuten gehen lassen. Die Folie entfernen und die Focaccia 25-30 Minuten goldbraun backen. Möglichst warm genießen.

Focaccia mit Safran

Safran macht auch die Focaccia gelb. Ein Sonntagsbrot mit festlichen Aroma.

Ergibt einen Laib

ZUTATEN
Eine große Prise Safranfäden
150 ml kochendes Wasser
250 g Mehl Typ 550
1/2 TL Salz
1 TL Trockenhefe
1 EL Olivenöl

FÜR DEN BELAG
2 fein geschnittene Knoblauchzehen
1 rote Zwiebel, fein geschnitten
Rosmarin
12 schwarze Oliven, entsteint und grob gehackt
1 EL natives Olivenöl

1 Den Safran im kochenden Wasser einweichen. Ziehen lassen, bis es auf Handwärme abgekühlt ist.

2 Mehl, Salz, Hefe und Öl in die Küchenmaschine geben. Einschalten und nach und nach den Safran samt Fond dazugeben. Kneten, bis der Teig eine Kugel bildet.

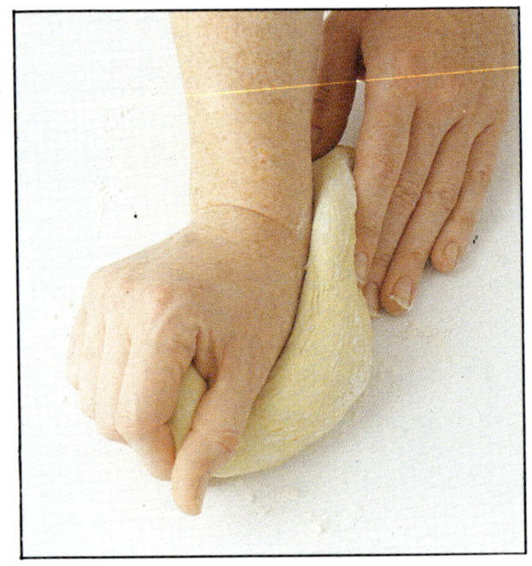

3 Den Teig auf ein bemehltes Brett geben und 10-15 Minuten kneten. In eine Schüssel geben und zugedeckt zur doppelten Größe aufgehen lassen.

4 Den Teig mit der Hand flach drücken und zu einem Oval von 1 cm Dicke ausrollen. Auf ein geöltes Blech legen und 20-30 Minuten gehen lassen.

5 Den Ofen auf 200 C anheizen. Mit dem Finger die Oberfläche des Fladens mehrfach eindrücken.

6 Die Focaccia mt Zwiebel, Oliven, Rosmarinnadeln und Knoblauchzehen belegen und 25 Minuten backen – bis das Brot sich beim Klopfen hohl anhört.

Mini-Focaccia mit Pinienkernen

Die köstlichen kleinen Fladen werden durch die Nüsschen zur Delikatesse

Ergibt 4 Mini-Laibe

ZUTATEN

350 g Mehl Typ 550
1/2 TL Salz
2 TL Trockenhefe
ca. 250 ml lauwarmes Wasser
3 EL Olivenöl
3-4 EL Pinienkerne
2 TL grobes Meersalz

Wasser

Meersalz

Olivenöl

Mehl

Trockenhefe

Pinienkerne

1 Mehl, Salz und Hefe in einer großen Schüssel mischen, eine Mulde in die Mitte drücken. Das Wasser und zwei Esslöffel Öl hineingeben und alles gut vermengen. Falls nötig mehr Wasser dazugeben. Auf einer bemehlten Fläche 10 Minuten durchkneten, bis der Teig glatt und elastisch ist. In eine geölte Schüssel geben, mit einem Tuch bedecken und an einem warmen Ort ca. eine Stunde zur doppelten Größe aufgehen lassen. Nochmals 2-3 Minuten kneten.

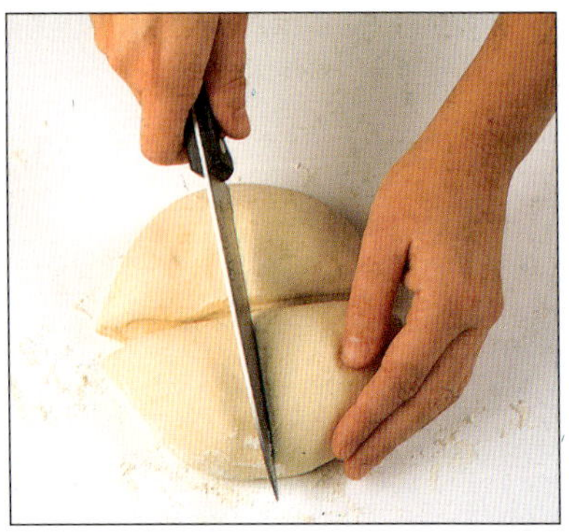

2 Den Teig in vier Teile schneiden.

3 Die Stücke mit der Hand auf einem geölten Blech zu einem Oval flach drücken.

4 Die Pinienkerne darauf streuen und leicht in die Oberfläche drücken. Mit Meersalz bestreuen und mit Öl beträufeln, nochmals 30 Minuten gären lassen. Den Ofen auf 220 °C anheizen und die kleinen Foccaccie 15 bis 20 Minuten goldbraun backen. Warm servieren.

Walnuss-Brot

Zum feinen gereiften Käse gibt es nichts Besseres als Nussbrot. Probieren Sie es auch mal mit Ziegenkäse überbacken.

Ergibt zwei Laibe

ZUTATEN
600 g Mehl Typ 550
1 TL Salz
2 TL Trockenhefe
4 EL gehackte Walnusskerne
400 ml lauwarmes Wasser
4 EL Olivenöl

Mehl Typ 550

Olivenöl

Trockenhefe

Petersilie

Walnüsse

Salz

1 Mehl, Salz, Hefe, Nüsse und Petersilie in einer großen Schüssel mischen.

2 Eine Mulde in die Mitte drücken und Öl und Wasser hinein gießen, alles gut zu einem weichen Teig vermengen. Auf der bemehlten Arbeitsfläche zehn Minuten durchkneten, bis er glatt und elastisch ist. In eine geölte Schüssel legen, abdecken und an einem warmen Ort eine Stunde zur doppelten Größe aufgehen lassen.

3 Den Teig nochmals zwei Minuten durchkneten, halbieren und zu zwei ovalen Laiben formen. auf einem geölten Blech mit Klarsichtfolie bedecken und nochmals 30 Minuten aufgehen lassen.

4 Den Backofen auf 220 °C anheizen. Die Folie entfernen und die Laibe mit einem scharfen Messer oben mehrfach quer einschneiden. Zehn Minuten backen, dann die Temperatur auf 180 °C zurück schalten und weitere 25 bis 30 Minuten backen. Die Brote sind fertig, wenn sie beim Anklopfen hohl klingen.

Oliven-Brot

Grüne Oliven geben dieser Focaccia das besondere Aroma. Sie können auch schwarze oder eine Mischung beider Sorten nehmen.

Ergibt 2 Laibe

ZUTATEN
700 g Mehl Typ 550
1 TLSalz
1 Päckchen Trockenhefe
1 EL frische Oreganoblättchen
350 ml handwarmes Wasser
7 EL Olivenöl
ca. 30 entsteinte grüne Oliven

grüne Oliven

Mehl Typ 550

Oregano

Trockenhefe

Olivenöl

Salz

1 Mehl, Salz, Hefe und Oregano in eine Schüssel geben.

2 Das Wasser abmessen und mit 6 Esslöffel Öl mischen. Eine Mulde in die Mehlmischung drücken, Öl und Wasser hinein gießen. Alles zu einem weichen Teig vermengen.

3 Den Teig auf der bemehlten Arbeitsfläche zehn Minuten kneten, bis er glatt und elastisch ist. In eine geölte Schüssel geben und zugedeckt eine Stunde zur doppelten Größe aufgehen lassen.

4 DenTeig nochmals 2-3 Minuten durchkneten, teilen und die Stücke mit den Händen zu Ovalen von 1 cm Dicke flach drücken.

5 Mit einem sauberen Finger 15 Vertiefungen in jeden Fladen drücken, in jede eine Olive stecken.

6 Die Focaccie mit dem restlichen Öl bestreichen, mit Folie abdecken und nochmals 30 Minuten gehen lassen. Den Ofen auf 220 °C anheizen und die Brote 20-25 Minuten backen. Sie sind fertig, wenn sie beim Anklopfen hohl klingen. War,m servieren.

Grissini mit Safran und Basilikum

Kostbarer Safran bringt Farbe und Geschmack in die klassischen piemontesischen Brotstäbchen.

Ergibt 32 Stück

ZUTATEN
1 große Prise Safranfäden
500 g Mehl Typ 550
1 TL Salz
2 TL Trockenhefe
300 ml lauwarmes Wasser
3 EL Olivenöl
3 EL gehacktes Basilikum

Mehl Typ 550

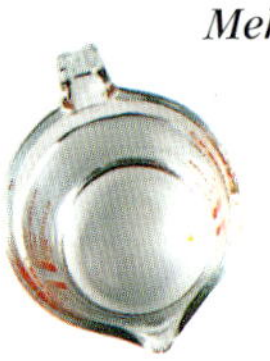

Wasser

Olivenöl

Basilikum

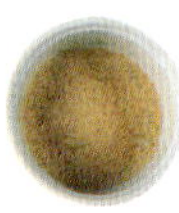

Trockenhefe

Safranfäden

Salz

1 Den Safran in 2 EL heißem Wasser 10 Minuten einweichen.

2 Mehl, Salz und Hefe mischen, eine Mulde in die Mitte drücken und das Wasser und den Safranansatz hinein gießen, ein wenig mit dem Mehl vermischen.

3 Öl und Basilikum dazugeben und das Ganze zu einem weichen Teig verarbeiten.

4 Den Teig auf dem bemehlten Arbeitsbrett zehn Minuten durchkneten, bis er glatt und elastisch ist. In eine geölte Schüssel legen, mit eine,m Tuch bedecken und an einem warmen Ort eine Stunde zur doppelten Größe aufgehen lassen.

5 Den Teig nochmals 2-3 Minuten durchkneten.

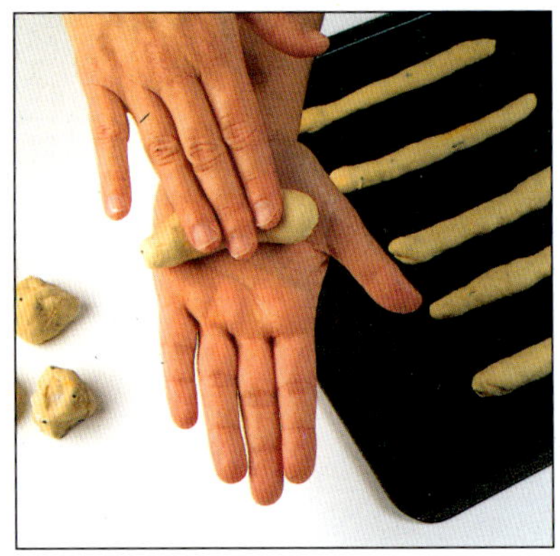

6 Den Ofen auf 200 °C Umluft anheizen. Den Teig in 32 Stücken teilen und mit den Händen zu langen Strängen ausrollen. Mit ausreichend Abstand auf geölte Bleche legen und nochmals 15-20 Minuten gehen lassen. 15 Minuten auf mehreren Etagen goldbraun backen. Warm servieren.

Oregano-Oliven-Brot

Zu einem schönen Salat gibt es nichts Köstlicheres als dieses würzige warme Brot.

Für 8-10 Personen

Zutaten
300 ml lauwarmes Wasser
1 TL Trockenhefe
1 Prise Zucker
1 EL Olivenöl
500 g Mehl Typ 550
Pfeffer aus der Mühle
50 g entsteinte schwarze Oliven, grob gehackt
1 EL schwarze Olivenpaste
1 EL frische Oreganoblätter
1 EL gehackte schlichte Petersilie

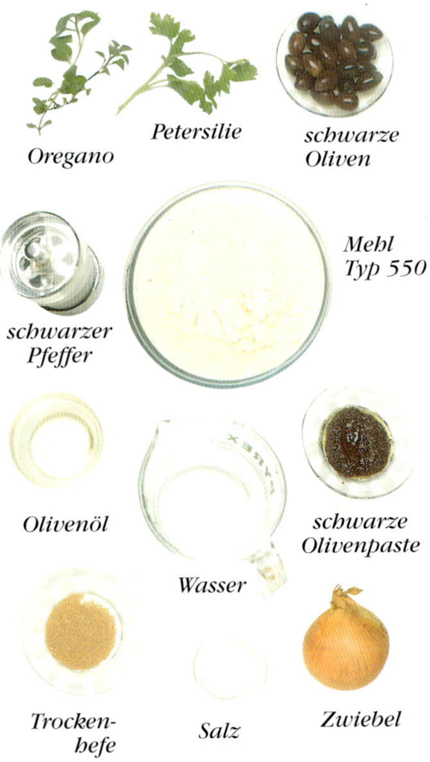

1 Die Hälfte des warmen Wassers mit Zucker, Salz und Hefe verrühren, 10 Minuten stehen lassen.

2 Die Zwiebel im Öl dunkelblond anschwitzen.

3 Das Mehl mit Salz und einigen Umdrehungen der Pfeffermühle in eine Schüssel geben. Eine Mulde in die Mitte drücken, den Hefeansatz, die Zwiebel samt Öl, Olivenpaste, Kräuter und das restliche Wasser dazugeben und alles zu einem weichen Teig verarbeiten. Wenn nötig noch etwas Wasser dazugeben.

4 Den Teig auf die bemehlte Arbeitsfläche geben und fünf Minuten kneten, bis er glatt und elastisch ist. In eine geölte Schüssel legen, mit einem feuchten Tuch bedecken und an einem warmen Ort ca. zwei Stunden zur doppelten Größe aufgehen lassen.

5 Den Teig nochmals kurz durchkneten, zu einem 20 cm großen Kreis formen. und auf ein geöltes Blech legen. Mit einem scharfen Messer ein Rautenmuster in die Oberfläche schneiden. Das Brot zugedeckt nochmals 30 Minuten gehen lassen. Den Ofen auf 220 °C anheizen.

6 Den Laib mit Mehl bestäuben, zehn Minuten backen, dann die Hitze auf 200 °C zurückschalten und weitere 20 Minuten backen, oder bis das Brot beim Anklopfen hohl klingt. Vor dem Verzehr auf einem Drahtgitter abkühlen lassen.

Grahambrot mit Schinken und Parmesan

Das herzhafte Brot ist beinahe eine Mahlzeit.

Für 8 Personen

ZUTATEN
250 g Weizen-Vollkornmehl
250 g Mehl Typ 550
1 Päckchen Backpulver
1 TL Salz
Pfeffer aus der Mühle
75 g fein geschnittener Parmaschinken
25 g frisch geriebener Parmesan
2 EL gehackte schlichte Petersilie
3 EL grobkörniger Meaux-.Senf
375 ml Buttermilch
entrahmte Milch zum Bestreichen

1 Ein Backblech mit Mehl bestäuben. Die Mehle mit Backpulver und Salz mischen, mit Pfeffer würzen, den Schinken dazugeben. Den Parmesan bis auf einen Esslöffel dazugeben, die Petersilie dazugeben. Eine Mulde in die Mitte drücken.

2 Senf und Buttermilch mischen und zur Mehlmischung geben. Rasch zu einem weichen Teig verarbeiten.

3 Den Teig auf einer bemehlten Fläche kurz durchkneten. Zu einem länglichen Laib formen, mit Milch bepinseln und mit Parmesan bestreuen. Auf das vorbereitete Blech legen.

4 Bei 220 °C 25 bis 30 Minuten goldbraun backen. Auf einem Drahtgitter abkühlen lassen.

Schinken-Tomaten-Scones

Die leckeren Mini-Brötchen sind der ideale Begleiter zur Suppe. Verwenden Sie fein gehackten Rohschinken mit kräftigem Geschmack.

Ergibt 12 Stück

Zutaten
250 g Mehl Typ 550
1/2 Päckchen Backpulver
1 TL englisches Senfpulver
1 TL Paprika
1/2 TL Salz
25 g weiche Margarine
1 EL gehacktes Basilikum
50 g fein gehackte getrocknete Tomaten aus dem Öl
50 g fein gehackter Rohschinken
90-120 ml Milch
Paprikapulver zum Bestäuben

1 Den Ofen auf 200 °C vorheizen, ein großes Backblech mit Mehl bestäuben. Mehl, Backpulver, Salz und Paprika mischen und mit der Margarine krümelig verreiben.

2 Basilikum, getrocknete Tomaten und Schinken dazugeben und vermischen. Ausreichend Milch dazugeben, um einen weichen Teig machen zu können.

3 Den Teig auf einer leicht bemehlten Fläche kurz kneten und zu einem 20 x 15 cm großen Rechteck ausrollen. In 5 cm große Quadrate schneiden und aufs Blech legen.

4 Leicht mit Milch einpinseln, mit Paprika bestäuben und 12 bis 15 Minuten backen. Auf einem Drahtgitter abkühlen lassen.

Ciabatta-Brötchen mit Ziegenkäse

Der Tomaten-Relish gibt eine pikante Note, die ausgezeichnet zum Ziegenkäse passt. Mit Ciabatta-Brot schmeckt es ebenso gut.

Für 4 Stück

ZUTATEN

2 Ciabatta-Brötchen
4 EL Tomaten-Relish (s. rechts)
2 EL gehacktes Basilikum
200 g Ziegenkäse, dünn geschnitten
6 schwarze Oliven,halbiert und entsteint
Frisches Basilikum zum Garnieren

1 Die Brötchen aufschneiden und an der Innenseite kurz toasten.

2 Die Hälften mit Relish bestreichen und mit Basilikum bestreuen.

3 Die Hälften mit Ziegenkäse belegen, die Oliven darauf streuen und das Ganze unterm Grill kurz überbacken, bis der Käse zu schmelzen beginnt. Mit Basilikum garniert heiß servieren.

TOMATEN-RELISH

Ergibt 1 Konfitüren-Glas voll

3 EL Olivenöl
1 fein gehackte Zwiebel
1 rote Paprika, entkernt und fein gehackt
2 Knoblauchzehen, durchgepresst
1 Msp. Chili-Pulver
400 g Pizza-Tomaten aus der Dose
1 EL flüssiger Honig
2 EL schwarze Olivenpaste
2 EL Weinessig
Salz, Pfeffer aus der Mühle

Zwiebel und Paprika im Öl anschwitzen, die übrigen Zutaten dazugeben und 15 Minuten dicklich einkochen lassen. In ein Konfitürenglas füllen, im Kühlschrank verwahren.

Ciabatta-Croque mit Mozzarella und Zwiebeln

Die „Pantoffel"Brote gibt es auch bei uns mit einer Reihe von Zutaten wie Spinat, Oliven oder getrockneten Tomaten. Aufgeschnitten wird daraus ein Croque oder eine Beinahe-Pizza.

Für 4 Personen

Zutaten
1 Ciabatta-Brot
4 EL roter Pesto
2 kleine Zwiebeln
natives Olivenöl
250 g Mozzarella-Käse
8 schwarze Oliven

1 Das Brot halbieren, leicht rösten, die Hälften mit Pesto bestreichen.

2 Die Zwiebeln schälen und in dicke Scheiben schneiden, mit Öl einpinseln und drei Minuten grillen, bis sie leicht gebräunt sind.

3 Den Käse in Scheiben schneiden und das Brot damit belegen. Die Zwiebelscheiben auf den Käse legen, die Oliven darauf streuen. Die Stücke schräg halbieren. Unterm Grill 2-3 Minuten backen, bis der Käse geschmolzen ist.

Heiße Focaccia mit Artischocken

Das ligurische Fladenbrot ist eine ausgezeichente Grundlage für allerlei fantasievolle warme Sandwich-Kreationen.

Für 23 Stück

Zutaten
4 EL Olivenpaste
3 Mini-Focaccie
1 kleine Paprikaschote, halbiert und entkernt
75 g Peperoni-Wurst, inScheiben
1 TL getrockneter Oregano

rote Paprika

Mini-Focaccia

Oregano

Wurst

Artischocken-Herzen

1 Den Ofen auf 220 °C vorheizen. die Focaccie mit Olivenpaste bestreichen. Dei Paprikaschote grillen, bis sie schwarz ist, zum Abkühlen in eine Tüte stecken und die Haut abziehen. Die Paprika in Streifen schneiden.

2 Die Artischockenherzen vierteln und mit den Wurstscheiben auf die Focaccie verteilen.

3 Die Paprikastreifen und den Oregano auf die Focaccie geben, die Brote 5-10 Minuten backen.

Oliven-Focaccia

Das ligurische Fladenbrot Focaccia wird mit Olivenöl hergestellt, oftmals auch mit Olivenstückchen im Teig. Die benötigte Wassermenge hängt von der Mehlsorte ab. Die Rezeptangabe ist daher nur ein Anhaltspunkt.

Zutaten für 2 Brote

500 g Mehl Typ 550
1 TL Salz
1/2 Päckchen Trockenhefe
Prise Zucker
350 ml warmes Wasser
4 EL Olivenöl
100 g entsteinte schwarze Oliven, grob gehackt
1/2 TL getrockneter Oregano

Mehl und Salz mischen, die Hefe mit einer Prise Zucker und der Hälfte des Wassers anrühren und 100 Minuten stehen lassen, dann mit dem Öl zum Mehl geben und mit den Oliven und dem restlichen Wasser zu einem weichen Teig verarbeiten.
Den Teig auf dem bemehlten Arbeitsbrett fünf Minuten kneten, bis er glatt und elastisch ist. In eine geölte Schüssel legen, mit einer feuchten Serviette bedecken und an einem warmen Ort ca. 2 Stunden zur doppelten Größe aufgehen lassen.
Den Ofen auf 220 °C anheizen, den Teig nochmals einige Minuten kneten, in zwei Teile teilen und mit den Händen auf einen Zentimeter Dicke flach drücken und rund oder oval formen.
DenTeig mit einem bemehlten Rollholz hochnehmen und auf ein geöltes Backblech legen. Mit den Fingern Dellen hinein drücken. Mit Oregano bestreuen und 15 bis 20 Minuten backen.

Focaccia mit Mozzarella und getrockneten Tomaten

Die Focaccia mit 3 Esslöffel gehackten getrockneten Tomaten belegen. 250 g Mozzarella in Scheiben schneiden und darauf legen, mit 8 entsteinten und geviertelten schwarzen Oliven bestreuen und im Ofen wie nebenstehend überbacken.

Mini Focaccia

Den Teig in sechs Teile teilen und zu 15 cm großen Kreisen formen. Wie die Oliven-Focaccia 12 bis 15 Minuten backen.

Pan Bagna

Das „gebadete Brot“ ist eigentlich nichts anderes als ein Salade nicoise in einem Brötchen. Die Vinaigrette durchtränkt das Brot, das mehrere Stunden mit einem Gewicht beschwert wird.

Für 4 Personen

ZUTATEN

- 1 großes Baguette
- 150 ml French Dressing
- 3 Tomaten, dünn geschnitten
- 1 kleine Paprikaschote, entkernt und in Streifen geschnitten
- 50 Anschovis-Filets aus dem Salz, gewässert
- 90 g Tunfisch aus der Dose
- 50 g schwarze Oliven, halbiert und entsteint

1 Das Baguette halbieren, aber an einer Seite nicht ganz durchschneiden, so dass die Hälften zusammen hängen.

2 Das Brot aufklappen und die Innenseite gleichmäßig mit French Dressing beträufeln.

3 Eine Seite mit Zwiebel, Tomaten. Paprika, Anschovis, Tunfisch und Oliven belegen. Die obere Hälfte darüber klappen und gut andrücken.

4 Das Baguette in Klarsichtfolie wickeln, mit einem Brett und einem Gewicht beschweren und eine Stunde ruhen lassen.

5 Das Brot schräg in vier Portionen teilen.

FRENCH DRESSING

Olivenöl ist die wichtigste Zutat für ein echte Vinaigrette, neudeutsch French Dressing genannt. Sie können sie auf Vorrat in einer Milchflasche schütteln und im Kühlschrank aufbewahren.

Reicht für ein 450-g-Glas

350 ml natives Olivenöl
90 ml Rotwein-Essig
1 EL Dijon-Senf
1 Knoblauchzehe, durchgepresst
Salz, Pfeffer aus der Mühle

Die Zutaten in eine Milchflasche oder Saftflasche mit weitem Hals geben und gut durchschütteln. Im Kühlschrank aufbewahren. Vor jeder Entnahme nochmals gut durchschütteln – diese Soße hat keine Emulgatoren wie Industrie-Soßen.

Ciabatta-Sandwich

Mit einem Ciabatta mit eingebackenen getrockneten Tomaten schmeckt es noch besser. Parmaschinken muss sehr dünn und stets frisch aufgeschnitten werden – er trocknet schnell aus.

Für 3 Stück

Zutaten
4 EL Mayonnaise
2 EL Pesto
1 Ciabatta-Brot
100 g Provolone oder Mozzarella-Käse in Scheiben
75 g Parmaschinken
4 Eiertomaten, in Scheiben
Basilikum zum Garnieren

1 Mayonnaise und Pesto gründlich verrühren.

2 Das Brot halbieren und beide Innenseiten mit der Pesto-Mayonnaise bestreichen. Die eine Hälfte mit Käse belegen.

3 Den Schninken in Streifen schneiden und über den Käse legen. Mit Tomatenscheiben und Basilikumblättern bedecken. Mit der anderen Brothälfte bedecken und in drei Teile schneiden.

Crostini mit Tomaten und Anschovis

Crostini sind kleine geröstete Scheiben Baguette oder Ciabatta, die mit einem würzigen Belag wie geschmolzenem Käse oder Tomaten, Olivenpaste oder Hühnerleber bestrichen werden.

Für 8 Stück

ZUTATEN
1 Baguette-Brötchen (ausreichend für 8 Scheiben)
2 EL Olivenöl
2 Knoblauchzehen, durchgepresst
4 Tomaten, enthäutet und gehackt
1 EL gehacktes Basilikum
1 EL Tomatenmark
Salz, Pfeffer aus der Mühle
8 Anschovis-Filets aus dem Salz, gewässert
12 entsteinte halbierte Oliven
Basilikum zum Garnieren

Olivenöl

Baguette

Knoblauch

schwarze Oliven

Basilikum

Anschovis-Filets

1 Das Baguette schräg in Schneiben schneiden und in der Pfanne oder im Toaster rösten.

CROSTINI MIT ZWIEBEL UND OLIVE

350 Gramm fein geschnittene Zwiebeln in Olivenöl dunkelblond anschwitzen. 8 grob gehackte gewässerte Anschovisfilets dazugeben, 12 halbierte schwarze Oliven ohne Stein, etwas Thymian und Salz und Pfeffer. Die Brotscheiben mit schwarzer Olivenpaste bestreichen und die Zwiebeln darauf packen.

2 Knoblauch und Tomaten im Öl 4 Minuten anschwitzen, Basilikum, Tomatenmark und Salz und Pfeffer dazugeben.

3 Die Scheiben mit der Tomaten - masse bestreichen, jede mit einem Anschovis-Filet belegen, mit Oliven und Basilikum garnieren.

Schinken-Spargel-Schnitte

Roggenbrot ist nicht unbedingt typisch italienisch, aber eine ordentliche Stulle ist ja auch was Leckeres. Variieren Sie den Belag nach Gusto, z.B. mit Salami oder Mortadella.

Für 4 Stück

ZUTATEN
12 Stangen grüner Spargel
100 g Sahne-Frischkäse
4 Scheiben Roggenbrot
4 Scheiben Schinken
krause Endivie zum Garnieren
2 EL Mayonnaise
4 Radieschen-Rosen zum Dekorieren

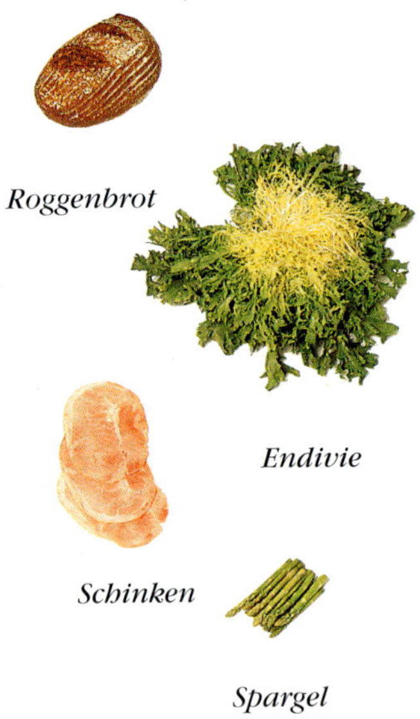

1 Den Spargel in Salzwasser garen. In Eiswasser abschrecken, trocken tupfen.

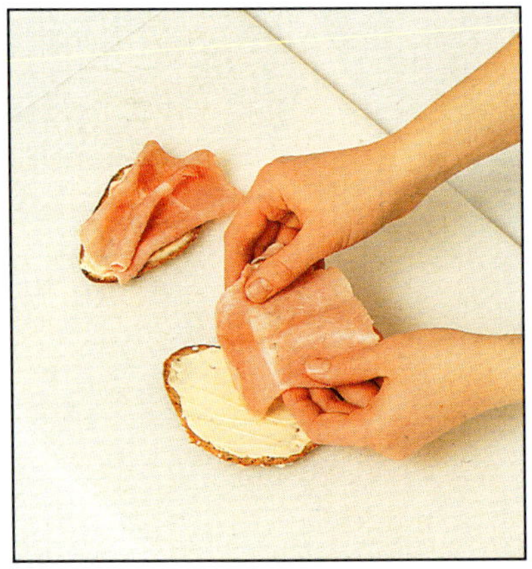

2 Das Graubrot mit Sahnekäse bestreichen, darauf den Schinken gefaltet legen.

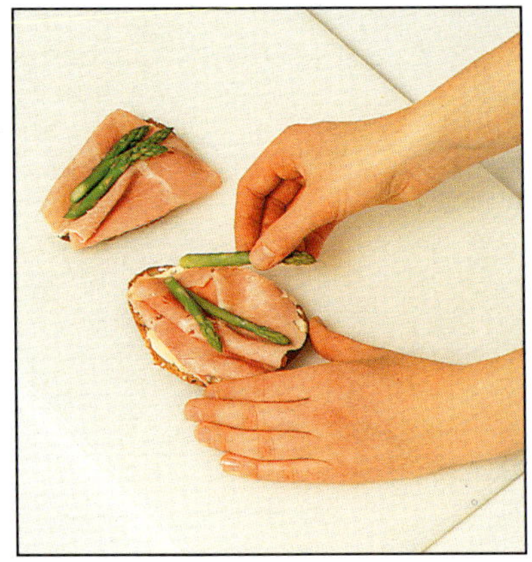

3 Drei Stangen Spargel auf jede Stulle legen.

4 Den Spargel mit Endivien dekorieren und einen Löffel Mayonnaise oben draufgeben.

5 Die Schnitten gefällig mit den Radieschen-Rosen garnieren. Nach Belieben Mayonnaise extra dazu reichen.

SALAMI-SANDWICH MIT HÜTTENKÄSE

Den Spargel weg lassen. Oben drauf drei Scheiben Salami legen, darauf einen Löffel Hüttenkäse mit Schnittlauch. Mit Brunnenkresse, Schnittlauch und Schnittlauchblüten garnieren.

Bruschetta al Pomodoro

Für eine echte Bruschetta brauchen Sie Ciabatta- oder Pugliese-Brot und das beste Olivenöl, das Sie kriegen können. Hier sind auch noch gehackte Tomaten dabei.

Für 2 Stück

ZUTATEN
- 2 dicke Sc heiben Bauern-Weißbrot
- 1 große Knoblauchzehe
- 4 EL natives Olivenöl
- 6 reife Tomaten, enthäutet und gehackt
- Salz, Pfeffer aus der Mühle
- Basilikum zum Garnieren

1 Das Brot auf beiden Seiten rösten

2 Den Knoblauch schälen und mit der Messerklinge zerdrücken.

3 Die Brotscheiben mit der Knoblauchzehe abreiben.

4 Die Hälfte des Öls übers Brot träufeln.

5 Die Tomaten oben draufgeben und mit dem restlichen Öl beträufeln. Unterm Grill erhitzen, mit Basilikum garnieren und sofort aufessen.

EINFACHE BRUSCHETTA

Eine Scheibe geröstetes Brot mit Knoblauch abreiben, salzen und mit Öl beträufeln.

Pizzette mit Artischocken und Paprika

Knuspriges Brot ist die ideale Grundlage für diese Blitz-Pizza.

Für 4 Personen

ZUTATEN
1 EL Sonnenblumenöl
1 Zwiebel, fein gehackt
1 grüne Paprika, fein gehackt
200 g gehackte Tomaten a.d. Dose
1/2 Baguette

12 EL Tomatenmark
400 g Artischocken-Herzen a.d. Dose
125 g Mozarella in Scheiben
1 EL Mohnsamen
Salz, Pfeffer aus der Mühle

1 Paprika und Zwiebel im Öl anschwitzen.

2 Die Tomaten dazugeben und vier Minuten durchkochen. Vom Herd nehmen und würzen.

3 Das Baguette längs halbieren, jede Hälfte in vier Teile schneiden

4 Die Stücke mit der Tomaten-Paprikamischung belegen

5 Die Artischockenherzen in Scheiben schneiden und oben drauf legen. Darauf Mozzarella, mit Mohn bestreuen.

6 Die Baguette-Pizzette auf dem Rost im Backofen 6-8 Minuten grillen, bis der Käse geschmolzen ist. Sofort servieren.

Ciabatta-Brötchen mit Zucchini und Safran

Knusprige Semmeln werden mit Zucchini in cremiger Tomatensoße mit Safran gefüllt. Nehmen sie nach Möglichkeit grüne und gelbe Zucchini.

Für 4 Personen

ZUTATEN
700 g kleine Zucchini
1 EL Olivenöl
2 Schalotten, fein gehackt
200 g Pizza-Tomaten aus der Dose
1 Prise Safranfäden
4 EL Sahne
Salz, Pfeffer aus der Mühle

1 Den Ofen auf 180 °C anheizen. Die Zucchini putzen, waschen und klein schneiden.

2 Die Schalotten im Öl anschwitzen. Die Brötchen im Ofen heiß machen.

3 Die Zucchini in die Pfanne geben und sechs Minuten garen, dabei häufig bewegen.

4 Die Tomaten dazugeben. Den Safran kurz in heißem Wasser ziehen lassen und mit der Sahne dazugeben. 4 Minuten köcheln lassen, gelegentlich rühren, abschmecken. Die Brötchen aufschneiden und mit dem Gemüse füllen..

KOCH-TIPP

Wenn Sie den Backofen nicht anheizen wollen, können Sie die Brötchen auch in der Mikrowelle heiß machen: 30-45 Sekunden auf höchster Stufe.

Mozzarella in Carrozza

In seiner süditalienischen Heimat ist dieses Sandwich überaus beliebt. Am besten schmeckt es natürlich mit echtem Büffel-Mozzarella aus der Salzlake. Aber auch mit anderem Käse kann man gute warme Sandwichs machen.

Für 2 Stück

ZUTATEN
100 g Mozzarella in dicken Scheiben
4 dicke Scheiben Weißbrot
ohne Rinde
Salz, Pfeffer aus der Mühle
1 Ei
2 EL Milch
Öl zum Braten

1 Die Käsescheiben auf 2 Brotscheiben legen, salzen und pfeffern und mit den anderen Brotscheiben bedecken.

2 Ei und Milch in einem tiefen Teller aufschlagen, salzen und pfeffern.

3 Die Sandwichs in der Eimischung wenden und sich vollsaugen lassen. Eine Pfanne erhitzen und 1 cm hoch Öl einfüllen, die Sandwichs darin 3-4 Minuten knusprig braten, einmal umdrehen. Auf Küchenkrepp abtropfen lassen und heiß servieren.

VARIATION

2 fein gehackte getrocknete Tomaten zwischen den Käse legen.

Kuchen und Desserts

Für Süßschnäbel ist Italien ein Paradies. Die Cafés und Konditoreien sind berühmt wie die Nachspeisen, vom klassischen Crème Caramel und Tiramisù bis zu avantgardistischen Kreationen wie Muschelnudeln mit Kirsch- oder Himbeersoße oder Schokoladen-Ravioli mit weißer Schokolade und Sahnekäse.

Windbeutel mit Cremefüllung

Die berühmten Profiteroles aus Brandteig zählen zu den Klassikern der Patisserie.

Ergibt ca. 48 Stück

Zutaten
125 g Butter
1 Vanillestange
165 g Mehl
5 Eier
Prise Salz

Für die Cremes
50 g Schokolade
300 ml Milch
4 Eigelb
75 g Zucker
40 g Mehl
1 Päckchen Vanillezucker
300 g Sahne
Kakaopulver und Puderzucker zum Bestäuben

1 Ofen auf 190 °C anheizen. 200 ml Wasser mit der Butter und der Vanillestange aufkochen, das Mehl hineingeben und unter Rühren ausquellen lassen.

2 Etwas abkühlen lassen, dann nach und nach die Eier einarbeiten. Die Vanillestange entfernen.

3 Den Brandteig in eine Spritztüte füllen und walnussgroße Häufchen auf ein gefettetes Backblech spritzen. Genügend Abstand fürs Aufgehen lassen. 20-25 Minuten goldbraun backen, herausnehmen und abkühlen lassen.

4 Für die Schokoladencreme die Schokolade im Wasserbad schmelzen. Die Milch erwärmen, aber nicht kochen.

5 Die Eigelb mit dem Zucker schaumig schlagen. Das Mehl dazugeben und nach und nach die heiße Milch einrühren. Die Mischung erhitzen und ausquellen lassen, aber nicht kochen, weil sonst das Ei gerinnt.

KOCH-TIPP

Die Windbeutel können im voraus zubereitet werden. Die Creme aber erst vor dem Servieren hinein spritzen.

6 Die Creme vom Herd nehmen und in zwei Hälften teilen, in die eine die Schokolade einrühren, in die andere den Vanillezucker. Vollständig erkalten lassen.

7 Die Sahne steif schlagen und auf die beiden Cremes verteilen, unterheben. Die Cremes mit einer Spritztüte jeweils in eine Hälfte der Windbeutel füllen. Die Schokoladegefüllten mit Kakao, die Vanillegefüllten mit Puderzucker bestäuben. Sofort servieren.

Orangen-Granité

Ein Granité ist gefrorener Obstsaft, ähnlich wie das Sorbet, aber körnig, wie sein Name vermuten lässt. Ein herrliches Sommerdessert, oder einfach eine Erfrischung zwischendurch.

Für 4 Personen

ZUTATEN
4 große Orangen
1 große Zitrone
150 g Zucker
1/2 l Wasser
Amaretti-Kekse als Garnitur

1 Orangen und Zitronen mit einem Sparschäler dünn abschälen, einige Stücke für die Garnitur aufheben. Die Früchte halbieren und auspressen.

2 Zucker und Wasser zu einem Sirup kochen, ca. 10 Minuten kochen lassen, vom Herd nehmen. Zitronen- und Orangenschale hineingeben und schwenken. Zudecken und abkühlen lassen.

3 Den Sirup in eine flache Eisschale füllen, den Obstsaft dazugeben und das Ganze im Tiefkühler frieren lassen.

4 Zum Anrichten das Gefrorene circa zehn Minuten bei Raumtemperatur stehen lassen, dann mit einem Spachtel heraus schaben und in langstielige Gläser füllen. Mit Amaretti-Keksen garnieren (s. Koch-Tipp).

KOCH-TIPP

Für die Dekoration Orangen- und Zitronenschale dünn abschälen, in Streifen schneiden, blanchieren und in kaltem Wasser abschrecken.

Tiramisù

Das wohl berühmteste italienische Dessert heißt „zieh mich hoch“. Es gibt viele Versionen. Sie können das Rezept nach Gusto abwandeln und die Speise entweder in Portionschalen oder in einer großen Platte anrichten.

Für 4 Personen

ZUTATEN
3 Eier, getrennt
500 g Mascarpone
1 Päckchen Vanillezucker
150 ml kalter Espresso-Kaffee
120 ml Kahlua oder anderer Kaffeelikör
18 Löffelbiskuits
Kakaopulver zum Bestäuben
geriebene Bitterschokolade zum Garnieren

1 Das Fiweiß mit einer Prise Salz steif schlagen.

2 Mascarpone, Vanillezucker und Eigelb schaumig schlagen. Das Eiweiß unterheben. Einige Löffel der Mischung auf den Boden einer Servierschale geben.

3 Espresso und Likör mischen, die Löffelbiskuits darin tränken. Rasch arbeiten, so dass die Biskuits sich vollsaugen, aber nicht zerfallen. Eine Schicht Biskuits auf die Mascarpone-Mischung legen.

4 Die Biskuits mit einem Drittel der Mascarpone-Mischung bedecken. So fortfahren, bis die Zutaten aufgebraucht sind. Die Oberfläche glätten und mit Kakao bestäuben und mit gehobelter Schokolade garnieren.

Ricotta-Kuchen

Der fettarme Molkenkäse Ricotta ist ideal für Käsekuchen, weil er eine feste, kräftige Struktur bildet. Hier kommen Eier und Sahne dazu, als Aromen Zitronen- und Orangenschale.

Für 8 Personen

ZUTATEN
500 g frischer Ricotta
125 g Crème double
1 Eigelb
75 g Zucker
abgeriebene Schale einer Orange und einer Zitrone
blanchierte Steifen von Orangen- und Zitronenschale zum Garnieren

TEIG
200 g Mehl
3 EL Zucker
125 g Butter
1 Eigelb
Prise Salz

1 Für den Teig das Mehl auf die Arbeitsfläche sieben, eine Mulde in die Mitte drücken und die Butter und das Eigelb hineingeben. Das Ganze mit den Fingerspitzen zu einem Mürbeteig verarbeiten.

2 Den Teig zur Kugel formen, etwa ein Viertel zum Garnieren aufheben, mit dem Rest eine Springform auslegen. Den Teig eine halbe Stunde kühlen.

3 Den Ofen auf 190 °C anheizen, für die Füllung Ricotta mit Sahne, Eier; Eigelb, Zucker, Orangen-. und Zitronenschale schaumig rühren.

4 Den Teigboden mit der Gabel mehrfach einstechen, mit Backpapier belegen und mit trockenen Bohnen beschweren und 15 Minuten blind backen; in der Form abkühlen lassen.

5 Die Ricottafüllung in den gebackenen Boden füllen. Den restlichen Teig ausrollen, in Streifen schneiden und als Gitter über die Füllung legen, zum Befestigen leicht anfeuchten.

6 Den Käsekuchen 30 bis 35 Minuten backen, bis die Füllung gestockt und gebräunt ist. Auf einem Drahtgitter abkühlen lassen, dann vorsichtig den Rand der Form abnehmen und den Kuchen auf eine Servierplatte gleiten lassen. Vor dem Servieren mit blanchierten Streifen von Orangen- und Zitronenschale dekorieren.

VARIATION

50-100 Gramm Zitronat und Orangeat bei Schritt 3 zur Füllung geben. Oder die entsprechende Menge Schokloladen-Stückchen. Oder, ganz üppig, beides zugleich.

Zabaglione

Sprich Zabaione – die berühmte Weincreme wird tradtionell mit Marsala aufgeschlagen und warm serviert. Das Prinzip funktioniert mit jedem Wein.

Für 4 Personen

ZUTATEN
4 Eigelb
50 g Zucker
6 cl Marsala
Amaretti-Kekse als Beigabe

KOCH-TIPP

Die Weincreme muss dick und schaumig sein. Damit sie nicht gerinnt, ist es wichtig, sie vor dem Erhitzen gründlich aufzuschlagen.

1 Zucker und Eigelb in einer hitzefesten Schüssel schaumig schlagen.

2 Nach und nach den Marsala einrühren. In diesem Stadium ist die Creme noch recht flüssig.

3 Mit der Schüssel jetzt übers heiße Wasserbad geben und die Creme weiter schlagen, bis sie dick wird. Wenn das entscheidende Stadium erreicht ist, geht das recht schnell.

4 Dei Zabaglione in gewärmte, dickbauchige Stielgläser füllen. Sofort servieren, Amaretti dazu reichen.

VARIATION

Ein solches Sabayon kann man mit jeder Flüssigkeit herstellen, Probieren Sie mal eine Riesling-Creme mit pochierten Birnen.

Gefüllte Pfirsiche mit Mascarpone-Creme

Mascarpone ist der super-sahnige italienische Frischkäse, der viel für Desserts verwendet, aber auch einfach zu Früchten gegessen wird.

Für 4 Personen

Zutaten
- 4 große Pfirsiche, halbiert und entsteint
- 40 g Amaretti-Kekse, zerbröselt
- 2 EL geriebene Mandeln
- 3 EL Zucker
- 1 EL Kakaopulver
- 150 ml Dessertwein
- 25 g Butter

Für die Mascarpone-Creme:
- 2 EL feiner Zucker
- 3 Eigelb
- 250 g Mascarpone
- 150 g Crème double

1 Den Ofen auf 200 °C vorheizen. Mit einem Teelöffel die Pfirsichhälften etwas größer als der Stein aushöhlen, damit mehr Füllung Platz hat.

2 Kekskrümel, Mandeln, Zucker, Kakao und das heraus geschabte Pfirsichfleisch mischen. Mit etwas Wein zu einer dicken Paste verarbeiten. Die Pfirsiche in eine ofenfeste Schale geben und mit der Masse füllen. Mit Butterflöckchen belegen, mit dem übrigen Wein begießen und 35 Minuten backen.

3 Für die Mascarpone-Creme Zucker und Eigelb schaumig schlagen, den Wein einrühren und schließlich den Frischkäse unterheben. Die Sahne steif schlagen und unterheben. Die Pfirsiche aus dem Ofen nehmen und abkühlen massen. Lauwarm mit der Creme servieren.

Dunkle Schokoladen-Ravioli mit weißer Schokoladen-Frischkäse-Füllung

Die ultimativen Schoko-Nudeln mit Kakaopulver im Teig und cremiger Füllung mit weißer Schokolade.

Für 4 Personen

ZUTATEN
175 g Mehl
25 g Kakaopulver
2 EL Puderzucker
2 große Eier
Salz
Schlagsahne und Raspelschokolade zum Garnieren

FÜLLUNG
175 g weiße Schokolade
350 g Sahne-Frischkäse
1 Ei plus Eiweiß zum Verschließen der Ravioli

1 Den Teig nach den Anweisungen für Nudelteig herstellen, dabei am Anfang Kakao und Puderzucker mit dem Mehl mischen. Den Teig in Folie wickeln und mindesens 30 Minuten ruhen lassen.

3 Den Teig halbieren, eine Hälfte wieder einwickeln, die andere mit dem Rollholz oder einer Nudelmaschine dünn ausrollen. Mit einem feuchten Tuch bedecken, den restlichen Teig ebenfalls ausrollen.

2 Für die Füllung die weiße Schokolade im Wasserbad oder in der Mikrowelle schmelzen – sie darf höchstens handwarm werden. Mit Frischkäse und Ei verrühren, in einen Spritzbeutel mit Lochtülle füllen.

4 Häufchen von Füllung auf eine Teigplatte spritzen, die Zwischenräume mit Eiweiß bestreichen. Das Ganze mit der zweiten Teigplatte bedecken, diese rund um die Füllungen fest andrücken.

5 Mit einem Ausstecher oder einem Messer die Ravioli aus der Platte heraus schneiden, auf ein bemehltes Tuch legen und eine Stunde ruhen lassen.

6 Die Ravioli in sanft siedendem Salzwasser portionsweise 3-5 Minuten garen, herausnehmen und auf gewärmten Tellern anrichten. Mit leicht geschlagener Sahne und Schokoladenspänen garnieren.

Zimt-Tagliatelle mit Vanillesoße

Das Erfolgsgeheimnis dieses Desserts sind die Nudeln: Sie müssen ganz dünn ausgerollt werden, um sich innig mit der Soße zu verbinden.

Für 4 Personen

ZUTATEN
175 g Mehl
Salz
2 EL Puderzucker
Zimtpulver
2 große Eier
50 g Butter

Vanillesoße
1 Vanillestange
600 ml Milch oder Halbrahm
6 Eigelb
4-5 EL feiner Zucker

1 Den Nudelteig nach dem Grundrezept herstellen, dabei den Puderzucker und 2 Teelöffel Zimt zu Beginn mit dem Mehl mischen. Den Teig dünn ausrollen, zu Tagliatelle schneiden und diese locker auf einem bemehlten Tuch etwas trocknen lassen.

2 Die Vanillestange längs aufspalten, das Mark heraus kratzen und zusammen mit der Schote in die Milch geben. aufkochen, vom Herd nehmen, die Schote herausnehmen. Die Vanillemilch mit Zucker und Eigelb schaumig schlagen.

3 Die Mischung überm heißen Waserbad unter ständigem Rühren erhitzen, bis sie dick und cremig wird. Aus dem Wasserbad nehmen und noch etwas weiter schlagen.

4 Die Zimt-Tagliatelle in Salzwasser *al dente* garen, abschütten, kurz abtropfen lassen, in flüssiger Butter schwenken. Auf erwärmten tiefen Tellern anrichten, die Vanillesoße darüber schöpfen. Mit Zimt bestäuben und warm servieren.

Tiramisù Surprise

Unter der sahnigen Mascarpone-Creme verstecken sich kleine Nudeln im schwarzen Kaffee.

Für 4 Personen

Zutaten

100 g kleinteilige Nudeln (z.B Muscheln oder Ringli)
16 kleine Mandelkekse oder Makronen
6 EL starker Espresso
2 EL Weinbrand
4 EL dunkler Rum
400 g Masarpone oder anderer Sahne-Frischkäse
50 g Puderzucker
150 g Schlagsahne
75 g Borkenschokolade zum Garnieren

1 Die Nudeln in Salzwasser *al dente* garen, abgießen und abkühlen lassen.

2 Die Makronen auf Portionsschalen verteilen, eine Lage Nudeln darübergeben, Kaffee, 2 EL Rum und Weinbrand mischen und über die Nudeln gießen.

3 Mascarpone mit Zucker und dem restlichen Rum schaumig rühren und auf die Gläser verteilen.

4 Die Creme mit der Borkenschokolade garnieren und die Desserts vor dem Servieren mindestens eine Stunde kühlen.

Nudel-Timbalen mit Aprikosen-Soße

Ein Überraschungs-Dessert, das ganz einfach zu machen ist. Sie können es mit anderen Fruchtsoßen, z.B. aus Himbeeren, variieren.

Für 4 Personen

ZUTATEN

100 g kleinteilige Suppennudeln
Salz
75 g feiner Zucker
25 g Butter
1 Vanillestange
$^3/_4$ l Milch
300 g fertige Vanillecreme
3 EL Kirschwasser
1 EL Gelatinepulver
Öl für die Formen
400 g Aprikosen-Kompott
Zitronensaft
Blumen zum Garnieren

1 Die Nudeln mit Zucker, einer Prise Salz, der Milch und der Vanillestange aufkochen und bei schwacher Hitze unter gelegentlichem Rühren ausquellen lassen.

2 Die Vanillestange entfernen, die Nudeln in einer Schüssel abkühlen lassen. Die Vanillecreme und 2 Esslöffel Kirschwasser einrühren.

3 Die Gelatine in wenig Wasser im Wasserbad einweichen und auflösen. Unter die Nudelmischung heben.

4 Diese Mischung in vier leicht geölte Timbalen-Förmchen füllen und mindestens vier Stunden kalt stellen.

5 Das Aprikosenkompott im Mixer pürieren, durch ein Sieb passieren und mit Kirschwasser und Zitronensaft abschmecken.

6 Zum Servieren die Timabalen auf Teller stürzen, die Soße als Spiegel drum herum gießen. Nach Belieben mit Blumen garnieren.

Nudelsalat mit Kirschwasser und Himbeer-Soße

Eine wunderbar dekadente Chose mit Likör und verführerischer Soße.

Für 4 Personen

ZUTATEN
175 g Muschelnudeln
Salz
250 g tiefgekühlte Himbeeren
1-2 EL feiner Zucker
500 g kleine Erdbeeren
gehobelte Mandeln
3 EL Kirschwasser

Nudeln

Himbeeren

Erdbeeren

Mandeln

1 Die Nudeln nach Anweisung in Salzwasser garen, abgießen und abkühlen lassen.

2 Die Himbeeren pürieren und durch ein Sieb geben, um die Kerne zu entfernen.

3 Das Püree mit dem Zucker verrühren, mit Zitronensaft abschmecken.

4 Die Erdbeeren waschen, putzen und eventuell halbieren. Mit den Nudeln mischen.

5 Die Mandeln im Backofen kurz rösten, aber nicht bräunen.

6 Das Kirschwasser ins Himbeerpüree rühren, den Salat auf Tellern anrichten und mit der Soße überziehen. Mit Mandelblättchen garnieren,.

Nektarinen mit Marzipan und Mascarpone

Ein unwiderstehlicher Nachtisch. Kalorienbewusste können den Mascarpone durch Quark ersetzen.

Für 4 Personen

4 große, reife Nektarinen
75 g Marzikpan
75 g Mascarpone
3 zerkrümelte Mandelmakronen

Mascarpone

Nektarinen

Marzipan

Mandelmakronen

1 Die Nektarinen halbieren und entsteinen.

2 Das Marzipan in acht Stücke schneiden und die Steinhöhlen der Früchte damit füllen.

3 Das Marzipan mit Mascarpone überziehen und mit Makronenkrümeln bestreuen.

4 Die Früchte 3-5 Minuten auf den Grill legen, bis sie heiß sind und der Käse zu schmelzen beginnt.

KOCH-TIPP

Sie können für diese Gericht Nektarinen oder Pfirsiche verwenden. Zum Entsteinen rund um den Bauch einschneiden und die Hälten gegeneinander drehen.

Panettone

Der berühmte italienische Kuchen wird oft mit einem Gläschen Asti oder Vin Santo serviert.

Für 1 Kuchen

ZUTATEN
150 ml lauwarme Milch
1 Päckchen Trockenhefe
350 g Mehl
75 g Zucker
Salz
2 Eier und 5 Eigelb
175 g Butter
125 g Rosinen
1 abgeriebene Zitronenschale
50 g Orangeat und Zitronat

1 Milch und Hefe mischen und zehn Minuten stehen lassen. 125 g Mehl einrühren, zudecken und diesen Vorteig aufgehen lassen. Das übrige Mehl, Zucker, Salz, Eier und Eigelb dazugeben und gut vermengen.

2 Mit einem Holzlöffel, dann mit den Händen arbeiten.

3 Die weiche Butter einkneten, den Teig zudecken und 3-4 Stunden an einem warmen Ort zur doppelten Größe aufgehen lassen.

4 Den Boden einer Charlottenform mit Backpapier auslegen, die Wände gründlich fetten. Den Teig auf der bemehlten Arbeitsfläche nochmals durchkneten, Rosinen, Orangeat und Zitronat einarbeiten. Den Teig in die Form legen.

5 Die Form zudecken und den Teigling nochmals zwei Stunden gehen lassen, bis er über den Rand der Form reicht.

6 Den Ofen auf 200 °C vorheizen. Den Panettone 15 Minuten backen, dann die Hitze auf 180 °C zurück schalten und nochmals 30 Minuten backen. 5-6 Minuten in der Form abkühlen lassen, dann auf ein Gitter stellen.

KOCH-TIPP

Wenn man keine Charlottenform hat, kann man den Kuchen auch in einer großen Konservendose backen.

Apfelsalat mit Feigen und Datteln

Die süße von Feigen und Datteln bildet einen reizvollen Kontrast zu den knackig-säuerlichen Äpfeln.

Für 4 Personen

ZUTATEN
6 große säuerliche Äpfel
Saft von 1/2 Zitrone
200 g frische Datteln
25 g Marzipan
1 TL Orangenwasser
4 EL Naturjoghurt

4 reife Feigen
4 geröstete Mandeln

1 Die Äpfel vierteln, entkernen und in dünne Spalten schneiden, mit Zitronensaft beträufeln, damit sie nicht braun anlaufen.

2 Die Datteln halbieren und entsteinen, zu den Apfelspalten geben.

3 Das Marzipan mit dem Orangenwasser aufweichen und mit dem Joghurt gründlich verrühren.

4 Äpfel und Datteln auf Tellern anrichten. Die Feigen entstielen und senkrecht vierteln, aber nicht ganz durchschneiden, so dass sie unten noch zusammen hängen. Die Viertel leicht auseinander drücken. Die Feigen in die Mitte von Äpfeln und Datteln setzen.

5 Die Joghurt-Marzipan-Soße in die Mitte der Feigen geben, jeweils eine Mandel hinein stecken.

Schokoladen-Trüffel

Trüffel können einfach mit Kakao bestäubt oder in gehackten Mandeln gewälzt werden.

Für 20 große oder 30 mittelgroße Pralinen

ZUTATEN
250 g Crème double
300 g dunkle oder Vollmilch-Kuvertüre
50 g Butter
3 EL Cognac

Für den Überzug
Kakaopulver zum Bestäuben
fein gehackte Pistazien
400 g dunkle Kuvertüre

dunkle Kuvertüre

Cognac

Pistazien

Kakao

1 Die Sahne langsam aufkochen, vom Herd nehmen und die gesamte Schokolade hineingeben, unter Rühren schmelzen. Die Butter und den Cognac einrühren. Die Masse abkühlen lassen und mindestens vier Stunden kalt stellen.

2 Mit einem Eislöffel oder Melonenkugler 20 bis 30 Bällchen formen und auf ein mit Backpapier belegtes Blech legen.

3 Wenn sie bestäubt werden sollen, rollt man die Türffel einfach mit den Händen im Kakaopulver. Es macht nichts, wenn die Form nicht perfekt rund ist – das beweist nur die Handarbeit.

4 Als Alternative kann man die Trüffel in fein gehackten Pistazien oder Mandeln rollen. Im Kühlschrank sind sie zehn Tage, tiefgekühlt zwei Monate haltbar.

5 Um sie mit Schokolade zu überziehen, gibt man sie mindestens eine Stunde in den Tiefkühler. Die Schokolade im Wasserbad oder in der Mikrowelle schmelzen – sie soll höchstens handwarm werden. Die Trüffel am besten mit einem Pralinenbesteck in die Schokolade tauchen und auf Backpapier oder einem Pralinengitter fest werden lassen. Wenn die Schokolade zu fest wird, muss man sie neu temperieren.

Schokoladentorte mit Pinienkernen

An Stelle der Orangenschale kann man Zitronenschale verwenden. Auch eine Mischung von weißer und dunkler Schokolade ist möglich.

Für 8 Personen

ZUTATEN
215 g Mehl
50 g feiner Zucker
Salz
1/2 abgeriebene Orangenschale
125 g Butter
3Eigelb

FÜLLUNG
2 Eier
50 g feiner Zucker
1 abgeriebene Orangenschale
1 EL Orangenlikör
250 g Schlagsahne
125 g Schokolade, gehackt
100 g geröstete Pinienkerne

ZUM GARNIEREN
1 Orange
50 g Zucker

Orange

Eier

Pinienkerne

Schokolade

1 In der Küchenmaschine mit Messereinsatz Mehl, Zucker, Salz und Orangenschale mischen. Die Butter dazugeben und das Ganze zu Streuseln verarbeiten. Das Eigelb dazugeben und in Intervallen mixen, bis der Teig anfängt zu binden. Nicht warten, bis er eine Kugel bildet, dann wird er zäh. Falls er zu trocken ist, gibt man 1-2 Esslöffel eiskaltes Wasser nach und nach dazu. Den Teig auf die bemehlte Arbeitsfläche stürzen und leicht zusammen kneten. Zu einer flachen Scheibe drücken, In Folie wickeln und mindestes 2-3 Stunden oder über Nacht kühlen.

2 Eine Obstbackform mit abnehmbaren Rand leicht buttern. Den Teig bei Raumtemperatur 5-10 Minuten ruhen lassen. Den Teig auf einer bemehlten Fläche 28 cm im Durchmesser ausrollen, ca. 3 mm dick. Über das Nudelholz rollen und dann über der Backform ablegen. Den Teig in die Form drücken. Mit bemehlten Händen den Rand festdrücken.

3 Mit dem Nudelholz über den Rand rollen, damit der überschüssige Teig abgenommen werden kann. Den restlichen Teig noch einmal an den Rand drücken, etwas höher als die Form. Den Boden mehrmals mit einer Gabel einstechen. 1 Stunde kühl stellen. Den Ofen auf 200 °C vorheizen. Den Teigboden mit Backpapier auslegen und mit Linsen zum Blindbacken bestreuen. 5 Minuten backen, dann Backpapier und Linsen entfernen, weitere 5 Minuten backen. Auf einem Drahtgitter abkühlen lassen.

4 Die Füllung vorbereiten. In einer Schüssel Eier, Zucker, abgeriebene Orangenschale und -likör aufschlagen. Die gehackte Schokolade auf dem Teigboden verteilen, danach die Pinienkerne. Die Form auf ein Backgitter stellen und Eiermischung darauf verteilen. Die Torte 20-30 Minuten backen, bis der Belag goldgelb ist. Auf einem Drahtgitter auskühlen lassen.

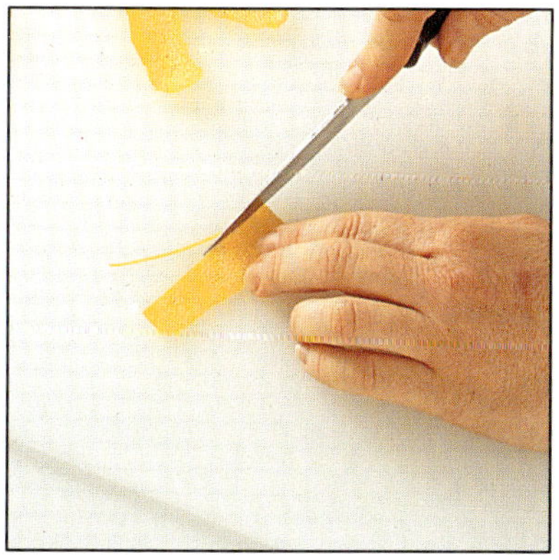

5 Mit einem Gemüseschäler dünne Streifen von einer Orange schälen und in sehr feine Streifen schneiden. In einem kleinen Topf die Orangenstreifen, Zucker und Wasser zum Kochen bringen. 5-8 Minuten kochen, bis der Sirup dick wird, dann 1 TL eiskaltes Wasser einrühren.

6 Mit einem Backpinsel den Orangensirup über die Tarte geben. Den Rand der Form entfernen und Tarte auf einen großen Teller geben. Warm servieren.

KOCH-TIPP

Wenn es schnell gehen soll, können Sie zur Dekoration auch 2 TL Orangenmarmelade und 1 TL Wasser verühren und kurz erhitzen. Über die warme Tarte geben.

Tiramisú-Schoko-Tarte

Diese Version der berühmten Mehlspeise kommt ohne Likör- oder Kaffee- getränkte Löffelbiskuits aus, die den Teigboden aufweichen würden.

Für 12-16 Personen

ZUTATEN

TEIG
150 g Butter
1 EL Kaffee-Likör
250 g Mehl Typ 405
30 g Kakao-Pulver
30 g Puderzucker
1 Päckchen Vanillezucker
Salz
Kakao zum Bestäuben

SCHOKOLADEN-SCHICHT
125 g Sahne
1 EL Zucker- oder Ahornsirup
125 g Zartbitter-Schokolade
30 g Butter
2 EL Kaffee-Likör

FÜLLUNG
250 g Schlagsahne
350 g Mascarpone-Frischkäse
20 g Puderzucker
3 EL kalter Espresso
3 EL Kaffeelikör
100 g geraspelte Halbbitter-Kuvertüre

Mascarpone

Halbbitter-Kuvertüre

1 Für den Teigboden eine 23-cm-Springform leicht ausbuttern, die übrige Butter schmelzen, den Likör einrühren. Mehl, Kakao, Zucker, Vanillezucker und eine Prise Salz in einer Schüssel mischen; die heiße flüssige Butter dazu gießen und untermengen. Diesen Teig leicht kneten, bis er glatt ist. In die Springform drücken, den Rand bis zur halben Höhe der Form hoch ziehen, den Boden mit der Gabel mehrfach einstechen. Das Ganze 40 Minuten kühlen, dann bei 190 °C (Umluft 170 °C) ca. 10 Minuten backen.

2 Für die Schokoladenschicht Sahne und Sirup aufkochen, vom Herd nehmen, die Schokolade hinein bröckeln und unter Rühren schmelzen. Butter und Likör einrühren und das Ganze in die vorbereitete Teigschale gießen und durchkühlen.

3 Für die Füllung die Sahne steif schlagen. Den Mascarpone mit dem Zucker schaumig rühren, Espresso und Likör unterheben. Die Hälfte der geschlagenen Sahne behutsam unterheben und glatt rühren, dann den Rest der Masse in die Teigschale füllen und glätten. Die Oberfläche üppig mit Kakao bestäuben. Das Ganze gut durchkühlen.

4 Zum Anrichten die Torte mit einem Messer mit flexibler Klinge vom Rand lösen. Den Rand abnehmen. Die Speise nochmals leicht mit Kakao bestäuben und servieren.

Schoko-Amaretti

Variieren Sie diese Mandelkekse durch verschiedenes Dekor: Hagelzucker vor dem Backen, Puderzucker oder bunte Streusel hinterher.

Für ca. 24 Stück

ZUTATEN
150 g abgezogene Mandeln
100 g feiner Zucker
10 g Kakaopulver
20 g Puderzucker
2 Eiweiß
1 Prise Weinstein- oder Backpulver
1 TL Mandelessenz oder -aroma
gehobelte Mandeln zum Dekorieren

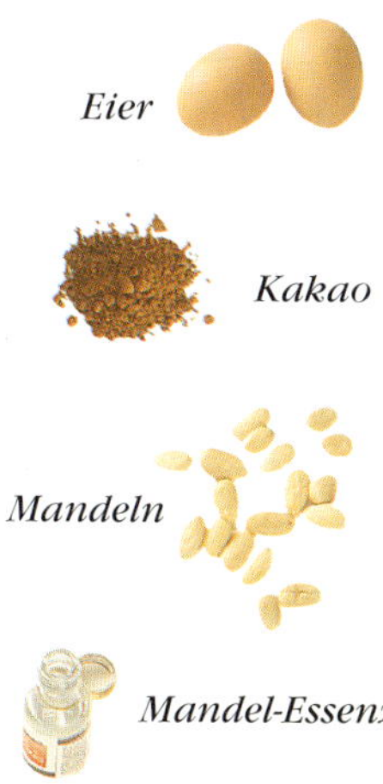

1 Die Mandeln auf einem Backblech bei 160 °C Umlufthitze 10-12 Minuten goldbraun rösten, herausnehmen und abkühlen lassen. Den Ofen auf 140 °C zurückschalten.
Die Mandeln mit der Messermühle und 50 Gramm Zucker fein mahlen, aber nicht so stark, dass ihr Öl austräte. Die Masse mit Kakao und Puderzucker verrühren. Die Mandelmischung darüber streuen und vorsichtig unterheben, in einen Spritzbeutel mit 1 cm - Lochtülle füllen.

2 Die Eiweiß mit dem Weinstein steif schlagen, dann nach und nach den restlichen Zucker einstreuen, bis der Eischnee glänzt. Die Mandel-Essenz einrühren.

3 Häufchen der Makronenmasse in gleichmäßigem Abstand auf ein mit Backpapier ausgelegtes Blech spritzen, jedes mit einem Mandelblättchen garnieren.

4 Die Amaretti-Makrönchen 12 bis 15 Minuten mehr trocknen als backen. Sie sollen außen knusprig, innen noch etwas weich und cremig sein. Auf einem Kuchengitter abkühlen lassen und in der Keksdose verwahren.

Mango und Amaretti im Strudel

Die Mandelkekse geben einen reizvollen Kontrast zur exotischen Frucht. Probieren Sie das Rezept auch mit Zwetschgen oder Marillen.

Für 4 Personen

ZUTATEN
1 große Mango
1 abgeriebene Zitronenschale
2 große Amaretti-Kekse
25 g hellbrauner (Demerera-) Zucker
4 EL Brösel von Vollkorn-Toast
2 Strudelblätter von 30 x 50 cm
25 g zerlassene Butter
1 EL gehackte Mandeln
Puderzucker zum Bestäuben

1 Ein großes Backblech fetten. Die Mango halbieren, entsteinen und schälen, das Fruchtfleisch in kleine Würfel schneiden, mit der Zitronenschale bestreuen.

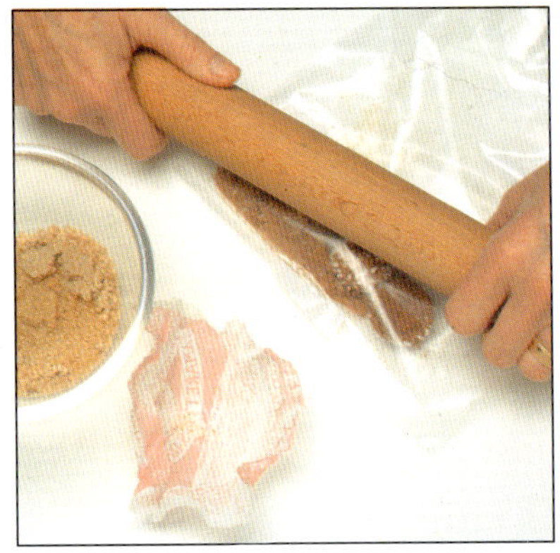

2 Die Amaretti zerkrümeln und mit braunem Zucker und Bröseln mischen.

3 Ein Strudelblatt auslegen und leicht mit zerlassener Butter einpinseln. Das zweite darauf legen und ebenfalls einpinseln. Die Blätter gemeinsam falten, so dass ein Rechteck von 25 x 30 cm entsteht. Nochmals mit Butter bestreichen.

4 Die Amaretti-Mischung auf dem Teig verteilen, einen 2 cm breiten Rand frei lassen. Die Mango-Würfel auf den Krümeln verteilen. Den Ofen auf 200 °C schalten (Umluftl 180 °C).

5 Das Ganze zusammenrollen, die Enden umschlagen und den Strudel mit der Nahtseite unten auf ein gefettetes Backblech legen, mit der restlichen Butter bestreichen. 20 bis 25 Minuten goldbraun backen.

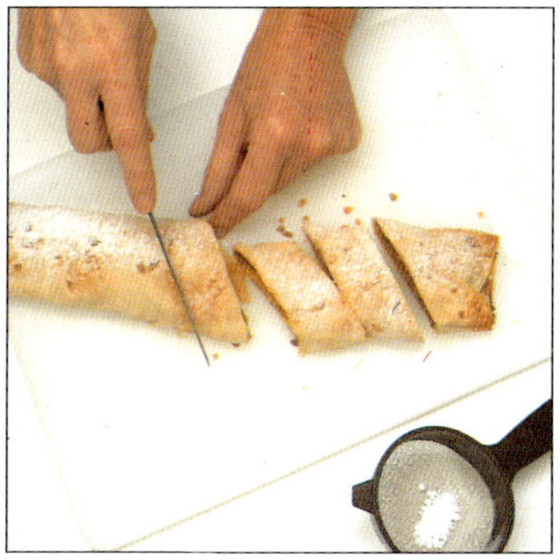

6 Den Strudel leicht abkühlen lassen, mit Puderzucker bestäuben, schräg in Stücke schneiden und warm servieren. Reichen Sie dazu Vanillesoße oder leicht geschlagene Sahne und einen edelsüßen Wein, etwa einen Vin Santo oder einen Tokayer.

KOCH-TIPP

Mangos löst man am einfachsten aus, indem man sie flach hinlegt und rundum bis auf den Stein einschneidet, dann den Stein erst auf einer, dann der anderen Seite frei schneidet und schließlich die Hälften schält.

Schokoladen-Amaretto Marquise

Besondere Anlässe verlangen nach besonderen Formen. Sie können diese süße Versuchung aber auch ganz einfach in eine Springform füllen.

Für 4 Personen

ZUTATEN
1 EL Pflanzenöl
100 g zerkrümelte Amaretti-Kekse
30 g geröstete gehackte Mandeln
450 g dunkle oder Halbbitter-Schokolade, zerbröckelt
5 EL Amaretto (Mandel-Likör)
5 EL Invertzucker- oder Ahornsirup
500 g Crème double
Kakaopulver zum Bestäuben

AMARETTO-SAHNE (GARNITUR)
350 g Schlagsahne oder halb Schlagsahne, halb Crème double
2-3 EL Amaretto-Likör

1 Den Boden einer Herz- oder Springform mit Backpapier belegen, Form und Papier leicht einölen. Keksbrösel und gehackte Mandeln mischen und den Boden der Form damit bestreuen.

2 Schokolade, Likör und Sirup bei kleinster Hitze auf dem Herd oder in der Mikrowelle schmelzen, gelegentlich rühren. Die Schokolade soll nur handwarm werden.

3 Die Crème double halb steif schlagen (langam beginnen und die Geschwindigkeit steigern, wenn die Sahne flüssiger geworden ist). Einen Löffel der Sahne in die Schokolade rühren, dann den Rest behutsam unterheben. Die Mischung in die vorbereitete Form füllen. Die Form ein paarmal mit dem Boden aufstoßen, um Luftblasen frei zu setzen. Mit Folie abdecken und gut durchkühlen, am besten über Nacht.

4 Zum Stürzen mit einem in heißem Wasser angewärmten Messer um den Rand fahren, dann die Marquise auf eine Platte stürzen, das Papier abziehen. Etwa daran hängende Teile der Kruste sorgfältig einflicken.
Die Sahne steif schlagen, eventuell leicht zuckern, und den Amaretto einrühren.

Schokotrüffel-Torte

Probieren Sie dieses zart schmelzende Kreation auch einmal mit Kirschwasser oder Himbeergeist, Cointreau, Whisky oder Rum.

Für 12 Personen

ZUTATEN
TEIGBODEN:
150 g Mehl
30 g Kakaopulver
50 g Zucker
Salz
115 g kalte Butter in Würfeln
1 Eigelb

Füllung:
350 g Crème double
350 g dunkle Kuvertüre oder schwarze Schokolade
60 g Butter, in Würfel geschnitten
2 EL Armagnac oder Likör
30 g weiße oder Milchschokolade zum Dekorieren
Schlagsahne zum Anrichten

dunkle Kuvertüre

Milchschokolade

Eier

Armagnac

Kakao

1 Für den Teig Mehl, Kakao, eine Prise Salz und die Butter in der Küchenmaschine oder mit den Fingern zu Streuseln verarbeiten. Eigelb und einen bis zwei Esslöffel Eiswasser dazugeben und alles zu einem konsistenten Teig verarbeiten.

2 Den Teig auf ein Blatt Klarsichtfolie legen, mit einem zweiten Blatt bedecken und zu einem Kreis flach drücken. Ein bis zwei Stunden kühlen.
Eine 23-cm-Tarteform mit Butter ausstreichen. Den Teig fünf bis zehn Minuten bei Zimmertemperatur weich werden lassen und dann zwischen Lagen von Klarsichtfolie auf eine Dicke von 5 Millimeter ausrollen. Die obere Folie abziehen, die Tarteform über den Teig stülpen und das Ganze wenden, so dass der Teig in der Form liegt. Den Teig in die Form drücken, die obere Folie abziehen, den Teig mit einer Gabel mehrfach einstechen, eine Stunde kühlen.
Den Ofen auf 160 °C Umlufthitze (sonst 180 °C) anheizen. Den Teig mit Backpapier oder Alufolie bedecken und mit Hülsenfrüchten beschweren, 5-7 Minuten backen. Ballast abnehmen und weitere 5-7 Minuten backen. Auf einem Gitter abkühlen lassen.

3 Für die Füllung die Crème double aufkochen, vom Herd nehmen, die zerbröckelte Schokolade, Butter und Armagnac dazugeben und das Ganze glatt rühren.
Die Masse in die Teigschale gießen und durch Schwenken verteilen. Die Oberfläche der Füllung nicht berühren.

4 Die Schokolade zum Dekorieren schmelzen und in eine kleine Papier-Spritztüte füllen. Tupfen auf die Oberfläche der Trüffelmasse setzen. Mit einem Zahnstocher oder Spießchen in die Tupfen stechen und die helle Schokolade verziehen, um ein Marmormuster herzustellen. Die Torte kühlen, 30 Minuten. vor dem Servieren aus dem Kühlschrank nehmen.

Crème Capuccino

Eine cremige und dabei superleichte Nachspeise für Kaffee-Liebhaber/Innen.

Für 4 Personen

ZUTATEN
200 ml fettarme Kondensmilch
5 TL Instant-Espresso-Pulver
2 EL kalorienfreies Süßungsmittel (Canderel)
2 TL Gelatinepulver
4 EL Crème fraîche light
Kakaopulver zum Bestäuben

KOCH-TIPP

Achten sie darauf, dass die Gelatine vollständig aufgelöst ist, bevor die Creme in die Tässchen kommt – sie bekommt sonst Klümpchen.

1 Ein Ei trennen, das Eigelb mit dem zweiten ganzen Ei schaumig schlagen.

2 Kondensmilch, Instant-Kaffee, Süßungsmittel und die Eimischung schaumig schlagen.

3 Die Mischung überm Wasserbad oder auf dem Herd bei kleinster Hitze unter ständigem Rühren erwärmen, bis sie dick wird (nicht kochen, weil sonst das Ei gerinnt).

4 Vom Herd nehmen, die Gelatine einstreuen und mit dem Schneebesen rühren, bis sie vollständig aufgelöst ist.

5 Die Creme in kleinen Tassen oder Gläsern anrichten und im Kühlschrank fest werden lassen.

6 Vor dem Servieren das Eiweiß steif schlagen, die Crème fraîche unterheben und mit der Mischung die Cremes garnieren. Mit Kakaopulver bestreuen.

VARIATION

An Stellte der Crème fraîche fettarmen Joghurt verwenden.

Schwarze und weiße Florentiner mit Ingwer

Im Kühlschrank halten sich diese Florentiner in einer Keksdose bis zu einer Woche.

Für ca. 30 Stück

ZUTATEN
125 g Crème double
50 g Butter
100 g Zucker
2 EL Honig
10 g gehobelte Mandeln
50 g Mehl
1/2 TL Ingwerpulver
50 g Orangeat
75 g gehackter kandierter Ingwer
60 g Zartbitter-Schokolade, gehackt
150 g dunkle Kuvertüre
150 g weiße Kuvertüre

dunkle Kuvertüre

Honig

Orangeat

weiße Kuvertüre

gehobelte Mandeln

1 Zwei Backbleche leicht ölen oder mit Backpapier belegen. Crème double, Zucker und Honig unter Rühren erwärmen, bis der Zucker gelöst ist. Kurz aufkochen, vom Herd nehmen und Mandeln. Mehl und Ingwerpulver einstreuen und glatt rühren. Orangeat, kandierten Ingwer und die gehackte Schokolade einrühren.

2 Häufchen der Masse mit mindestens acht Zentimeter Abstand von einander auf die Bleche geben und mit einem nassen Löffelrücken vorsichtig zu Talern glatt streichen.

3 Acht bis zehn Minuten bei 160 °C Umlufthitze auf mehreren Ebenen backen, bis die Florentiner am Rand braun sind (Achtung: Die stark zuckerhaltige Masse brennt schnell an). Wer will, kann die Kanten der Kekse noch auf dem Blech mit einem Ausstecher glätten.

4 Die Florentiner zum Auskühlen mit einem Palettenmesser vom Blech auf ein Kuchengitter heben.

5 In der Mikrowelle bei kleiner Stufe oder im Wasserbad die zerbröckelten Kuvertüren unter Rühren schmelzen – sie sollen nur handwarm werden (weiße Kuvertüre ist besonders empfindlich gegen Hitze).

6 Mit einem Palettenmesser je die Hälfte der Florentiner einseitig mit weißer und dunkler Kuvertüre bestreichen.

INDEX